折口信夫

民俗学の場所

Orikuchi Shinobu: The Place of Folklore

伊藤好英［著］

勉誠出版

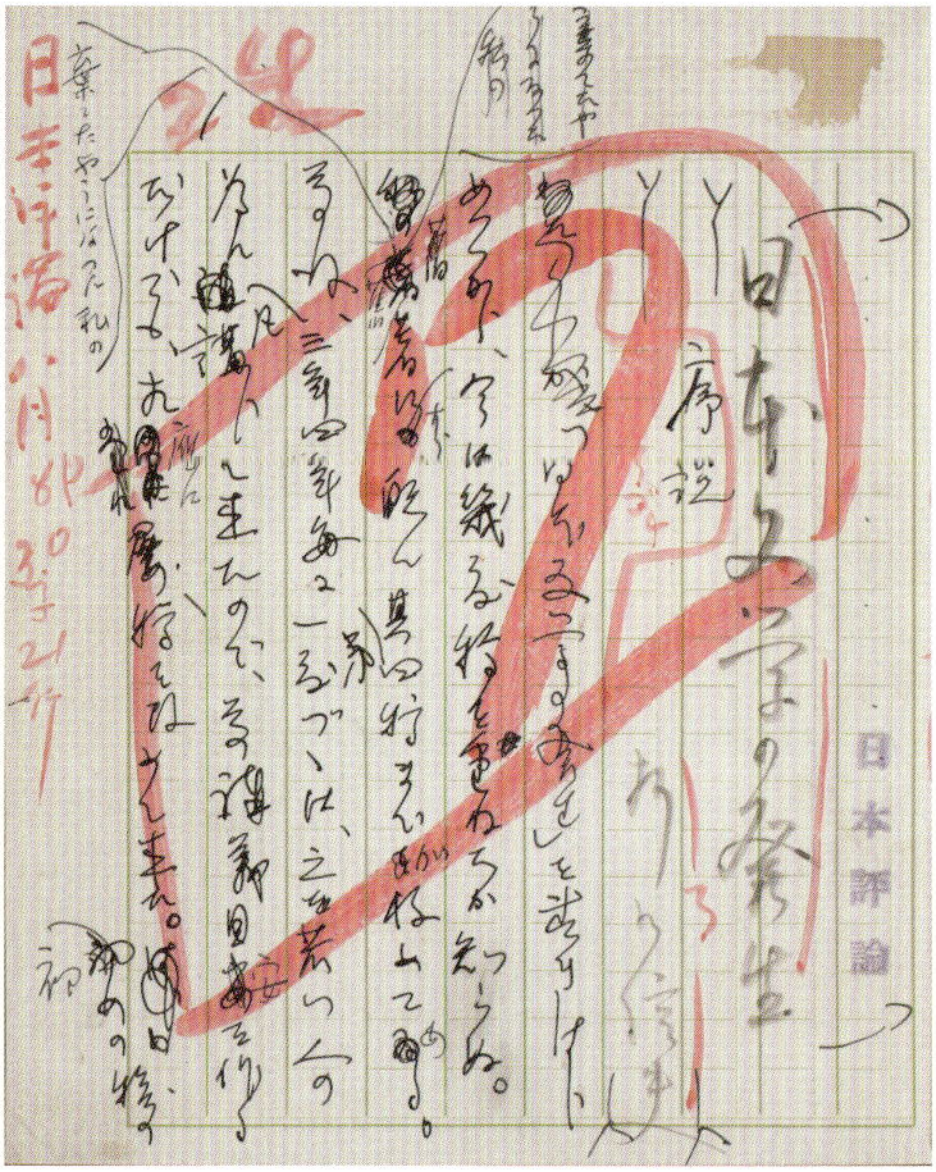

図1　自筆原稿「日本文学の発生」慶應義塾大学図書館蔵〔本書96頁・100頁〕

図3　目籠，山梨県忍野
撮影：芳賀日出男〔本書345頁・350頁〕

図2　黒川能　所仏則の翁
撮影：芳賀日向〔本書136頁〕

図5　韓国のトジュカリダン
撮影：黃憲萬〔本書370頁・399頁〕

図4　麦を積み上げる場面
『現代韓国画帖』〔本書370頁・399頁〕

図6　「稲束の貢納と稲叢作り」八重山蔵元絵師画稿〔本書370頁・399頁〕

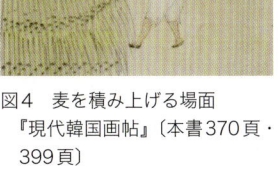

はじめに

　本書は、折口信夫の学問がどのような場所からなされているかを多角的に考察したものである。その場所は、実際、多角的に考察する以外に規定することが難しい場所である。とりあえず、古代研究、国学、芸能史、国文学、民俗学などの名でその場所を呼ぶことはできるが、それらの名称はすべて、ある一つの場所を指し示す仮称であり、そのうちどれか一つが、他を圧倒してその場所を象徴することばとなることができるわけではない。従って、書名に使った「民俗学の場所」は、彼の学問の場所をあくまでも便宜的に指し示しているものに過ぎない。

　本書の構成は、以下のとおりである。

　序章「折口信夫　民俗学の場所」では、「民俗学の場所」とはいかなる場所であるかを示し、それは折口信夫という名に換言できる場所であることを述べた。

　第一章のタイトルは「芸能史の思想」となっているが、これを「芸能史の場所」と言い換えることもできる。「芸能史」とは、折口にとって、歴史の最も深い場所で営まれている、人々の言動の考察であった。そのような芸能の歴史は、これまでの歴史学や芸術学、のみならずある時期からの民俗学さえ、これを軽視または無視したものであった。折口は、逆に、このような時間の底流からの照射こそが、真の歴史を捉えるのに必要だと考えたのである。これは一つの思想と呼んでよいものであった。

　第一章Ⅰは、そのような折口芸能史の輪郭を捉えようとしたものである。

　Ⅱ「「演ずる身体」の学」では、折口が「芸能史」という新しいことばで始めようとしたこの学が、研究史的に見て、現在アメリカをはじめとする世界各国で盛んになってきているパフォーミング・アーツ研究の先駆けとなっていることを論じた。

Ⅲ「大いなる共振」では、このような画期的な学の分野を拓いた折口の芸能学が、柳田國男の民俗学からの刺激とそれとの共振を通してはじめて創り上げられたものであることを論じた。折口にとって、柳田國男の民俗学こそが芸能学の宝庫であった。

Ⅳは、その難解さゆえに、折口論の側からも日本文学史研究の側からも言及されることが少なかった『日本文学の発生 序説』をとりあげて、折口における日本文学発生論の意義を、主に芸能史的問題を抱え持つ宮廷伝承と地方伝承との関わりを軸に考察したものである。また同時に、彼における、古事記・風土記などの上代文学の研究と、主に中世以後の資料と現代の民俗とを素材として構成されている芸能史研究との関連についても私見を述べた。

第二章は、「まれびと」をテーマとして扱った。

Ⅰはタイトルのとおり「まれびと」の基本的性格が何であるかを論じたもので、この章の総論にあたる。原初の「まれびと」の外面的条件として、形姿を持つこと、「呪言」の発話主体であること、神としての動作を行うことの三つを挙げ、内容上の性格規定としては、日本的な偏向を持つ他界からの、日本的偏向の来訪神というにとどまらざるを得ないことを論じた。

Ⅱで考察した「翁」は、そういう「まれびと」の性格をわかりやすく表わしている典型的な「まれびと」である。のみならず、沖縄において「翁成立の暗示」を得たことが、「まれびと」論の発想に大きく関与している。「翁」を除外して折口の「まれびと」を考察することはできないだろう。その意味で、「翁」を「まれびと」論の第二節に据えた。

Ⅲ「『まれびと』と天皇」は、「まれびと」の理論がその中核に王の問題を抱え込んでいることを論じたものである。「まれびと」の語を使い始めるかなり以前から、折口は神と人との等号的な関係に強い関心を持ち、その神人交感の中心に大嘗祭における天皇を置いていたこと、そして、その発想には人・神・王の緊密な関係を扱ったフレイザーの『金枝篇』の影響があり、それが聖化された人を神と捉える「まれびと」の着想の源泉となったことなどが論じられている。

Ⅳは、「いろごのみ」論を中軸とする折口信夫の源氏物語論を、「まれびと」論との関連から考察したものである。この論考は、Ⅲの論考と密接な関係を持っている。Ⅲでは天皇と「まれびと」の関係をテーマにしたが、Ⅳで取り上げた折口の「いろごのみ」論は、その根底に王＝「まれびと」と女性との交流を想定しているからである。

そして第二章の最後に、折口が「まれびと」論と「ほかひびと」論を最初に展開した論考である「国文学の発生（第一稿〜第四稿）」をめぐる座談会（出席者は吉田文憲氏・兵藤裕己氏・私の三人で、平成の天皇即位式の前日に行われたものである）を掲載した。

第三章は、折口信夫の霊魂論と「よりしろ」論をテーマとした。

Ⅰは、折口の霊魂論を、「ライフ＝インデキス」という語に折口が込めた意義の解明という視座から捉えようとした論である。折口の霊魂論は、「外来魂」の観念を中軸に据えて展開されているが、実は、外来魂の観念と「ライフ＝インデキス」の観念とは、彼の霊魂論の体系の中で緊密に結びついている。実際、この二つのことばを、折口はほぼ同時期に使い始めている。この節では、折口が「ライフ＝インデキス」の概念をいかに駆使して、それを独自の霊魂論に結び付けていったものであるか、さらにその概念によって彼が、どのように日本文学の発生と展開とを論じたかを考察した。

Ⅱでは、近代の学問世界に折口が提示した学術概念のうち、「まれびと」と並んで人々の注目を引き、用語の普及度も大きい「よりしろ」の概念について考察した。同時に、この概念を提示した折口の処女論文「髯籠の話」が、いかに豊かに彼の学問の萌芽を含むものであるかについても論じた。

第四章では、折口の学問の位相を四つの側面から考察した。

Ⅰの「古代研究」では、折口の「古代」が民俗学の対象である民族の普遍の心意といったものに近いものであること、その古代の心意に遡る方法として、言語の分析・考察が非常に重要視されていることなどを論じ、Ⅱの「国学」では、折口の主張する新しい国学が、そのような「古代」を現在の情熱で運用する「文芸復興」の精神を核とするものであることを論じた。

Ⅰ・Ⅱの学問名が、折口自身の言及によるものであるのに対し、Ⅲの「比較言語学」とⅣの「比較民俗学」は、私が折口学の根底にあるものとして以前から注目してきた側面で、前著『折口学が読み解く韓国芸能――まれびとの往還』（慶應義塾大学出版会、二〇〇六年）でもその重要性を主張したが、本書ではそれをさらに詳細に検討した。Ⅲでは、日韓比較言語学の成果が折口民俗学にどのように生かされているかを論じ、Ⅳでは折口の「民俗学」や「古代研究」の基盤に比較民俗学の視座があることを論じた。

第五章は、折口の学問がアジアに向けてどのように発展してゆく可能性があるかを、初期の「よりしろ」論の一つである「稲むらの蔭にて」のテーマの展開を通して考察したものである。このテーマが単に日本の「よりしろ」論の範疇にとどまるものでなく、朝鮮半島・東南アジアを含むアジアの広い地域の、信仰さらには王権の問題と密接に関わるものであることを論じた。

目次

第二章 まれびと論

折口信夫　民俗学の場所

序章　折口信夫　民俗学の場所

1

民俗学の場所とはどのような場所であるか。折口信夫の次のような文章が、とりあえずその場所を暗示している。

大ざつぱな話をしたがる人は、「日本人程、宗教心のない民族はない」、と言ふ。併し、其が果して、どれ程の帰納の手続きを履んでせられた発言かはおぼつかない。わりあひにすなほな国民は、「日本人程、楽観的国民はない」と言へば、「さうですか」と納得する。「日本人位血性風な国民はあるまい」と言ふと、「さうでせうとも」と賛成する。国民性を論ずる人も、論ぜられる対象も、今の日本人以外に出ないが故に、議事は着々進行する。かう言ふ場合、いつでも、編者自身と其時代の省察が基礎になるので、謂はゞ自脈をとる様なものである。けれども、昔の事になると、自分の概念にぴつたり当てはまる材料の十や二十があつても、同数或は以上の反証も、あがつて来ることの覚悟が必要である。

（「零時日記（Ⅱ）」大正九年一二月・同一〇年一月『國學院雑誌』(1)）

この文章で折口は、自身とその扱う対象とが「今の日本人」以外に出ないがゆえに、いわば「自脈をとる」ような空虚な研究しかできない近代の日本の知識人を痛烈に批判している。本人は「日本」を論じているつもりでも、あるいは「歴史」を論じているつもりでも、彼らが論じているのは「今の日本」に過ぎず、「歴史」ではなく、所詮「われわれ」を対象としているのに過ぎない。そうなってしまったのは、彼らが「われわれ」以外の生の営みに出会う機会を、この近代という時代に巻き込まれることで喪失してしまったからではないか。しかも近代の知識は、自身の目に見えるものしか、その存在を認めようとはしない。「歴史」と「記録」とが同一視されるのもそのためである。しかし、忘れ去られたことは、決してなかったことではないであろう。この日の日記を折口は次のように結んでいる。「忘れたことは、なかつたことではない。自分のする様な事でなくば、人もするはずがない、ときめて居られては困る。野山の歴史は長い。語部も語り落した、何千年があるのである。」民俗学の場所とは、このような場所、「われわれ」の均質性を疑い、「われわれ」の忘れた「こと」に出会うための場所である。われわれはこの場所を、折口信夫という名に換言することもできよう。

2

『古代研究』の「追ひ書き」（昭和五年六月）の中で、折口は「私の研究の立ち場は、常に発生に傾いてゐる。[2]」と述べている。そして実際、折口は日本の文学史や芸能史を発生的に考究した。「日本文学の発生」を名告るものだけでも、大正一三年四月に雑誌「日光」に発表した「日本文学の発生」（『古代研究』に収録時に「国文学の発生（第一稿）」と改題）を皮切りに十篇をくだらない論考がある。最初に「日本文学の発生」というこの題名を中心に、折口における「発生」の意味を考えてみよう。

この題名について考えるのにまず注意しなくてはならないことは、それが文学一般の発生を意味しているのではないことである。あくまでもそれは「日本文学」の発生を意味している。ではここにおける「日本文学」とは何か。それは「日本文学研究法 序説」（昭和二六年）で折口自身が述べていることばを使えば、「ある歴史体としての日本文学」を指している。つまり、個々の作品の単なる集合ではなく、「周囲があり、系統を思ふ事の出来捉えようとしているのである。

「文学」は、決して閉じられた構造を持った組織体ではない。折口は歴史をそのようなものとしてはいないのである。

「日本文学」とは、折口の発生論の目指すところである。だから、「ある歴史体としての日本文学」の変化を促す源の力との究明が、折口の発生論の目指すところである。その変化の様態とその変化を促す源の力との究明が、

はいないのである。折口は「日本文学」に、継続より、むしろ本質の変化を見てゆこうとする。

生したのち、それが現代にいたるまでその性質を変えずに「続いている」などということを、折口は全く信じて

「日本文学の発生」の題名も、もちろん一度限りの発生など意味してはいない。そもそも「日本文学」が一度発

折口の使う「発生」の語が、ある現象の一度限りの発生を意味するものでないことは、よく知られている。

究の新味があるのだと言えよう。

覚している点と、その「日本文学」を「発生」論的に解体してゆこうとする点とに、折口自身が自負するこの研

ものが最初から「日本文学」としてあったわけではなく、われわれの作りあげつつある概念にすぎないことを自

文学の発生」の題の論考もまた、そのような「日本文学」を対象とするものである。ただ、「日本文学」という

学」が、徐々に成立してきた「国文学」という学問の作ってきた概念であることを述べようとしている。「日本

期）ものであることに、まず注意を向けようとしている。ここで折口は、学の対象としての「国文学」「日本文

じまり（鎌倉・室町期）、それがしだいに力を伸ばして、奈良朝および奈良朝以前の文学に及んでいった（江戸

ぎない。[4]」と言い、さらにその意味の「国文学」の成立は徐々に行われたもので、最初平安朝文学の研究からは

で折口は、『国文学概論ノート』において、「われ〳〵は国文学学といふべきところを、国文学と言つてゐるに過

「日本文学」は、『古代研究』における改題が示すように、折口によって「国文学」とも呼ばれている。ところ

る歴史体」（同論考[3]）としての日本文学が、折口にとっての関心の対象である。

「国文学の発生（第一稿）」は、「日本文学が、出発点からして既に、今ある儘の本質と目的とを持つて居たと考へるのは、単純な空想である。[5]」ということばで始まっている。また、「日本文学研究の目的」（昭和二三年一二月『三色旗』）には、「われ〳〵は、本質論にかぶれてゐて、日本文学の本質を宿命的に決めて了はうとするが、本質と考へてゐるものがいつの時代を指してゐるものなのか、と云ふ平凡な考へを解消してしまふことが出来ない。[6]」という言い方がなされている。折口はこのように、「本質は変化するものである」と考える。そしてその「本質」を変化させるものは「事実」である。「事実の方が先で、事実の方が本質を規定して行くと云ふこと、事実があつて、それが却つて、本質に内在する先天的の実相だと言ふこと[7]」。これは「短歌の本質と文学性との問題」（昭和二〇年三月『短歌研究』）の中での発言である。この「本質」は「目的」と言い換えても同じである。もはやいちいちその箇所を引くことはやめるが、折口はいくつかの箇所で、日本文学の「目的」もまた運命的に決まっているものではなく変化するものであること、そしてそれはむしろ無意識的なもので、「事実」の後に初めて見えてくるものであることを述べている。このような本質観・目的観をもっていた折口としては、日本文学の本質は、その発生の筋に従って見てゆくより外に方法がない（昭和二二年『日本文学の発生 序説』）ということになる。折口の発生論は、彼の本質観と密接な関係にあるものと言える。

3

折口信夫の『古代研究』は、昭和四年から五年にかけて、彼が四三歳から四四歳の時に出版された彼の最初の論文集である。民俗学篇二冊、国文学篇一冊の計三冊からなるこの書物には、大正三年から昭和五年までの間に執筆・発表された七〇篇余りの論文が集められている。この書物で折口は、自身の学問の輪郭を初めて世に示したわけである。われわれはこの書物に、具体的な形で表れた折口の学問の方法を読み取ることができよう。

だが何よりもまず、われわれはこの書物に一つの理念やテーマによる統一があると考えることを止めなければならない。この書物はあくまで、折口の学の生成の軌跡にすぎないからである。折口自身、『古代研究』の「追ひ書き」の中で次のように述べている。

> 此書物の中から、私の現在の考へ方を捜り出さうとするのは、無理である。実は、今におき、悩んでゐる。日々、不見識な豹変を重ねてゐるのだから。
>
> 国文学篇の最初の「国文学の発生」は、あの上に今一つ、第五稿を書きさしてゐる。四つの論文をお読みになつた方は、定めて、呆れて下さつた事であらう。民俗学篇でも、「村々の祭り」と「大嘗祭の本義」との間には、実際、御覧に入れたくないほど、考への変化がある。この論文は、半年も立たぬ間に、出来たものなのである。(8)

すなわち、折口にとっては一篇の論文もまた生成を続ける思考の一断面にしかすぎなかった。右のことばをわれわれは、物事の停止を認めず、「発生論」という方法で書物という固定性を解体し続けた折口が、自らの書物に対してもその例外を認めないことを表明しているものと受け取っておこう。

さて、主にこの『古代研究』の論文に沿いながら、もう少し折口の「発生論」について考えておこう。もちろん折口の「発生論」は、文学研究の領域にのみ限られてはいない。そもそも『古代研究』での民俗学篇・国文学篇という分け方はあくまでも便宜上のものである。折口にとって「国文学」も「民俗学」も、ともに「古代研究」の名辞の範囲内のものであって、両者に明確な区別は存在しなかった。両者ともに「日本」の歴史の上の現象を発生論的に考究しようとしているもので、その個々の現象の発生を促す根元の力のようなものを、折口は「古代」と呼んでいるのである。言うまでもなく、折口の「古代」は決して歴史年代としての古代を指すものではない。

まず、折口の「発生論」の特徴を探るための手掛かりとして、論文のタイトルに注目してみよう。『古代研究』の論文の中から、タイトルに「発生」を名告るものを拾ってみると次のものがある。

「国文学の発生（第一稿～第四稿）」「叙景詩の発生」「翁の発生」「ほうとする話（祭りの発生　その一）」「村々の祭り（祭りの発生　その二）」「能楽における「わき」の意義（「翁の発生」の終篇）」

ところでこのうち、「国文学の発生（第三稿）」には「まれびとの意義」の副題がついている。「能楽における「わき」の意義」の副題が「「翁の発生」の終篇」であるから、折口において「意義」と「発生」とは置換可能の用語であると考えてよかろう。

すると「大嘗祭の本義」という同書所収の論文のタイトルが問題となってくる。この論文は先に引いた折口のことばの中にもあるように、「祭りの発生」の副題を持つ「村々の祭り」と内容的に密接な関係を持つものである。すなわち「本義」「意義」「発生」の三語を、われわれはここで、折口における置換可能の用語と考えることができよう。つまり、「まれびとの意義」は「まれびとの発生」と、「大嘗祭の本義」は「大嘗祭の発生」と同義のタイトルなのである。また、「翁の発生」は翁の形態の「まれびと」を論じたものであるから、当然これも「まれびとの発生」と同義のタイトルと考えてよい。このように論文のタイトルに注目して見てくると、折口が、文学・祭り・まれびとの三者の発生を特に問題にしていることがわかる。しかも、この三者の発生を論ずることは、折口の提示しようとしている考え方からすれば、決してそれぞれ別のものを論ずることではなかった。なぜなら、彼においてこの三者の間には、「祭りの場における「まれびと」のことば」という繋がりが考えられているからである。

しかし、なぜ折口は大嘗祭の発生を論じる論文に「本義」の題を付けたのであろうか。それは、「伝統的」と考えられている大嘗祭が、最初からその形であったわけではないこと、つまり今考えられている「伝統」とか「本質」とかいうものはある段階で発生したものであって、必ずそれ以前があるということを強調するためであったに違いない。すなわち、「伝統」の仮構性、恣意性を強調するためにあえて使ったことばがこの「本義」であったのである。折口はこのタイトルで、「大嘗祭」の発生を論じると同時に、そのことによって「大嘗祭」の解体作業を行なっているわけである。もちろん「本質」と同様「意義」も変化するものであるから、「本義」などというものはどこにに存在するわけでもないのである。

ところで、「文学」もまた伝統であり制度である限り、「大嘗祭」と同じように、折口によって解体されよう。「私の学問は、人が面白いと言っている文学作品を、故意に面白くなくする学問です」。折口はよくこう言っていたと、山本健吉が『三田文学』の折口信夫追悼号で語っている。「例えば、赤彦などが、万葉女性のひたむきな恋の表現として賞揚した〈君が行く道のながてを繰り畳ね焼き亡ぼさむ天の火もがも〉の歌など、先生は、このような誇張的表現を取らねばならなかった鎮魂の歌としての必然性を説かれたと記憶する。」「面白くなく」の意味を山本は、具体的にこのように説明している。[9]

つまり折口が文学を「面白くなくする」とは、彼が古典に対する近世的・近代的な解釈をことごとく退けるという意味である。折口は源氏という、また万葉というかつての「国文学」が形成してきた「古典」を、民俗学という近代のさらに新しい武器を使って解体してゆくのである。すなわち、これまでの「国文学」の形成してきた「文学」から、過去の「ことば」をいったん解き放つために、折口は民俗学を利用しているのである。問題はなぜその際「民俗学」が用いられたかということである。おそらくそれは、「民俗学」が近代において、先述したような近代の「われわれ」の同質性を疑う有力な方法の一つである、そう折口が把握したからではないだろうか。

4

折口信夫は、単に国文学者、また単に民俗学者であっただけではなかった。折口自身、「国文学以外」という小文の中で次のように述べている。「私の方向の厄介なのは、文学でなく、国文学でなく、更に其外の「国学」であつたことです。[10]」「国学」であると自らはっきり言っているように、彼の学問の究極の対象は「日本」であった。だが「日本」とは何か。当然折口自身がこの問いを抱え込まざるを得なかったわけであるが、ここでもまず言えることは、「日本文学」同様、「日本」もまた、近世までの政治家や学者達が構成し、明治以後の日本国家がそれを受け継いだ一つの概念であるということである。折口は、その意味の日本を問題にした。いや、明治という時代に生を受けて学問に志した折口としては、江戸の国学者達以上に、この「日本」を問題にせざるを得なかったのである。

折口が文学一般の発生ではなく、日本文学の発生を問題にした理由は、実はここにある。しかも、「祭り」と「まれびと」との発生を問い、文学の発生を文学以前にまで溯って、「祭りの場における「まれびと」のことば」に求めようとする思考の根底にも、この「日本」の発生という問題意識が横たわっていなかったはずはないのである。折口は近代日本における極めてラディカルな「国学者」であったと言わざるを得ないであろう。

折口にとって、「日本」の発生を問うとは、「日本文学」の場合がそうであったように、「日本」の均質性を疑うことであった。彼の最晩年の論文「民族史観における他界観念」（昭和二七年一〇月『古典の新研究』）は、「前『古代』における日本」の、種族が本つ国を異にすることからくる（と折口の考えた）複数の他界観念についての考察である。このテーマは折口の学問の非常に早い時期からの（「異郷意識の進展」大正五年一一月『アララギ』等）関心であった。その他界観の内容をここで問題にする余裕はないが、折口が「日本」の発生を、「前『古代』」的な差異性から問おうとしたことだけは確かなことであろう。しかも折口の「古代」は、この「前『古代』」と通底しているのである。

折口もその著作はよく読んだと思われる喜田貞吉は、異民族の同化・融合に「日本」の成立と「前古代」の終焉とを見た。折口は逆に、「歴史体としての日本」に閉じた構造を見ずに、その「歴史体」への、差異としての「前古代」の決して終熄することのない働き掛けを、「古代研究」の名辞のもとに考究し続けた。「民俗学の場所」とは、この「歴史」の発生を促す差異性を見失わない場所なのであった。

注

(1)「零時日記（Ⅱ）」、『折口信夫全集』（折口信夫刊行会編、中央公論社、同新社、一九九五～二〇〇二年、以下「全集」と記す）第三三巻、三〇頁。

(2)『古代研究』「追ひ書き」、全集第三巻、四八〇頁。

(3)「日本文学研究法 序説」、全集第五巻、三六〇頁。

(4)『折口信夫 国文学概論ノート』、中央公論社、一九五八年、四頁。本書は『折口信夫全集 ノート編』（折口博士記念古代研究所編、中央公論社、一九七〇～一九七二年、以下「全集ノート編」と記す）第一巻に収録された。引用は前者による。

(5)「国文学の発生（第一稿）」、全集第一巻、六七頁。

(6)「日本文学研究の目的」、全集第五巻、三四九頁。

(7)「短歌の本質と文学性との問題」、全集第一三巻、二五二頁。

(8)『古代研究』「追ひ書き」、全集第三巻、四六七頁。

(9) 山本健吉「折口先生のこと」、『三田文学』、一九五三年一一月。

(10)「国文学以外」、全集三三巻、二八五頁。

第一章　芸能史の思想

Ⅰ、芸能史の思想

1、芸能史の成立

折口信夫は自身の芸能研究を「芸能史」と呼んでいる。以下では、折口の「芸能史」がどのようにして成立したか、またその目指したものは何であったかについて考えてゆきたい。

まず折口が「芸能史」を一個の学問として意識した時期であるが、やはり昭和三年度の慶應義塾大学における「芸能史」の名の講座の開講をもってその目安とするべきであろう。ただし「芸能史」というのは私称であって、大学の正式の講座名は「国文学」であった。折口にとって「国文学」の時間に「芸能史」を講ずることに、何の矛盾もなかったのであろう。ともあれ、この年日本の大学ではじめて、芸能の歴史を講ずる講座が誕生した。

折口が「芸能史」という呼称を書物の中で使ったのは、『古代研究』の「追ひ書き」が最初である。次のように使われている。

> 私の研究の立ち場は、常に発生に傾いてゐる。其が延長せられて、展開を見る様になつた。かうする事が、国文学史や、芸能史の考究には、最適しい方法だと考へる。(1)

『古代研究』は、民俗学篇二巻・国文学篇一巻の計三巻からなる折口の論文集で、昭和四年から五年にかけて刊行されたものである。ここには、大正三年から昭和五年までの論考が集められている。この書の内容を一言で言うとすれば、日本の文学と芸能とその他の民俗とを綜合的かつ発生的に研究することによって、古代の論理と心性とを把もうとしたものということになろう。折口の「芸能史」は、実にこの書物の発刊によって、世にその学の存在と方法とを明示しえたのである。『古代研究』所収の論文のうち、芸能史的色彩の特に濃いものを、発表年代順に拾っていってみよう。

大正四年から五年にかけて『郷土研究』に発表した「髯籠の話」は、神の依代《よりしろ》（招代《をぎしろ》）を論じたものであるが、後年折口はこの論文に触れて、「ほとんど私のその後の芸能史・民俗学・国文学の立場がこの中にある気がする」と述べている。(2)直接何らかの芸能が論じられているわけではないが、芸能が神を招いて行われるものであることを考えると、神を招く装置を原理的に論じたこの論文が、芸能の考察の一つの基底となったであろうことは、充分に推測されることである。

次に、大正七年に『土俗と伝説』に発表した「愛護若」(3)、大正一三年に『三田評論』に発表した「信太妻の話」(4)、大正一五年に『民族』に発表した「餓鬼阿弥蘇生譚」(5)「小栗外伝」(6)といった説経を論じた一連の論文がある。(7)このうち「信太妻の話」は、大正八年に國學院大學で、大正九年に慶應義塾大学でそれぞれ行なった講演をもとに執筆されたものである。これらの論文において折口は、芸能伝承者の生活を論じ、彼等と伝承内容との緊密な関係を論じ、さらに伝説の深部に宿る民俗を論じている。折口の「芸能史」と「国文学」と「民俗学」との不可分性がはっきりとうかがわれる論文群である。これらの論文はまた、折口の「芸能史」「国文学」「民俗学」のそれぞれにとって、大事な出発点ともなっている。折口の「芸能史」は、具体的にはこのように、説経と説経者とに対する強い関心からスタートしたものであった。

折口の「芸能史」の形成に関わる大事な論考の次の一群は、「国文学の発生（第一稿～第四稿）(8)」である。大正一三年から昭和二年にかけて執筆されている。

これらの論考は、折口独自の「まれびと」の発想を基軸とした日本文学の発生論である。「第二稿」において「まれびと」の語が学問的な意味付けを持って初めて使われ、「第三稿」において「まれびと」に関する論が、豊富な具体例を伴って本格的に展開される。折口の「まれびと」論はこの時点で成立する。その論の骨子は、日本にはかつて祭りの時などに村を訪れる身体を持った来訪神に対する信仰が強くあって、この神の零落したものがなまはげ・もうこなどの「妖怪」や、「ほかひびと」と呼ばれる祝言職・乞食などであるというものである。折口は、この身体を持った来訪神の原像、いわば原初的な「まれびと」の姿を実感させる民俗を大正一〇年と大正一一年の二回に及ぶ沖縄採訪の旅を通して発見している。その意味で沖縄への旅行が、折口の芸能理論の形成に大きく寄与していることは否むことができまい。

ただし、全体として「国文学の発生（第一稿～第四稿）」の内容を見ると、原初的な「まれびと」が理論上の核心であることは確かだとしても、記述の多くはそれよりもむしろ、零落した「まれびと」である「ほかひびと」の方に割かれている。「ほかひびと」とは言い換えれば漂泊芸能民のことである。説経の語り手ももちろんこの中に含まれる。折口は彼等の活動の目的を唱導にありと説く。その「ほかひびと」の発生と活動の歴史とを「国文学の発生」は主に取り扱っている。これらの論考は、唱導のための芸能の台本として日本の文学を扱おうとしているわけで、しかもこの視座からの国文学史・芸能史の体系は、すでにここでできあがっている。折口の「芸能史」の理論にとって、「国文学の発生（第一稿～第四稿）」こそ最も記念的な、しかも最も基礎的な論考であると言えよう。

ところで大正一五年の一月に折口は三州三河の花祭りと信州新野の雪祭りとを初めて見学している。その後折口は毎年のようにこれらの祭りを訪れるようになる。芸能の始源を非常に強く感じさせる祭りだからである。折口の芸能史の考察は、沖縄での見聞に加えてこの山村の祭りに触れることによって、実感的な裏付けをより豊かにして、その理論もまた新たな飛躍を見せる。その成果は「国文学の発生」にもすでに取り入れられている。しかしその飛躍がまとまった形で示されたのは、『民俗芸術』に昭和三年と昭和四年とに発表した「翁の発生」[9]とその続篇の「能楽における「わき」の意義」[10]においてであった。この論考において折口は、翁の芸能を例に、日本芸能の根底に存する「まれびと」信仰と、その信仰の芸能的展開を促す「もどき」の理法とについて論じている。折口の「芸能史」は、この二つの論考を得ることによって、その独自の理論の完成を見るのである。

以上『古代研究』の発刊に至るまでの折口芸能史の形成の過程を簡単に辿ってみた。ところでもう一つ、この時期までに書かれたもので、論文でないがゆえに『古代研究』には入っていないが、折口芸能史を論ずるのにどうしても落とすわけにはゆかない作品がある。小説「身毒丸（しんとくまる）」である。「身毒丸」は、大正六年六月に雑誌『みづほ』に発表したものである。（補注1）内容は漂泊芸能民である田楽師の生活を扱ったもので、その「あとがき」によれば、この作品は「伝説の研究の表現形式として、小説の形を使うて見た」ものであるという[11]。すなわち、説経「しんとくまる」に代表されるような芸能的な文学伝承の発生の場を、伝承者の生活に求めての「研究」が「身毒丸」という作品であった。折口の「芸能史」の基本的な立場がすでにこの小説に示されている。

2、芸能史の内容

折口の「国文学史」は唱導文学史であり、折口の「芸能史」は唱導芸能史であった。このことは、折口自身繰り返し主張していることである。また両者の連鎖が緊密なものであることも、さまざまな場所で折口は述べている。それでは唱導文学・唱導芸能とはいったい何なのか。折口の次の文章に、その定義付けと命名の意図とが、極めて明瞭に記されている。[12]

私は、もうるとん氏流の漂流文学といふあめりかないずされた術語の内容に、妥協し難いものを、昔から感じてゐる。日本に、もうるとん氏の常識化した文学論及び文学史の研究が採り入れられる以前から、漂遊者の文学・巡遊伶人の文学など丶名づけて、考察を続けてゐたことであつたが、此先輩の気易げな態度と区別する為に、唱導文学といふ名を選んだのであつた。説経文学を棄て丶、唱導文学の字面を採つた命名者の意図としては、此語に、宗教以前から、其以後までの長い時代を包含させようとしたのである。再、此語が、仏教的な説経文学の意味に用ゐられようとして来てゐるが、私は、民族文学の発生及び其展開相を、団体の宗教的な運動に眼を据ゑて考察して行かうとした、当初以来の意図を、此語に実現したいと思うてゐる。[13]

すなわち唱導文学（唱導芸能）とは、漂遊者・巡遊伶人の文学（芸能）のことである。折口の「文学史」「芸能史」はこれを対象としている。非定住の団体が日本の文学・芸能を担い続けてきたのだというのが、折口の文学（芸能）史観の根本であった。そして有名な「まれびと」の観念も、どうもこの漂遊者の発生の問題を考えていった時に到り着いたものであったらしいのである。柳田國男との対談の中で、柳田に「まれびと」の考えの出てきた道筋を問われて、次のように答えているところからもそのように推測できる。

何故日本人は旅をしたか、あんな障碍の多い時代の道を歩いて、旅をどうして続けていつたかといふやうなところから、これはどうしても神の教へを伝播するもの、神々になつて歩くものでなければ旅は出来ない、

といふやうなところからはじまつてゐるのだと思ひます。(14)

ところで注目すべきことは、折口のこの漂泊民に対する興味を最初に促したものが、柳田國男の著作であったことである。折口自身「国文学の発生（第二稿）」の中でこう語っている。

日本の遊女の発生と、其固定に到る筋道は、柳田国男先生の意見が、先達の考案の蔑にしてよいものゝ多い、我が学界にとつては、後にも先にもない卓論であり、鉄案でもある。先生は微細な点までもじぷしいと殆ど同一の生活をして居た我が古代の浮浪民（うかれびと）なる傀儡子（くゞつ）と、其女性なる遊行婦女（うかれめ）との実在を証拠だてられた。(15)

この柳田の意見というのは、明治四四年から四五年にかけて彼が『人類学雑誌』に発表した「「イタカ」及び「サンカ」」を指している。若き折口はこの著作にいたく感動したようで、後年の談話会でもこの書の重要性を説いている。(16)「「イタカ」及び「サンカ」」の後も柳田は、「巫女考」（大正二〜三年）、「毛坊主考」（大正三〜四年）など、非定住民への関心から書かれたいくつかの論考を発表している。折口はこれらの柳田の初期の著述の刺激によって、唱導文学論・唱導芸能論としての自身の「国文学史」「芸能史」の基礎を作り上げていったものと思われる。

祖霊信仰を根底に据えた柳田の民俗学が、農耕民を中心とする常民の民俗学であることは言うを俟たない。確かにその点、芸能や文学といったいわば遊民の活動に大きな比重を置いた折口の民俗学との間には、柳田自身も言っているようにかなりの違いがある。また柳田が芸能を民間伝承としては認めないといった発言をしていることも事実である（ＮＨＫ放送「面影を偲ぶ――折口信夫」、昭和三二年）。しかし柳田の常民民俗学は、逆説的ながら、右記のような初期の非定住民への関心を扱った著述をその学的視野獲得のための準備段階として、形成されたものではなかったろうか。そして折口の民俗学、特に芸能史は、柳田が常民の観念による民俗学を構想した時点である意味で切り捨てた分野を受け継いでいるものと見ることができる。また柳田が、芸能を民間伝承として認めないと言っているのは、自身の「常民民俗学」としては認めないということであって、折口の民俗学・芸能史を自身の民俗学と無関係であると言っているのではなかろう。折口の民俗学・芸能史の意義は、柳田も充分に認めていたに違いあるまい。なぜなら、「常民民俗学」がそれ自体で思想の体系として完結するはずのものではなく、折口芸能史のような「常民」の外部を扱った民俗学によって補完されるべきものであることを、「「イタカ」及び「サンカ」」なる傀儡子論を書いた柳田が知らなかったはずはないからである。

折口の「芸能史」はこのように、常民の外部に存し、常民に外部から触れてくる漂泊民の活動を記述の対象にするものであった。そして、彼等の活動を唱導文学あるいは唱導芸能と名付けたのは、彼等が「まれびと」の末裔であること、すなわち神を担う団体であることを強く主張するためであったろう。さて、それでは折口は、この神を背負った団体である彼等の言語と行動とに、いかなる原理を見出だしていったのか。その原理は同時に折口芸能史の記述を貫く原理でもあるわけであるが、「国文学の発生（第四稿）」の最後で折口自身も述べているように、それは呪詞の「いはひ詞」としての展開の論理と、「もどき」の原理とであったと考えられる。

「いはひ詞」とは本来下位の立場にある精霊が上位の神の立場に立って述べることばであり、「もどき」とはこれもやはり精霊が神の威力に抗しきれずに開口して同時に動作として神のまねごとをすることである。折口は、日本の文学と芸能とは精霊が神の威力に触れて沈黙を破った時に始まったものとする。そして、この精霊の神としての言語と演技とは、それが神自身のものではなくまねごとであることによって、ますます饒舌に、しかも止まるところを知らずに続いてゆくのである。そのようなものとして、折口は日本の文学と芸能との歴史を捉えたのである。つまりここでもう一度整理すれば、折口の「芸能史」は、漂泊芸能民たる「ほかひびと」の持ち運んだ文学と芸能とを、「いはひ詞」と「もどき」という独自の原理で解釈、記述したものであったということになろう。

3、芸能史の思想

「翁の発生」の中で折口は、能楽の三番叟は翁の「もどき役」であると述べている。しかし同書は同時に、面から言うと三番叟の黒面の方が、翁の白面よりも早い段階の面であると説く。「白式・黒式両様の尉面では、私に言はせると、黒式が古くて、白式は其神聖観の加はつて来た時代の純化だ、とするのです。[17]」つまり、役から言うと翁が先にあって三番叟が出たのであるが、その翁も最初からあのように聖化された姿を持っていたはずはなく、もっと精霊的なものであったろうと言うのである。ここには芸能の発生を精霊の開口に求め、その歴史を「いはひ詞」の歴史と見る折口の立場がよく示されている。折口は決して「芸能」というものを、はじめから高級・神聖なるものであったとは見ていないのである。

「初期民俗学研究の回顧」の中で、折口は芸能を芸術とは違うものであるとして、次のように語っている。

日本の芸能は芸術に似たものだが、芸術であってはならず、必ず芸術になる一歩手前で引き下がっている。芸術と芸能の違いは、芸能は芸術的でないものと言わねばならぬと考えた。もし優れた才能ある者が出ると、芸術化するところまで行っていて、総退却したのが今残っている古典芸能で、田楽は滅んでしまったが、猿楽能も芸術的なものを感じられるが、芸術的でない部分もあることを考えねばならぬ。世阿弥などの天才が出て芸能を飛躍させたが、飛躍させられたために退きも引きもできず、宙ぶらりのところにある。これがすべて芸術化してるとは考えられぬ。[18]

また「日本芸能史序説」では、「見せ物の対象になる芸が芸能である」とも言っている。[19]芸能の原点を「ほかひびと」の芸能に置く折口が、「芸能」をこのようなものと規定するのは、しごく当然のことであろう。折口の「芸能史」の対象は、このような芸術以前の「芸能」であった。それは言い換えれば、民俗学の対象としての芸能と言ってもよいかもしれない。だが、「芸能史」は能や歌舞伎を芸術だからとして扱わないのではない。民俗学が芸術の中にも、もし集団的な心意が伝承されていればそれを探るように、折口の「芸能史」も、天才が飛躍させた演劇の中にもし「芸能」的要素があれば、それを取り出して考究してゆくことに一向やぶさかではないのである。

どのような対象を扱おうと、折口の「芸能史」は常に綜合的・発生的な考察の方法をとってゆく。これは民俗学の方法である。つまり、民俗学は残存する種々の民俗現象の観察から、それらを綜合して一つの文化集団の底流の心意を追求してゆく。だから民俗学は、最終的には土地と時間とを無視してゆかざるをえない。すなわち、いつどこでということは、綜合化の過程で無化されてしまうのである。折口はしばしば、自分の「芸能史」は「史」という性質を裏切っているように見えることがあるかもしれないと述べている。そう見えるのは実は、折口の「芸能史」が民俗学であり、この同じ「綜合」という方法をとっていることによっているのである。

昭和二七年、折口はそれまで「芸能史」の名前で続けてきた慶應義塾大学における芸能を論ずる講座の名を、

図1　大谷の御神楽「はなうり」（黒尉）
撮影：北川天

「芸能伝承論」に替えている。これは自身の芸能の論が民俗学の範疇に入るものであることを示したものであったと同時に、それがいわゆる歴史学と、その目的と方法とにおいて相違があることを示そうとしたものでもあった。しかし折口にとって、「芸能史」なる名前は多分に愛着深いものであった。この年の翌年（死去の年）の慶應義塾大学における芸能の講座は、再び「芸能史」の名称を取り入れて、「綜合芸能史論」を名告っているのである。私はこの「綜合」の意味は、右に述べた意味の民俗学の方法としての「綜合」であったと思う。

この章の最後に、折口の言う「芸能の発生」の意味と、その「芸能史」との関係を整理しておこう。

折口の言う「発生」が歴史的に最初の一度限りの発生を意味するものでないことはよく知られている。折口は、あるものを発生させた原因はそれを発生させた後も消滅してしまわずに存続していて、さらに新たなる発生を促すものであると述べている。[20] つまり発生は何度でも繰り返す。目に見えない原因があって、文学・芸能は繰り返し発生を続ける。そしてこの何度でも起こる「芸能の発生」の様態の研究が、折口の「芸能史」の記述なのであったと考えられよう。その意味で折口の「芸能史」は、やはり「史」たり得ているのではあるまいか。もちろん時代区分的な歴史とは異なった「歴史」としてである。

繰り返し発生する芸能とは、折口の別の言い方を借りれば、際限なく繰り返される精霊の「もどき」の所作である。あるいは「もどき」であるからこそ、「芸能」は何度でも発生してくるのだとも言える。折口は、精霊が沈黙を破って開口した時に、日本の芸能は発生したのだと説く。しかし実はこの沈黙からの開口も、やはり歴史的に一度限りの開口ではなかったはずなのである。精霊は限りなく沈黙させられ、限りなく開口させられてきたのではなかったか。折口の「芸能史」とは、この低き精霊の声を聞き、その声を「綜合」せんとする思想であったと言うことができよう。

【追補】

以上Ⅰでは、主に『古代研究』の発刊に至るまでの折口芸能史の成立について述べた。以下、追補として『古代研究』以後の芸能史の展開を、書誌を中心に概観しておこう。

〔『古代研究』以後の芸能史〕

まず全集・全集ノート編に収められた、『古代研究』収録以外の芸能史の主要論考（ほとんどが『古代研究民俗学篇二』の発刊以後の講義・掲載であるが、一部発刊以前のものがある）を整理しておこう。講義・講演が活字化されたものと、最初から雑誌などの書物に掲載されたものとの二グループに分けて整理してみる。

〈講義・講演が活字化されたもの〉

大正一五年六月一三日から三日間に亙って、長野県南安曇郡教育部会の招聘で講義したものの一部。三日間の筆記録が、小項目と本文を改変して『日本文学啓蒙』[21]（昭和二五年）に「室町時代の文学」として収録されたが、そのうち「第二　奴隷芸術の展開」と「第三　唱導文学」が芸能史的内容である。全集第二三巻に収録。

昭和三・四・五年度の芸能史の授業。折口博士記念会編『折口信夫 日本芸能史ノート』[22]（昭和三二年刊行）に収録。ノート編第四巻に収録。

昭和七年の皇典講究所主催の神職再教育講習での講義。「郷土と神社および郷土芸術」と題して『折口博士記念会紀要』第二輯（昭和三八年）に掲載。ノート編第六巻に収録。

昭和一三年度の郷土研究会（於國學院大學）第八～一四回の講義。「芸能伝承の話」と題してノート編第六巻に収録。

昭和一三年秋の大衆能公演における解説。「能舞台の解説」の題で『梅若』（昭和一四年二月）に掲載。全集第二一巻に収録。

昭和一三年の民間伝承の会主催の「日本民俗学講座第六期」での「芸能史」と題する三回の講義。平成二八年刊行の『折口信夫芸能史講義　戦後篇』下巻に「付録1」として収録。全集・ノート編ともに未収録。

昭和一四年の石井順三企画の講演会でのもの。その前半は「家元発生の民俗的意義」と題して『舞踊芸術』巻七号（昭和一四年）に掲載され、全筆記が『折口信夫 日本芸能史ノート』に収録された。ノート編第六巻に収録。

昭和一六年に行われた「日本芸能史」と題する三日間の講演。昭和一七～一八年に『舞踊芸術』に連載され、
昭和一九年三月『日本芸能史六講』[23]として刊行された。全集第二一巻に収録。

昭和一八年二月の慶應義塾大学歌舞伎研究会での講義。「歌舞妓芝居の発生」と題して『折口信夫 日本芸能史

ノート』に収録。ノート編第六巻に収録。

昭和一八年四月の芸能学界発足式での挨拶。その筆記が「日本芸能の話」と題して『芸能』（同年六月）に掲載された。全集第二一巻に収録。

昭和二〇年度三学期・二二・二三・二四・二七・二八年度の慶應義塾大学における芸能史の授業。平成二七・二八年刊行の『折口信夫芸能史講義 戦後篇――池田彌三郎ノート』上・下巻[24]に収録。全集・全集ノート編ともに未収録。

昭和二三年の都民講座第一回の講演。「日本芸能史序説」と題して『本流』創刊号（昭和二五年二月）に掲載。全集第二一巻に収録。

昭和二三年の都民講座第一回～第四回までの講演。「昭和二三年　都民講座」と題して『折口信夫芸能史講義 戦後篇――池田彌三郎ノート』上巻に収録。全集・ノート編ともに未収録。

昭和二五年のＮＨＫ「神道の時間」での放送。「神道芸能の話」と題してノート編第六巻に収録。

〈最初から書物に掲載されたもの〉

大正一四年一一月、同一五年一・三月「江戸歌舞妓の外輪に沿うて」（『渋谷文学』『日光』）。全集第二二巻に収録。

昭和五年三月「山の霜月舞」（『民俗芸術』）。全集第二一巻に収録。

昭和五年四月　早川孝太郎『花祭』[25]に載せた「跋――一つの解説」。「山の霜月舞」の再録を含む。再録以外の部分は旧全集・新全集ともに未収録。（補注2）

昭和五年五月「信州新野の雪祭り」(『民俗芸術』)。全集第二一巻に収録。

昭和九年五月　西角井正慶『神楽研究』[26]の「序」。「神楽(その一)」として全集第二一巻に収録。

昭和一二年一月「和歌の発生と諸芸術との関係」(『短歌研究』)。全集第二一巻に収録。

昭和一三年六月「日本文学における一つの象徴」(『新日本』)。全集第二一巻に収録。

昭和一四年二月、同一五年一・二月「「八島」語りの研究」(『多摩』『能楽画報』)。全集第二一巻に収録。

昭和一五年四月「春日若宮御祭の研究」(『能楽画報』)。全集第二一巻に収録。

昭和一八年四月「翁と饗宴――日本文学の発生――」(『日本評論』)。『日本文学の発生　序説』[27](昭和二二年刊、全集第四巻に収録)に「異人と文学と」の章題で吸収。

昭和一八年草稿「翁舞・翁歌」。『日本文学の発生　序説』に同章題で収録。

昭和二二年一月二七日「獅子舞と石橋」(『時事新報』)。全集第二一巻に収録。

昭和二六年六月「古代演劇論」(『日本文学講座1』)全集第二一巻に収録。

昭和二八年二月『かぶき讃』[28]。全集第二二巻に収録。


この一覧表から最初にわかることとは、『古代研究』以後あるいは以外の折口の「芸能史」が、多く講義や講演の形か、雑誌などへの単発的な発表によって表出されていたことであり、そのため、一般の人々には長い間その展開の様子を知ることが難しかったということである。ここには三冊の単行本の名を記したが、最晩年の『かぶき讃』は劇評であり、性格上とりあえずこれを学問としての「芸能史」からはずして考えるとすると、芸能史の単行本としては『日本芸能史六講』『折口信夫 日本芸能史ノート』『折口信夫芸能史講義 戦後篇――池田彌三郎ノート』上・下巻の三種が存在するだけである。これらはともに講義・講演の筆記であり、しかも後二者は折口没後の刊行である。結局、生前の芸能史に特化した単行本は、昭和一九年刊行の『日本芸能史六講』だけということになる。

もちろん折口信夫の学問は芸能史に特化しているわけでなく、また芸能史を一つの学問として自覚したとしても、その「芸能史」は国文学・民俗学・宗教学と密接に結び付いたものであったから、芸能史を名告っていない書物の中にも彼の「芸能史」は幅広く存在している。しかしわれわれにとって、「芸能史」の名称を作り、この名の学問の重要性を主張した折口に、その名を名告る生前の書物が一冊だけというのは驚きに価する事実と言える。

次節で詳述するように、日本において「芸能」は近代のかなり遅い時期までその意味が揺れ動いていたことばであった。そのため「芸能史」の語は最初、教室の中でのみ使用されていた。しかし、『日本芸能史六講』発刊の昭和一九年までに、「芸能史」は少しずつ教室以外の場所でも学術用語として認められてゆく。昭和一三年に折口は民間伝承の会主催の「日本民俗学講座」で「芸能史」と題する講義をしている。次に『日本芸能史六講』のもとになった昭和一六年の講演の題は「日本芸能史」であり、その『舞踊芸術』への掲載は昭和一七〜一八年であった。そして昭和一八年四月に折口を会長とし金田一京助・河竹繁俊などを常任委員とする芸能学界が発足し、五月から機関紙『芸能』が月刊で発行され始める。さらに昭和一八年六月には、飯塚友一の『芸能文化論』[29]が、単行本としては『日本芸能史六講』に先立って刊行される。このような情勢の中で、『日本芸能史六講』が出版される。この本ではじめて、人々は『古代研究』以後の折口芸能史のおよその展開を知ったのである。

戦争の激化のために芸能学界は一年半で活動を中断する。しかし、昭和一〇年代後半に研究の足場を固めた日本の芸能史研究は、戦後に入って大きな成長を遂げることとなる。その成果は、岩橋小彌太の『日本芸能史――

中世歌舞の研究――』[30]（昭和二六年）、折口博士記念会編の『折口信夫 日本芸能史ノート』（昭和三二年）、林屋辰三郎の『中世芸能史の研究』[31]（昭和三五年）、池田彌三郎の『日本芸能伝承論』[32]（昭和三七年）などに纏められ、これらは、さらにそれ以後今日に至るまでの芸能史研究にとっての重要な書物となる。右に挙げた『古代研究』以後の折口の多くの芸能史の著作は、芸能史の興隆へ向けての大きな流れの中で、この流れそのものの形成に大きく寄与しているものとして捉えなければならないだろう。

右に示した主要な折口芸能史の既刊論考は、ほとんどが次の書物の中に集められている。

『折口信夫 日本芸能史ノート』（全集ノート編第五巻と第六巻の一部として収録）
『日本芸能史六講』（全集第二一巻に収録）
『折口信夫全集』第二一巻
『折口信夫全集ノート編』第六巻
『折口信夫芸能史講義 戦後篇――池田彌三郎ノート』上・下巻

前記の表の〈最初から書物に掲載されたもの〉のグループのほとんどは、全集第二一巻に集められており、他の書は〈講義・講演が活字化されたもの〉である。これで見ても昭和初期以後の折口芸能史が多くの講義の中で形成され、展開してきたものであることがわかる。そして、戦後に盛んになる日本の芸能史研究がその足がかりにしたものも活字化された折口の講義だったのである。

近年発行の『折口信夫芸能史講義 戦後篇――池田彌三郎ノート』上・下巻は、これまで活字化されることがなかった慶應義塾大学における戦後の芸能史の授業の多くと、部分的な活字化しかなかった昭和二三年の都民講座の「芸能史」、それに昭和一三年の「日本民俗学講座」における「芸能史」の講義の一部（付録）を、池田彌三郎・西村亨（一部戸板康二）のノートの校合作業を通して書籍化したものである。この書の刊行によって、折口の芸能史講義の活字化は大幅に進展したことになる。この書が今後の芸能史研究に大きな刺激を与えることも十分に考えられるところである。

しかし、折口の芸能史関連の講義・講演の量は膨大で、これまでに活字化されたものはその一部に過ぎない。昭和三年以後の講義・講演のうち、いまだ活字化されていない主なものを次に挙げておく。

（1）慶應義塾大学における「芸能史」の講義のうち、昭和六・七・八・九・一一・一二・一四・一五・一七・一八・一九年度・二〇年度一～二学期・二五年度のもの。
（2）昭和一三年「日本民俗学講座」の「芸能史」（第四～六期）計九回の講義のうち、第四～五期の六回分。
（3）昭和一四年～一五年「日本民俗学講座」中の「民間芸能」四回。

最後に、折口の晩年における、芸能史の講義の名称変更について述べよう。

昭和三年度に始まった慶應義塾大学での「芸能史」の講義は、昭和二五年度に至るまでずっと「芸能史」の名称で行われてきたが、折口は最後の二年、その名称を変更した。昭和二七年度は「芸能伝承論」を名告り、二八年度は「綜合芸能史論」を名告ったのである（昭和二六年度は芸能史の授業は行われていない）。この名称変更の意味をここで考えておきたい。

昭和二七年度の初回の講義は次のように始まる。「芸能伝承という語を、今まで使ったことはない。民俗との交渉面を見てゆこうというので、こういう題をかかげた。」おそらくこれは、慶應の授業の中で「芸能伝承」という語を使った記憶はないということであろう。なぜなら池田彌三郎が指摘しているように、このことばは昭和一三年の郷土研究会での講義の中ですでに使われているからである。

郷土研究会での講義は、全集ノート編第六巻に収録されている。その第六章にあたる部分は、「わたしどもは、芸能をひっくるめて芸能伝承と名づけているが、これには、本当は他の言語伝承、行動伝承などの部類にはいるものもある」と始まり、その直後にも、「今日の話は芸能伝承から行動伝承にはいりたい」「舞踊、演劇、歌謡、奇術（軽業、手品など）などが芸能伝承として誰でも考えるところである」とこの語が使われている。「民俗との交渉面」という言い方や、「言語伝承」「行動伝承」と対比していることからもわかるように、折口は「民俗学」ならびにそれと同義の語である「民間伝承」を意識して、この昭和一三年の時点で「芸能伝承」を使ったのである。

その使用には、芸能の考察を民俗学の中に位置づけようとする試みがあったかも知れない。この時点ではまだ「芸能史」ということばは学界の中で市民権を獲得しておらず、「民間伝承」の中に位置づけて説明したほうが一般の理解を得ることが易しかったはずである。また、この講義が正規の授業でそれまで「芸能史」を講じたことがない國學院大學の研究会でのものであったこともこの語を使用した一つの理由であろう。

しかしそれにしても、昭和三年度以来教室で使い続け、昭和一〇代の後半からは確実に市民権を持ち始めた「芸能史」の名称に替えて、昭和二七年になって「芸能伝承論」を名告ったことにはどのような意図があったのか。しかも、この名称は一年で放棄され、昭和二八年度の講義は「綜合芸能史論」を名告っている。折口が最後の二年間に用いたこの二つの名称の意味をわれわれはどのように考えればよいだろうか。

その完全な解明は難しいが、とりあえず次のような折口の意図をわれわれは想像することができる。折口の芸能史は、そもそも小説「身毒丸」によるその表出の最初から、単に表面に偶然現れた芸能表現（レパートリーや作品など）だけの歴史を問題にするのではなく、その表現を行う団体の人々の生活や、そのような表現・生活が生れてくる根本の原因を、時代的・空間的な広い視野から綜合的に捉えようとする歴史であり、その視野の根柢には、折口が早い時期から深い暗示を受け、その具体化を自らも目指した柳田國男に始まる民俗学という学問があった。民俗学と切り離して、折口の「芸能史」は決して存立し得ないものだったのである。最後の二年間において、折口は「芸能伝承論」「綜合芸能史論」を講義の名とすることによって、この原点を後進に伝えることを意図したのではないだろうか。

すでに述べたように、「芸能史」の語は、折口がこの名称の学の必要性を意識して創出したいわば折口名彙であり、その使用の歴史も長い。このことは明らかに折口が、たとえそれが一般には民俗学の一分野と捉えられるものであっても、彼にとっては「民俗学以外」としての「芸能史」であり、それが一つの学問として成り立ちうるという自負があったことを意味していよう。

しかし、芸能学会の設立などを機に、このことばがひとつの学問ジャンルを表すものとして独り立ちするようになると、この語自身が彼の命名の意図から離れてゆくという現象も起りはじめる。例えば、すでに紹介した岩橋小彌太の『日本芸能史——中世歌舞の研究——』（昭和二六年）は、「芸能史」を名告りながらも中世という特定の時代の芸能現象を歴史学の方法を基礎に据えて考察するものであったし、昭和三〇年代に入ってからやはり歴史学的な方法による芸能史『中世芸能史の研究』（昭和三五年）を書くことになる林屋辰三郎をはじめとする若手の芸能学者の台頭も、昭和二〇年代半ばからすでに始まっていた。「芸能伝承論」「綜合芸能史論」という名称は、このような情勢の中で折口が、自身の芸能史研究の性格をより明確にするために生み出したことばだったのではないだろうか。

以上、講義と書誌を中心に、『古代研究』以後の折口芸能史を概観した。

注

(1)『古代研究』「追ひ書き」、全集第三巻、四八〇頁。

(2)「初期民俗学研究の回顧」、『折口信夫全集 ノート編追補』(折口博士記念古代研究所編、中央公論社、一九八七〜一九八八年、以下「全集ノート編追補」と記す)第三巻、二四八頁。

(3)「愛護若」、『土俗と伝説』一―三、一九一八年、全集第二巻収録。

(4)「信太妻の話」、『三田評論』三二〇・三二二・三二三、一九二四年、全集第二巻収録。

(5)「餓鬼阿弥蘇生譚」、『民族』一―二、一九二六年、全集第二巻収録。

(6)「小栗外伝」、『民族』二―一、一九二六年、全集第二巻収録。

(7)これらの論考は『古代研究(民俗学篇二)』(大岡山書店、一九二九年四月)に収録された。

(8)『古代研究(国文学篇)』(大岡山書房、一九二九年四月)所収。その初出は以下のとおりである。「日本文学の発生」(『日光』一―一、一九二四年)[以上第一稿]、「呪言の展開――日本文学の発生その二――」(『日光』一―三、一九二九年)、「巡遊伶人の生活――日本文学の発生その三――」(『日光』一―五、一九二九年年八月)、「叙事詩の撒布(上)」(『日光』一―七、一九二九年)[以上第二稿]、「常世および『まれびと』」(『民族』四―二、一九二九年)[以上第三稿]、「日本文学の唱導的発生」(『日本文学講座』三・四・一二、一九二七年)[以上第四稿]。すべて全集第一巻収録。

(9)「翁の発生」、『民俗芸術』一―一・三、一九二八年、全集第二巻収録。

(10)「能楽における「わき」の意義」、『民俗芸術』二―三、一九二九年三月、全集第三巻収録。
(11)「身毒丸」、全集第二七巻、九七頁。
(12)「唱導文学」という語も折口名彙の一つである。
(13)『日本文学啓蒙』、全集第二三巻、三一三頁。
(14)柳田國男・折口信夫・石田英一郎「日本人の神と霊魂の観念そのほか」、『民族学研究』、一九四九年一二月、折口信夫全集別巻三、五五二頁。
(15)「国文学の発生(第二稿)」、全集第一巻、一〇九頁。
(16)一九四七年の談話「初期民俗学研究の回顧」、全集ノート編追補第三巻、二三三頁。
(17)「翁の発生」、全集第二巻、三八八頁。
(18)「初期民俗学研究の回顧」、全集ノート編追補第三巻、二八九～二九〇頁。
(19)「日本芸能史序説」、全集第二一巻、二〇五頁。
(20)『日本文学の発生 序説』、全集第四巻、一八二～一八三頁。
(21)折口信夫『日本文学啓蒙』、朝日新聞社、一九五〇年。
(22)折口博士記念会編『折口信夫 日本芸能史ノート』、中央公論社、一九五七年。
(23)折口信夫『日本芸能史六講』、三教書院、一九四四年。
(24)伊藤好英・藤原茂樹・池田光編『折口信夫芸能史講義 戦後篇――池田彌三郎ノート』上・下巻、慶應義塾大学出版会、二〇一五～二〇一六年。
(25)早川孝太郎『花祭』前篇・後篇、岡書院、一九三〇年。
(26)西角井正慶『神楽研究』、壬生書院、一九三四年。
(27)折口信夫『日本文学の発生 序説』、斉藤書店、一九四七年。
(28)折口信夫『かぶき讃』、創元社、一九五三年。
(29)飯塚友一『芸能文化論』、鶴書房、一九四三年。
(30)岩橋小彌太『日本芸能史――中世歌舞の研究――』、芸苑社、一九五一年。
(31)林屋辰三郎『中世芸能史の研究』、岩波書店、一九六〇年。

（32）池田彌三郎『日本芸能伝承論』、中央公論社、一九六二年。

（補注1）小説「身毒丸」が、國學院大學の同窓会誌『みづほ』第八号に掲載されたものであることは以前からわかっていたが、本稿の初出の段階では、この「第八号」の発行年月は未詳であった。その後、高橋直治の調査によってこの号の発行年月が「大正六年六月」であることが判明した。高橋直治「折口信夫『身毒丸』の成立時期」（國學院大學広報誌『滴』第七号、一九八九年七月、『折口信夫の学問形成』、有精堂出版、一九九一年に収録）参照。本書では、この調査に従って初出における『身毒丸』の発表時期に関する記述をすべて修正した。

（補注2）「跋――一つの解説」は、昭和五年四月に刊行された早川孝太郎の『花祭』前篇・後篇（岡書院）の跋（解説）として後篇の末尾に付されたもので、三八頁に亙る長文である。そのうち三三頁半ほどは、同年三月に『民俗芸術』に掲載した「山の霜月舞」の再録で、残り四頁半ほどが追補部分である。実はこの追補部分は、花祭りと関係が深くしかもこの時期すでに絶えていた神楽＝大神楽の時に造られる山（白山）についてのもので、折口芸能史にとって決して取り外すことができない重要な記述である。旧全集・新全集ともにこの記述を掲載していないのは残念なことであるが、折口にとって白山に関する地元の辻紋平の報告と、それについての自身の解釈を早川の『花祭』の中に載せることが極めて大事なことであったことは、昭和五年二月六日と二月二九日の折口の辻宛の書簡が示している。六日の手紙は、粟世の神楽を見たという上手（ワデ）の屋敷の古老から、その神楽のことを聞いてもらい急いで書き送ってほしいという依頼、二九日の手紙は、その報告の手紙に対するお礼と引き続いての調査の依頼である。前者には、「神楽」とその時作られる「白山」に関する具体的な質問が列挙されており、二伸として、「神楽の事、出来るだけ早く出来るだけ多く調べて、送つて下さい。御労力は、決して無駄にはしません。」とあり、後者には、「何分花祭り、神楽についての関係は早川さんの方が、もうよほど、活版になつてゐますので、私も早く拝見せなければ、三沢側の花についての歴史が、埋れて了つても困ると存じます。お忙しい中、至急にお書きくださいまして、お送りください。待ち入ります。」とある。「跋――一つの解説」の追補部分が、この時の辻の報告に基づいて書かれていることは、本文中の断り書きから明らかである。しかもその部分は、かつて行われていた神楽の核心的な要素である「白山」の意義を考察しており、折口としては、既発表の花祭りの考察「山の霜月舞」とともに、この報告と考察を早川の『花祭』に、「跋」としてどうしても掲載したいと考えていたことは、辻への二通の手紙の緊迫した調子から容易に見てとれるところである。また、再録の部分も、文章が大幅に手直しされている。これは、「山の霜月舞」が、その最初の部分を除き大部分が昭和三年一〇月の國學院大學郷土研究会での折口の講話の筆記原稿であったためである。このような経緯から見て、この「跋」は、「山の霜月舞」の増補改定版の性格を持つものであり、全集にはこちらの文章が収載されるべきなのであった。なお、辻紋平が折口に寄せた報告の文章は、「三河北設楽の村々で行はれた神楽に就いて」のタイトルで、昭和五年八月発行の『民俗芸術』に掲載されている。

Ⅱ、「演ずる身体」の学

折口信夫は、一九二〇年代に「芸能」ということばを新たに見出だすことで、近代の学問が軽視してきた「演ずる身体」に関する学問を「芸能史」の名のもとに展開し始めた。この学は、「芸術学（美学）」・「民俗学（常民民俗学）」・「国文学（文学史）」という三つの学問分野に対するアンチテーゼを表明したものであり、日本文学の発生論をはじめとする折口の古代研究の基底を構成するものでもあった。以下では、折口の言説を通して、折口芸能史が目指したものが何であったかを探り、その今日的な意義について考える。

1、芸能の語義と芸能史の始発

前述したように、折口が「芸能史」という呼称を書物の中で使ったのは、昭和五年刊行の『古代研究（民俗学篇二）』に付された「追ひ書き」が最初である。

私の研究の立ち場は、常に発生に傾いてゐる。其が延長せられて、展開を見る様になつた。かうする事が、国文学史や、芸能史の考究には、最適しい方法だと考へる。(1)

折口がここで「芸能史」を「国文学史」と並列的に記していることは、当時の学問の環境から見て、特異なことであり注目すべきことと言わなければならない。なぜなら当時、いわゆる「芸能」（当時は演芸と言われた）は学問の対象と認識されていなかったからである。「追ひ書き」のこの記述は、折口によるいわば「芸能史」という学問の始発宣言と受け取ることができる。

実はこの「追ひ書き」は、書物の刊行の二年前の昭和三年に書かれたものであることが、その内容（同年一〇月に逝去した長兄の静氏の通夜の晩に書き始めたとある）から知られる。そして折口は、同じ年の四月に慶應義塾大学の教授就任と同時に同校に「芸能史」を私称する講義（文部省の認可は「国文学」）を開講している。この講義は昭和二八年まで断続して行われるが、その開講は、「芸能」を対象とした学問が可能であり必要であることをこの時点で折口が確信したことを意味している。「追ひ書き」の「芸能史」の語は、この確信に基づいて記されたものである。

しかし当時、「芸能史」はもちろん、「芸能」ということばさえ今日におけるような意味を持った語ではなかった。中国で長く使われてきた「芸能」は、紳士が身につけるべき教養の意味で、日本でも奈良時代からの文献に同義の用例が多く見える。ただし日本では平安朝の院政時代から、「芸能」にこの意義のほかに「演芸」に近い伎芸の意味が生じ、鎌倉以後に受け継がれている。日本におけるこの二つの意義の流れは近代においても受け継がれていたであろうが、昭和初期においては「演芸」ということばが広く使われたこともあり、「芸能」の意義はむしろ前者の流れの方が優勢だったのではなかろうか。このことは昭和一六年に小学校から改称された国民学校に設けられた「芸能科」の内容が図画・工作・唱歌・裁縫を統括したものであることからも知られる。その時期になってもなお、「芸能」の意義は大きく揺れ動いていたのである。

しかし、折口の「芸能史」はその始発の時から「芸能」の意義を明確に規定していた。折口は昭和三年四月の「芸能史」の最初の時間に次のように述べた。

芸能といふ語はおよそ平安末期より用ゐられ、大体舞踊の意である。「能」は平安朝時分には特殊な使ひ方がある。即、「能」は「態」の略字である。ほんとうは「たい」と呼ぶべきであるが「のう」といふのも古い。「態」にも「のう」といふ音はあるが、それは日本では知らなかつた。それとは別に生れたものである。(2)

これは、自身の「芸能史」が平安末期から現われた「伎芸」ないし「舞踊」の意味をもつ日本固有の用法の「芸能」を扱うものであることの宣言である。逆に言えば、折口はここで「芸能史」から紳士の教養、学問的な技能という中国伝来の意義を排除しているのである。さらに、「「能」は「態」の略字である」とは、日本で発生したこの「芸能」の新義が、「態」の和訓である「わざ」の語義を受け継いでいるものであることを語っている。「わざ」とは、「わざをぎ」「かみわざ」などというときの「わざ」である。折口の「芸能史」は、この「わざ」を根本に据えた広い意味の伎芸、すなわち身体的表現（パフォーマンス）を対象とするものである、右の発言を敷衍すれば、そう捉えることができる。そしてそう捉えるとき、今日的視座から見てパフォーマンス研究の嚆矢とも言える折口のこの新しい学問が、「芸能」ということばを学術用語として再定義するところから始まっていることがわかる。

2、芸術学（美学）に対するアンチテーゼとしての芸能史

さて、こうして始まった折口の「芸能史」は、どのような性格を持った学問なのであろうか。折口の発言を手掛かりとして以下にその考察を行なってゆこう。取り上げる著述は次のものである。

① 『折口信夫 日本芸能史ノート』昭和三二年刊行、昭和三〜五年の慶應義塾大学における「芸能史」の講義ノートを折口没後に刊行したもの
② 『日本芸能史六講』昭和一九年刊行、昭和一六年に行なった公開講座の速記がもとになっている
③ 『日本文学の発生 序説』昭和二二年
④ 「日本文学の発生」『人間』昭和二二年一〜四月
⑤ 「日本芸能史序説」『本流』昭和二五年二月

前述したように、折口の「芸能史」の始発は昭和三年と考えるべきであるが、それはあくまでも教室という狭い空間の中の出来事であった。実は、折口の「芸能史」の実態を世間が広く知るようになるのは、それから一六年後の『日本芸能史六講』の刊行を待ってのことであった。講演筆記ということもあり、折口自身はこの書の内容には満足していなかったようである。だがこの書は、その後の日本の芸能研究の流れを作る大きな契機となった。ともあれ理論を含んだ折口芸能史のまとまった書物としては、ともに筆記という形ではあるが、右の①と②の書が残されたのである。そのうち①はその量も大部であり、始発の頃の「芸能史」の内容が知られるものである。本節では、ノート篇所収ゆえにこれまであまり注目されてこなかったこの書の記述を一つの軸として以下の論を進めてゆこう。

最初に予告したように、折口の「芸能史」はまず「芸術学（美学）」に対するアンチテーゼという性格を持つ。このことは第一に、この「芸能史」から「紳士の教養、学問的な技能」という中国伝来の芸能の意義が排除されている点に見ることができる。先に見たように、『折口信夫 日本芸能史ノート』の最初の頁では、「芸能」の

語が日本において、中国風の高尚な技芸を広く表わす「能」の義から、身体動作を表わす「態」の義へと転換したことがまず述べられていた。つまり、日本における「能」が「態」の意義で使われてきたことの重視である。続いて同書は、「能」と「態」を次のように説明する。

「能」は「何々のわざを学ぶ」ので「ものまね」である。つまり身振り狂言である。身振り狂言に自ら様々な種目が出来て、範囲がひろくなつて行つたが、もとはものまねである。

この「能」といふ字がまづ一番芸術的に使はれてゐるのは、宮廷の御神楽の中に含まれてゐる「才男態」である。「才ノ男」は「人長」と対立してゐる。人長は真面目な方で、舞である。才男はこれに反して、おどけてかゝる方で「態」である。[3]

ここでは日本的な意味の「能」すなわち「態（わざ）」が、たとえば隼人が海幸彦が溺れたときの「種々之態（くさぐさのわざ）」を絶えることなく行なったような「ものまね」を本義とするものであることが述べられている。「態（わざ）」は、身体動作の中でも高尚で優雅な「舞」を中軸とするものではなく、おどけた身ぶりを主に指すことばである。このことを「人長」と「才ノ男」との対比で説明しようとしている。

ところで、この「人長」と「才ノ男」との関係は、折口の芸能史にとっての重要な概念である「もどき」の理論をわかりやすく示す例である。折口の理論によれば、「もどき」とは神に対する精霊の「身ぶり」で、神の言動を真似たり茶化したりする行為を指す。折口は、精霊を威圧する神の言動よりも、この精霊の「もどき」に芸能の原点を見ようとする。

「もどき」に関連して、やはり『折口信夫日本芸能史ノート』の中に次のような興味深い記述がある。

三河の鳳来寺に附属してゐる村の門屋《カドヤ》――鳳来寺をとりまいている田楽村が沢山ある。その中に猿楽村が一つあつて、それが門屋である。――この村では「翁」を主に行ふ。黒い方の「翁」でつまり三番叟である。その三番叟をやる時には条件として、後に幕を垂れてゐる。三番叟が独りでふむと、うけ答へ、囃し繰り返すものが幕の後にゐる。三番叟が引つ込むと幕が上る。それが全体の舞台である。（中略）幕の下つてゐるのと下つてゐないのとで、演じてゐる演芸種目の種類を分けた習慣があつたと考へられる。幕の下りてゐるのは――私はかう簡単に考へてゐる――、そのかげにもどきの人がゐてもどくのだ。それがすむと幕が上つて、もどきが沢山出て来て、いろ〳〵と芸をする。幕の前でやるのは神の芸で、その後でやるのはもどきの芸であると思ふ。(4)

ここの翁は黒い翁、つまり三番叟である。三番叟は元来翁の「もどき」であるが、ここでは幕の内側にそのさらなる「もどき」たちがいる。実は彼等が幕の向こう側にいることには重要な意味がありそうである。まず彼等は幕のかげにいて「もどく」。次に彼等は幕の中から出て来て「もどく」。幕の向こう側は普段の秩序から排除された「もの」たちの世界なのだろう。その中で「もどい」ていた彼等が、幕が開くと中から大勢出て来て存分に自分たちの演技を展開する。最初の三番叟は、「もどき」たちの演技のきっかけを作って引っ込んだ形である。この「もどき」たちは、折口が考える「わざ」「芸能」の性格を端的に表わしている。折口の「芸能史」は、このような「低い」領域から出現してくる「もの」たちの声と身ぶりをその対象とするものである。それは、紳士が身につけるべき高尚な技能を意味する中国風の「芸能」の語義を受け入れるものではなかった。

ところで「日本芸能史序説」は、この中国風の「芸能」をも含む洗練された高尚な技能を「芸術」と呼んで、その「芸能」との関係を次のように説明している。

見せ物の対象になる芸が芸能である。当然、芸術的な高さを持つて来れば、それは芸能ではなくなつて了ふ。併し、どの様な芸術でも、うち棄てゝおけば、高くなる気づかひはなく、必、低下したり下落したりして、いつも其芸術的高さを保つてゐる訣ではない。つまり、どの様なものにも、芸能と言へる時期があつたし、又、その時期が来る訣である。(5)

ここで使われている「芸術」は、われわれが使う芸術と同義で、アート（art）の訳語としての語と考えてよいだろう。つまり一九世紀以後の西洋の美学が「芸術」と認めるだけの洗練さをもつ技能という意味である。このような「芸術」は、日本の過去の文化の中にも探せば多く見つかることであろう。しかし、折口はそのような「ファイン・アート（fine art）」はもはや芸能ではないと述べる。「芸能」はそのような「芸術」を生み出す前段階のものであり、「芸術」が低下・下落したそのあとのものだと言うのである。この発言には、西洋の近代美学の基準から見た場合に見落とされてしまう雑多な技芸（広い意味の見せ物）の中に、実は極めて大事な日本人の生活の歴史が隠されているとする彼の確信が表わされている。私は、折口芸能史が表明するこのような主張を、先に見た中国風の「芸能」との差異化という面も含めて、「芸術学（美学）」に対するアンチテーゼと呼ぼうと思う。

ところで、「芸術」とは異なる「芸能」のテーマ（目的）は何であると折口は考えていたのであろうか。観阿弥・世阿弥の出現によって「芸術」の領域に入ったと現代人から見られている猿楽の能、その前身の猿楽の発生についての折口のことばからその一端を探ってみよう。

平安朝の中頃から行はれてゐたと思はれる、踏歌の節会に現れて来る「ことほぎ」といふものがある。踏歌の普通の人とは別で、踏歌の人数の他に、「ことほぎ」の群が加り、顔も姿もかくして、非常に仮装してゐる。猿楽の翁も、その発達の最初を考へると、田楽と一緒になつて、ぱとろんの家々にねりこんで行つた。だから、田楽の中において、この「ことほぎ」のやうな位置にゐるものが猿楽だと見る事が出来る。（中略）この「ことほぎ」の役は、もとは土地の精霊である。それが醇化して神のやうになり、白式尉が出てくるに到るのである。(6)

能の白式尉ではすでに言い立てはなくなっているが、猿楽の翁の元をたどってゆくと、田楽の群れに加わりパトロンの家（ないし社・寺）を祝福するために口立てをおこなう「ことほぎ」であり、その「ことほぎ」は、かつてその家（ないし社・寺）の設置によって斥けられた土地の精霊の役だという。

「芸術」以前の「芸能」に遡ることで、折口が見ようとしているものが何であるかがここに示されていよう。幕の向こう側から出現したあの門屋の「もどき」たちのように、翁の源たるこの「ことほぎ」たちもまた斥けられた「もの」たちである。この「もの」たちの声と所作（ふるまい）に、折口の「芸能史」は多大の関心を寄せてゆくのである。彼等は「もの」であるがゆえに、家・社・寺などの主人である「我等」を祝福することを余儀なくされている。だがそれでも彼等の声と所作は、最も内奥の世界からの発信であるがゆえにわれわれの心を揺さぶり続ける。「芸術」ではなく「芸能」の名を冠することで、折口はその発信を受け止めようとしたものと言える。

3、民俗学（常民民俗学）に対するアンチテーゼとしての芸能史

右に引いた折口のことばは、彼が「芸能」の重要なテーマが「ことほぎ」にあると考えていることを示すものであった。「ことはぎ」とは、基本的には口立てによって神や精霊の意志を表現することであるが、この「ことほぎ」にその副演なる身ぶりが加わったものが「ほかひ」である。折口の「芸能史」は、この二つのことばを巡って展開している。(7)

神や精霊の意志をことばや身ぶりによって表現する人々を、折口は万葉集巻一六の乞食者詠の訓読みなどに倣って「ほかひびと」と呼んだ。この語は、漂泊芸能者を広く指すことばとして、現在「まれびと」の語とともに人々によく知られるところとなっている。実は、右に述べた「芸能」のテーマから見るとき、この「ほかひびと」すなわち漂泊芸能者の歴史が折口芸能史の最も中心となる課題であると言わなければならない。

先に折口芸能史の始発を昭和三年と述べたが、それはあくまでも「芸能」の語を使用しての学の始発を意味するものである。実際には、折口はその学のごく初期の頃から漂泊芸能者に多大の関心を示し、多くの論考をものしているのみならず、「まれびと」とその零落した存在としての「ほかひびと」を中軸に据えた芸能と文学の発生に関する独自の論をこの昭和三年の時点ですでに完成させていた。そしてその直後に刊行された『古代研究』（昭和四～五年）に、折口芸能史の大要はほぼ示されているのである。

さて、折口芸能史の中心テーマが漂泊芸能者の歴史にあるとすれば、そのこと自体、柳田國男がある時期から目指したいわゆる常民民俗学に対するアンチテーゼであろう。初期の柳田には、「「イタカ」及び「サンカ」」「巫女考」「毛坊主考」「山椒太夫考」などの非定住民への関心から書かれた多くの論考がある。しかし彼の民俗学はやがて農耕民を中心とする普通の人々＝常民の生活を記述する方向に舵を切ることとなる。前節で述べたように、実は折口の漂泊民に対する興味を最初に促したものは柳田の初期の論考であった。折口芸能史は、柳田が常民の民俗学を構築する段階である意味で切り捨てた分野を受け継ぐという側面を持っている。

もちろん「民俗学」も「芸能」を対象とすることがある。しかしそれは、『民俗学辞典』（民俗学研究所編、柳田國男監修、東京堂出版、一九五一年）が「民間芸能」の名で呼ぶような現在民間に伝承されている（あるいは近年まで伝承されていた）芸能であり、そこには芸能全体の歴史を扱おうとする姿勢は見えない。それは「民俗学」が常民の生活との関わりにおける芸能に対象を限定しているからにほかならない。そこに折口芸能史との隔離が見られる。

折口は芸能の原義を「わざ」におき、芸能者を「わざをぎ（俳優）」の者、すなわち「わざ」（パフォーマンス）によって神意を招き寄せる者と捉えた。この「わざをぎ」という「おこない」が、いわゆる常民の存在形態から逸脱したものであることは明らかであろう。なぜなら、常民とはすでに作り上げられた「世界」（共同体）の中に住んでいる人々であり秩序がその前提になっている（つまり「神」は村の神としてすでに存在している）。これに対し「わざをぎ」の者は、「わざ」によって新たに「世界」を造り上げる者だからである。彼等にとって秩序は最初からあるものではない。彼等は、混沌の中に積極的に入り込むことによって、アメノウズメがアマテラスを誘い出したように、神を新たに引き出し世界を更新するのである。

従って、彼等の身体は常民の身体とは異質なものとならざるを得ない。彼等の身体は混沌の世界との親和性がより強い身体である。兵藤裕己が詳しく考察したように、「見えない存在の物音」を聴きそれを表現する琵琶法師は、そのことの故に盲目であった。[8]韓国映画「西便制《ソピョンジェ》（風の丘を越えて）」では、作品上のフィクションではあるが、父親はあの世の「もの」たちのハン（恨）をパンソリの声の中に盛り込むためにあえて主人公の娘の眼をつぶす。さらに折口芸能史の原点とも言える小説「身毒丸」（大正六年）において、田楽師たちは空中で行う笠飛びという常人のなし得ぬ危険な「わざ」に我が身体をゆだねている。この小説の主人公身毒丸とその父がハンセン病であることは、芸能者の身体が常民の身体と異なるものであることの一つの象徴と言える。以上の事柄は芸能者の身体の特殊性に関するほんのわずかな例に過ぎない。実際には彼等の身体表現、すなわちパフォーマンス（演技）の全体が芸能者の身体の異質性の表出と考えられる。

柳田國男は、「芸能はわたしは民間伝承じゃないといったような意見を、実は持ってるんです」[9]と述べている。それは以上に考察したような、芸能者の常民とは異なる存在のあり方を彼自身十分に認識しているがゆえに発せられたことばであるに違いない。

4、国文学（文学史）に対するアンチテーゼとしての芸能史

折口信夫の「芸能史」は、テキストの歴史を記述することを目的とする文学史、テキスト史としての「文学史」に対するアンチテーゼでもある。

「日本芸能史序説」の中で折口は、「芸能其自身の性質から言つて、芸能史と言ふものを、所謂歴史の形に、時代々々に変つて行く姿を組織して記述することは、出来さうにない。つまり、芸能史と言ふ名称自身に問題がある」[10]と述べている。芸能は瞬時に消え去るものであるから、年代順に記録するテキスト史のような歴史は不可能

だというわけだ。しかしこの矛盾にもかかわらず彼が「芸能史」の名を棄てなかったのは、書き残されたものの歴史だけが歴史ではないとする確固とした考えからであろう。これは彼が民俗学から得た信念である。

折口は、研究生活の長期にわたり「日本文学の発生」を名のる論考を書き続けた。それは大正一三年に『日光』に発表した「日本文学の発生」にはじまり、昭和二二年に『人間』に発表した「日本文学の発生」におわる。まとまったものとしては昭和四年刊行の『古代研究（国文学篇）』前半の「国文学の発生（第一〜四稿）」と昭和二二年刊行の『日本文学の発生 序説』がある。これらの論考は、日本文学がいかなる機制によって発生したものであるかを執拗に論じたものである。そして彼がここで見出していった日本文学発生の機制とは「芸能史的機制」と呼ぶことができるものであった。

確かに芸能は瞬時の「わざ」であるから直ちに消え去るものである。しかしその「わざ」は神を招き寄せ、「世界」を構成する「わざ」であるから必ず伝承されてゆくものである。折口の日本文学発生論は、この「わざ」の伝承がどのような過程を経て文学、すなわち文字テキストとなってゆくかを論じたものである。彼がこの過程を執拗に記さなければならなかったのは、対象が顕在化していないために直接の歴史的叙述ができず、テキストや後続の事象を解体して再構成するという、いわば民俗学的な方法に頼らざるを得なかったためである。

ここで話を古代文学に限定して、宮廷伝承と地方伝承との関係を折口がどう捉えていたかを見てみよう。

古代には、宮廷詩を大歌（おほうた）と称へた。これは、民間の歌謡を小歌（こうた）と謂つたのと相対《アヒタイ》に出来た名である。（中略）さうして其が、きはめて年を経て、大歌と共に宮廷音楽として用ゐられて久しくなると、いつか此すら、大歌の中に這入つて行つたのである。

今日、古事記・日本紀の上に残つた歌は、凡すべて、宮廷詩であつたと言へる。（中略）勿論、宮廷固有のものもあつたのだが、外から奉奏せられたものが、久しい年月《トシツキ》の間に、宮廷根生《ネオ》ひの歌の姿をとるやうになつたのである。なぜ、地方民間のふりといはれる歌群が献られることになつたか。さう言ふところから、此日本文学発生史は、書きはじめる。

（『日本文学の発生 序説』「詞章の伝承」冒頭）[11]

ここには地方伝承（小歌）が固有の宮廷伝承（大歌）の中に取り込まれて、大文字の宮廷伝承（大歌）となってゆく構図が描かれている。この見方からすれば、古事記・日本紀の歌のみならず、風土記も含んで日本の古代文学全体が宮廷の伝承であるということにもなろう。[12] ここで肝心なのは、なぜ「ふり」と呼ばれる地方伝承が宮廷に奉られることになったかである。この問に対する折口の答えは、同書が「悠紀・主基の風俗歌によつて、考へられた神秘は、同時に、その両国の代表する国々の国魂の悉くが、聖躬に入ること〻、古代人には信じられたのである」[13]と述べるような「たまふり」（「わざ」によって魂を人の身体に付着させること）の信仰の中にある。折口の日本文学発生論の基層に「芸能史的機制」があるとはこのような事柄を指す。言うまでもなく、それらの国魂はもとは地方の首長に付着されたものであり、地方レベルの「わざ」に関わるものであった。

さて最後に、折口が日本文学史（芸能史）の起点に据えたこの「態（わざ）」が神格化したものが「産霊（むすび）の神」であるとする彼の思想に触れなければならない。

折口が日本文学（芸能）の発生に「むすびの神」が深く関与していることを主張し始めたのは戦後になってからである。「日本文学の発生」（昭和二二年）で次のように述べている。

吾々の先祖は、何も神に報謝する為に、神の詞を伝へようとしたのではない。神の威力の永続を希うて、其呪力ある詞章を伝へ遺《オト》すまい、と努力して来たのであつた。この詞章を伝承する事業は、容易なことゝは、昔の人程考へては居なかつた。こゝに、日本の古代宗教の形態の拠り処があつたらしく思はれる。神が神としての霊威を発揮するには、神の形骸に、威霊を操置する授霊者が居るものと考へた。神々の系譜の上に、高皇産霊尊・神皇産霊尊――天御中主神の意義だけは、私にはまだ訣らぬ――を据ゑて居るのは、此為であつた。[14]

「神の形骸に、威霊を操置する授霊者」、すなわち「たまふり」の「わざ」を行い神を誕生させ、その霊威を発揮させる神が「むすびの神」だと言うのである。（補注1）この考えに立てば、「むすびの神」こそ神々の世界と人間の世界を生み出す根本の神だということになる。そして実際、「神道の新しい方向」（昭和二一年放送）「神道宗教化の意義」（昭和二一年講演）「神道概論」（昭和二一〜二二年度講義）「神道の霊魂信仰」（昭和二二年講演）「産霊の信仰」（昭和二七年講義）などにおいて、折口は「むすびの神」を日本の神道の根本に関わる神として重要視してゆくのである。[15]

折口が考える「むすびの神」とは、言ってみれば目に見えない霊魂を発動させて神に形を与えるパフォーマンス（performance＝完全に形づくること）の神である。折口の「芸能史」は、この神の「わざ」を起点とした多くの時代の「わざをぎ（俳優）」の徒の歴史を記そうとしたものである。一九八〇年代以降、アメリカをはじめとして世界でパフォーマンス研究が盛んになってきているが、折口の「芸能史」は、実践と理論において、そのような研究のすぐれた先駆けであったと言える。

注

（1）『古代研究』「追ひ書き」、全集第三巻、四八〇頁。
（2）『折口信夫 日本芸能史ノート』（折口博士記念会編、中央公論社、一九五七年）三頁。本書は全集ノート編第五〜六巻に収録された。引用は前者による（以下同）。
（3）同書、四頁。
（4）同書、一六六〜一六七頁。
（5）「日本芸能史序説」、全集第二一巻、二〇五頁。
（6）『折口信夫日本芸能史ノート』、一六八〜一六九頁。
（7）「国文学の発生（第四稿）」中の「呪言から寿詞へ 四」（全集第一巻、一三九〜一四三頁）など参照。
（8）兵藤裕己『琵琶法師』（岩波書店、二〇〇九年）、ならびに「琵琶法師のものがたりと儀礼」（『古代文学』五〇、二〇一一年）参照。
（9）寺田太郎構成「面影を偲ぶ——折口信夫」（NHK放送、一九五七年一月一〇日）、『短歌』一九七三年一一月臨時増刊号に掲載。
（10）「日本芸能史序説」、全集第二一巻、二〇三頁。
（11）『日本文学の発生 序説』、全集第四巻、一一四〜一一五頁。
（12）折口の地方伝承と宮廷伝承の捉え方については、本書第一章Ⅳを参照のこと。
（13）『日本文学の発生 序説』、全集第四巻、一三八頁。
（14）「日本文学の発生」、全集第四巻、三六六〜三六七頁。
（15）このうち「神道概論」「神道の霊魂信仰」は全集ノート編追補第一巻所収。
（補注1）慶應義塾大学における昭和二七年度の「芸能伝承論」の講義は、テーマを鎮魂におき、前半は「むすび」の語の解釈、後半は「あそび」の語の解釈を中心に進められている。参考として「むすび」に関する一文を次に引いておく。「高産霊《たかむすび》・神産霊《かむむすび》は、神のように尊くなっただけのことで、実は鎮魂の技術者だった。天皇のおからだに、威力ある霊魂を鎮める、たまをむすぶ人だったのだ。それをば、神事に関係した人が、記憶に遠ざかるほど尊く考えられて神と考えた。その証拠は、宮廷におけるむすびの神は、格が低い。神として低い段階にある。」(『折口信夫芸能史講義 戦後篇』下、慶應義塾大学出版会、二〇一六年、一五二頁)。「芸能伝承論」におけるこの一連の「むすび」論は、同年九月一九日に國學院大學で行われた特別講義(「産霊の信仰」の題で『研修』第一号に掲載)においてより凝縮された形で講じられる。その講義は次のように結ばれている。「神・人間を此世に出現させて来る産霊の神は、普通の神とは違ひ、日本の神道に於ける根本問題の一つであり、若いあなた方が是から拓いて行く道でもあるのだ。勉強して下さい。」(全集第一九巻、一五〇頁)

Ⅲ、大いなる共振――柳田國男・折口信夫の芸能研究――

日本の民俗学が最初に関心を持った領域は、神と人々とが接触する広い意味の「まつり」の領域であった。ただし、その神は決して神学の体系の中に組み込まれて大きな神社に祀られている神ではなく、その土地を離れれば名も知られず場合によっては神とさえ意識されていない微小の神々であり、それらの神々の「まつり」も都会人が考える祭礼の概念とはかけ離れたものであった。

柳田國男が『石神問答』や『遠野物語』で扱おうとした神はこのような小さな神々であった。彼はこのような神々がどのような神であるかを追究しようとしたが、同時にこのような神に関わる民間宗教者にも多大な関心を示した。小さな「まつり」は、定住する村人と、移動しつつも村人と密接な関係を維持して生活していた民間宗教者とによって取り行われていたからである。

折口信夫が国語国文学研究の途次、このような初期のいわば「まつり民俗学」のテーマと方法に強く引き付けられ、これに参入していった時期は極めて早い。彼は、『石神問答』『遠野物語』からわずか三年後、このようなテーマが盛られた雑誌『郷土研究』が創刊されたその年にすでに、柳田を驚かせた氏子論をはじめとする「三郷巷談」をこの雑誌に投稿しはじめ、その二年後には柳田とは別の観点からではあるが、奇しくも柳田が当時もっとも関心を持って考察の対象にしていた神を招く装置に関わる長編の論考「髯籠の話」をこの雑誌に送っているのである。

「髯籠の話」の投稿を契機に柳田の面識を得た折口は、それ以後柳田の後を追いながらもこの「まつり民俗学」のテーマを独自に発展させて、やがて自らの日本文学研究、特に「日本文学発生論」の中軸にそれを据えることとなる。そして折口はさらに、このような初期民俗学が興味を示した「まつり」ならびに「まつりに預かるもの」と密接な関係にある「芸能」を学問の対象とする道を模索し始める。

以下、折口が柳田の論考を読みはじめた明治の終りごろから、「芸能史」を学問として意識しはじめる昭和の初めごろまでの、柳田と折口の「芸能」に関わる考察を具体的に追いながら、このテーマをめぐっての二人の共振の軌跡をたどってみたい。

1、『石神問答』の芸能研究的意義

柳田國男の『石神問答』は、日本の民俗学の最初の具体的成果である。そう述べたのは折口信夫である。「石に出で入るもの」(昭和七年)の中で次のように述べている。

> 柳田先生の一番初めの単行本は、「石神問答」で、その本が出てから今年二十三年に当ります。それが、日本の、ふおくろあと名前のついた研究の具体的に発表された最初でした。(1)

『石神問答』(明治四三年五月)は、シャグジ・サクジ・サゴジなどと呼ばれる謎の神をめぐって、柳田が山本笑《えみ》をはじめとする各氏と交わした書簡での議論を一冊にまとめたものである。折口はこの書の内容を次のように整理している。

> 此「石神問答」に現れて居る話の、代表的なものを分けて見ると、今の考へ方からかも知れませんが、略三

つに分れると思ひます。一つは、道祖神の話。一つは石誕生、石が子を産むといふ話。或は石が大きくなるといふ話。引つくるめて石誕生と言うておきます。今一つは、日本の従来の信仰と思はれるもの以外の要素が、石に附随してゐる話。此に就いては、石に附いて現れた外来の信仰といふものが、日本旧来の信仰と妥協してゐる事を明かにされたと思ひます。で、一口に申しますと、此は、先生が境の神の研究といふ事に興味を持つて、お書きになつたのではないか、と思ひます。(2)

この文章は、「石に出で入るもの」の冒頭にあるので自身のテーマに引きつけて石信仰をクローズアップさせているが、その分を差し引くと、折口が『石神問答』を、（1）境の神の研究に興味を持って書かれたものであり、（2）その神に関して外来の信仰が日本旧来の信仰と妥協していることを明らかにしたものであると理解していることがわかる。以下、この折口の理解を一つの軸として、『石神問答』の内容を具体的に見てゆくこととしよう。

『石神問答』における柳田の問題提起は以下のようなものである。

諸国村里の生活には書物では説明の出来ぬ色々の現象有之候中に　最も不思議に存候一事は**シヤグジ**の信仰に候（中略）

小生は最初右は関東数国の間に限られたる信仰とのみ存じをり候ひしに　此頃注意致候へば西国の端々迄之に因ある地名分布致居　愈好奇の念に勝へず候　例へば（中略）

全体如何なる筋合の神に候やらん

（『石神問答』一　柳田国男より駿州吉原なる山中笑氏へ）(3)

右で「例へば」としてあげている西国の例は、若狭三方郡や播州の「サコシ」、肥前北松浦郡や壱岐の「シャクシ」などである。

これらの類似の発音を持つ広地域の神の考察は、やがて次のような司宮神・主宮神の漢字をもって記される神に及び、その神を表わす仮面が儺鬼の面であることが推測されてゆく。

塩尻巻九十三に〔三六〕　尾張大国霊神社に猿田彦神なりとも又は司宮神なりとも云ふ仮面ありと記し　司宮神は主宮神とも書す。〔三六〕司宮神又は主宮神と称する仮面を猿田彦なりと云ふこと謂なきに似たれど　こはもと諸社にて追儺の神事に用ゐし方相氏の仮面なるべく　方相氏は開路神とも称し案内の神なれば　之を猿田彦神の古伝と結合せしめたるならん　右は天野翁の説なり　諸国の大社にある王の面も儺鬼の面なるべし　猿田彦神の仮面を作るべき理なし　漢土古代の習俗にして却つて我邦に保存せらるゝ者は多し　儺の如きは其一例なり

（『石神問答』二〇　柳田より山中氏へ(4)）

ところで、シャグジ系統の本来同名の神々が広い地域に祀られていることは何を意味するのであろうか。この問題にも『石神問答』は即答しないが、それは一つにはそれらの神を祭る宗教者が広範囲に移動していたことが考えられる。そして実際、『石神問答』には次のように「諸国に無数の小社を創建せしめた」であろう民間宗教者に関する記述が少なからず見られる。

足利時代は日本にて山臥修験道の最も勢力を逞しくせし時代かと存じ候(六六)　此の徒は（中略）諸国に無数の小社を創建せしめたるらしく候　加之漸々に仏教より分立して同盟を旧来の神社に求めたるの形跡有之候　例へば後世の地神祭荒神祭の祭式には仏教の臭味殆ど後を斂め候も　さりとて又大昔の様態を其まゝに伝へたるものとも見えず候

(六六)近代迄田舎に在住する巫覡の徒には色々あり　山臥又は修験者と云ふは殆ど全く仏教に合同せること　**ミコ**が神社に従属せると相同じ　此二者の外に陰陽師又は**ハカセ**と云ふものあり（中略）周防風土記に依れば　此国にては村々の地神祭に来りて地神経を読む者必ず一種の盲僧なり　僧とは称すれども寺に任せず　在家にして妻帯すること関東諸国の法印さんなどゝ同じかりしとおぼし　盲人が石塔の供養に与ることは前に之を言へり

（『石神問答』三三　柳田より緒方翁へ）(5)

実は、これらの民間宗教者の存在を考えなければ、折口が挙げた『石神問答』の二つの問題、境の神の問題と信仰の習合の問題は繋がらないだろう。民間宗教者が外来の信仰と日本旧来の信仰とを習合してシャグジに代表される境の神を祭ったとするのが、『石神問答』の大筋であると思われるのである。

そして『石神問答』には具体的な記述は無いが、これらの民間宗教者たちは、当然のことながら古い時代から芸能に深く関わる集団でもあった。この書が追究しようとしているような庶民の「小さなまつり」において、神と村人とを仲介する彼らの宗教上の行為は、そのまま芸能的な性格を強く持つものだったからである。このことを思えば、『石神問答』は日本における芸能者発生の機構を最初に示した論考であると見ることができる。

柳田の『石神問答』や『遠野物語』に記された小さな神や「まつり」への関心の裏には、明治政府が打ち出した神社合祀や神道純粋化の政策に対する反発の気持ちが存在する。

神社合祀によって、最も近くで村人を見守ってきた小さな神社や村の境で祀られていた小さな神々が歴史の外に追い払われようとしている。また、民間宗教は仏教に限定されない外来の信仰と日本旧来の信仰との習合の上に長い歴史を築いてきたが、それを「今日に於ては各地方の信仰を分析して　其外来のものを引離し候はんことは　仮令徒労の業には非ず候とも其効果まことに少なかるべきか」とは、『石神問答』内（三三）の柳田の言葉である。[6] このような情勢の中で、この書物で柳田は、日本の村の信仰史に深く関わってきた民間宗教者・民間芸能者たちの活動に目を向けることを開始したのである。

2、「山荘太夫考」の斬新性

柳田國男の民間宗教者・芸能者への関心とその考察は、その後「踊の今と昔」「「イタカ」及び「サンカ」」「塚と森の話」「巫女考」「所謂特殊部落ノ種類」「毛坊主考」などの論考に引き継がれる。「柱松考」をはじめとする神樹論の一群が、神が降臨する物体を扱った論考であるとすれば、これらの論考は神に関与する職掌を扱った論考であり、この両者が初期の柳田の「まつり民俗学」を構成している。そしてこの「まつり民俗学」の二つのテーマに非常に早い時期から極めて深く関わっていったのが折口信夫であった。

大正四年四月発表の柳田國男の「山荘太夫考」は、右の後者の系列に属するものである。直接的には『郷土研究』で前々月にその連載が終った「毛坊主考」を引き継いでいる。この論考の主要テーマは、説経節や古浄瑠璃として語られた「さんせう太夫」の物語の主人公である丹後由良の長者が、なぜ「さんせう太夫」と呼ばれたかである。この問に対する柳田の答は以下のようなものであった。

自分の見る所では、丹後由良の長者が其名を山荘太夫と呼ばれたのは偶然で無い。あれは最初あの話を語つてあるいた伎芸員が、或算所の太夫であつたのが、いつの世にか曲の主人公の名と誤解せられたのである。
（『物語と語り物』所収「山荘太夫考」七(7)）

思ふに山荘はもと卜《うら》や算から其名を得た太夫であつたが、神社に附属して祈禱に必要なる歌舞を勤めた所から、祭の日の間には舞太夫の如く、村々を勧進して田穀の豊饒を祝し、さては金銀の山を為すと云ふやうな、後世大黒舞春駒鳥追の太夫等が唱ふる如き、好い事づくめの歌をうたひ、其方の評判の方が高くなつた連中は、追々と工夫して神に遠く俗に近い新曲をも結構するに至つたのであらう。
（「山荘太夫考」八(8)）

柳田のこの発想を導いた有力な材料は、土佐の国に古く「山荘大夫と称する一階級の人民」が住んでいたという情報であった。この情報をもたらしたのは沼田頼輔で、それは『貽謀記事』に、「江口村に永野善太夫、赤岡に足田市太夫と云ふ太夫、両名は山荘頭なり。山荘は山分に住む太夫にて、弓祈念などをする徒なり」とあるというものである。これに『南路志』に見える両家の太夫に関する記事などを参考にすると、「山荘又は算所と呼ばれた土佐の太夫は、表向の名を博士と称する一種の祈禱業者であった」ことがわかるというのが柳田の論旨である（「山荘太夫考」五参照(9)）。

ところで、声聞身《しょうもんじん》・院内《いんない》・散所《さんじょ》などと呼ばれる階級については、すでに「毛坊主考」が詳しく論じるところであった。祈禱業者でもあり芸能者でもあるその集団が「さんせう太夫」の語り手であり、その語り手の呼び名が主人公の名となったとする「山荘太夫考」の発想は、柳田の「毛坊主考」に到るそれまでの漂泊の民についての研究を基礎として、それを芸能ジャンルの発生の考察に適用した時に生れたものである。それは、当時としては極めて斬新な芸能史的発想であった。

3、折口信夫の芸能研究の原点としての小説「身毒丸」

私は折口信夫の芸能研究の始発を、大正六年に『みづほ』に発表した小説「身毒丸」に置きたいと思う。もちろんすでに、柳田が「山荘太夫考」を発表した大正四年四月の『郷土研究』には折口の「髯籠の話」の第一回目が掲載されており、これをもって始まった彼の「よりしろ」論はやがて彼の芸能史の一翼を担うものとなるから、その意味では折口の芸能研究の始発はそこまで遡らせることができる。しかし、それは「まつり」論という広いテーマを持つものであるから、芸能史それ自体を扱ったものとしては「身毒丸」が最も早い時期の著述ということになる。

「身毒丸」は小説ではあるが、主人公の身毒が子方をつとめる田楽座の生活を描いて日本芸能史の断面を見事に浮き彫りにしている。

いったい折口に、芸能関連の論文を書く前に、芸能者の生活をこれだけリアルに描くことを可能にしたものは何だったのだろう。もちろん幼少時からの芸能愛好癖と古典の知識が底にあることは確かである。だがそれにしても中世芸能者の実態に迫るための実感はどのようにして生れたのだろう。私は、それはやはり、本節がこれまで考察してきたような、『石神問答』に始まり「山荘太夫考」で一つの飽和点に達した柳田國男の漂泊の宗教者・芸能者の研究を折口なりに吸収した結果であろうと思う。

重野安繹の「風俗歌舞源流考」(明治一四・一六年)や小中村清矩の『歌舞音楽略史』(明治二一年)などは、柳田も「踊の今と昔」をはじめとする芸能関連の論考執筆の際には参考としたであろうし、折口も便利な書物としてこれを利用していたに違いない。しかし、「踊の今と昔」の中の田楽関連の叙述だけを見ても、柳田は重野や小中村が挙げているような文献から出発しながらも、各地に残る近代の田楽をも視野に入れて、「毛坊主考」へと発展させてゆくような視座から幅広い考察を行なっている。折口が学んだのは、文献資料と民俗資料を縦横に駆使しながら庶民の歴史に迫ろうとする柳田のこの想像力のはばたかせ方であっただろう。その想像力の具体的な一つの形が、「山荘太夫考」における「語り手集団の名称が主人公の名前となった」とする説であった。それまでの柳田の一連の論考に関心を払ってきた折口が、この斬新な仮説に大いに引き付けられたであろうことは十分に考えられる。

小説「身毒丸」の主人公の身毒丸《しんとくまる》は、「住吉の神宮寺に附属してゐる田楽法師の瓜生野といふ座に養はれた子方」で、この一座が座の命としている「揺拍子」の拍子を、彼は師匠の源内法師から特別に伝授されている。文中の「揺拍子」にはルビが振られていないが、「ゆらびょうし」とでも読むのであろうか。兄弟子の制吒迦《せいたか》童子は身毒丸がこの大事な拍子を土産代りにして猿楽の円満井座に寝返るのではないかと心配している。この場面は作中、一つのエピソードとしてさりげなく書かれている。しかし、実はこの「揺拍子」こそ、「身毒丸」の主人公を、説経でも猿楽でもなく田楽座の子方に設定したことの中心に存するものであった。

「信太妻の話」や『折口信夫 日本芸能史ノート』で折口が主張しているのは、能の「弱法師」が田楽の中の「よろばふし」を取り込んだもので、その「よろばふし」の「ばふし」は拍子（ばうし）、すなわちそういう拍子の舞が田楽にあったということである。

この考えは、折口自身が説明し、高橋直治が「『身毒丸』の出自」(10)で詳しく考証したように、吉田東伍が、「弱《ヨロ》法師《ボフシ》と言ふ語と、太平記の高時の田楽の条に見えた「天王寺の妖霊星を見ずや」と言ふ唄の妖霊星とは、関係があろう」(11)と『能楽』の明治三八年七月号に載せた談話で述べた説を受けてのものである。折口はこの説をさらに発展させて、妖霊星（ようろうぼし）を星の名ではなく白拍子などと同じ拍子の名と捉えた。そして太平記が記した唄を「今日天王寺に行はれるよろばうしの舞を見ようぢやないか」「天王寺の名高いよろばうしの舞を見た事がないのか。話せない」の意味にとった。[12] 身毒丸が「揺拍子（ゆらびょうし#よろばうし）」の伝授を受けるのは、この解釈を元としているのである。

柳田國男の「山荘太夫考」が説経節や古浄瑠璃の主人公の名の背後に語り手の存在を見出だしたのに対し、「身毒丸」は猿楽能の主人公の名の起源を田楽の舞拍子の名称に求めた。このことは、小説「身毒丸」の構想の中心に「山荘太夫考」が提示した発想があることを示すとともに、その発想を田楽から猿楽へという異ジャンルの芸能の影響関係にまで広げた折口の独自性と芸能史感覚の鋭さを示すものでもある。

「身毒丸」は、時代を田楽が衰退し猿楽能が勢いを得て来る時期に設定している。その中で曲舞《くせまい》の流れを取り入れて一世を風靡した田楽の舞拍子が、さらに猿楽の団体に流れようとしている、そんな時代の田楽座の団員の切羽詰まった生活の実相をこの作品は見事に描き出している。われわれは、後に展開される折口芸能史の原点をこの作品に見出だすことができよう。折口の芸能史は、単に演じられた芸能の内容のみを問題にするのではなく、その芸能を生み出した人々の生の歴史に迫ることに大きな目標をおいてゆくからである。

4、折口名彙「ほかひびと」の足場

折口の初期の芸能研究への「山荘太夫考」の影響がいかに大きいかは、「身毒丸」以後のある時期までの彼の芸能研究が説経節の研究に集中していることと、それらの研究のすべてが芸能を唱導する団体と主要人物の名前との関連を重要視していることとに窺うことができる。

説経節の研究とは、「愛護若」「信太妻の話」「餓鬼阿弥蘇生譚」「小栗外伝（餓鬼阿弥蘇生譚の二）」であるが、それらの論考のすべてで、唱導者と主要人物の名前との関係を論じている。愛護ノ若は「護法童子の変形」であり、安倍野童子は「安倍野の原中に村を構へた寺奴の一群れ」の名であり、餓鬼阿弥は「念仏衆の中でも下級の一団」の総称であるといった具合にである。

このような結び付きに関し、折口は「山椒太夫」を例にとって、「かう言ふ事の行はれるのは、書き物の台本によらず、口の上に久しく謡ひ伝へられて来た事を示しているのである。／はじめて語り出し、其を謡ふ事を常習としてゐた人々の仲間の名称は、其語り物の仮りの表題から更に、作中に入りこんで人物の名となり易いのである。」（「信太妻の話」[13]）と述べている。書き物ではなく、実演がそのまま物語制作でもある唱導芸能において、芸能者としての生活と物語内容とは離れがたく結び付いている。芸能研究はそのことを理解してなされなければならない。柳田の示唆を受けて、折口は即座にこのような信念を持ったのではないだろうか。

「身毒丸」の主人公名は、当然のことながら説教「俊徳丸」の主人公名の変形である。この「俊徳」についても折口は、以下のように下級の芸能者の名称だと考えている。

不思議なのは、俊徳といふのは乞食の名で、これは諸国をほかひして歩いた。あいぬにもあつて、桶のやうなものを「しゆんとく」といふ。日本の行器《ホカヒ》である。此はあいぬの有名な器だが、疑ひもなく日本から這入つたもので、北陸にも残つてゐる。「しゆんとく」といふ乞食がもつてゐたから「しゆんとく」といふのである。そんな団体のうたつてゆく主な浄瑠璃に、「しゆんとく」といふものがあつた。

（『折口信夫 日本芸能史ノート』昭和三年度の講義から[14]）

ここでは「ほかひ」の語を間にはさんで、芸能者と物語の主人公とを結び付けている。芸能者が「ほかひ」の語で呼ばれ、「しゅんとく」は「ほかひ」と同義でやはり乞食とその持ち物を指す語であるから、物語の主人公が「しゅんとく」と呼ばれたというのである。

ところで、折口の芸能研究は大正一三年頃を境にして、これまで見てきたような柳田や自身の唱導団体の考察を踏まえた上で、それらを日本文学の発生という大きな視野の中に組み込んで一つの飛躍をとげてゆく。その際自説の主張の中心においた概念が「ほかひびと」と「まれびと」であった。

折口が「ほかひびと」と「まれびと」の語を学術用語としてはじめて使ったのは、「国文学の発生（第二稿）」（原副題「日本文学の発生その二〜四」、大正一三年）においてである。しかしこの論考は原副題が示すように、「国文学の発生（第一稿）」（原題「日本文学の発生」、大正一三年）の続編として書かれており、「国文学の発生」第一稿と第二稿は、本来一つの論考として捉えるべきものであろう。以下、この観点から二つの論考に「ほかひびと」と「まれびと」の概念の発生を探ってみよう。

「ほかひびと」の概念を先に見ると、「第二稿」では「ほぐ」「ほかふ」と「ほかひびと」の語を次のように説明している。

> 寿詞を唱へる事をほぐと言ふ。ほむと言ふのも、同じ語原で、用語例を一つにする語である。ほむは今日、唯の讃美の意にとれるが、予め祝福して、出来るだけよい状態を述べる処から転じて、讃美の義を分化する様になつたのである。（「呪言の展開」）(15)
>
> 平安の中頃には、ほかひが乞食と離れぬ様になつてゐるのだから、仮りにこゝを足場として、推論を進めて

行つて見る事も出来よう。ほかひゞとは寿詞を唱へて室《ムロ》や殿のほかひなどした神事の職業化し、内容が分化し、芸道化したものを持つて廻つた。最《もつとも》古い旅芸人、門づけ芸者であると言ふ事は、語原から推して、誤りない想像と思ふ。

（「巡遊伶人の生活」[16]）

この時点で折口はすでに「ほかふ」の語を奈良朝文献に見える「新室のほかひ」まで含めた視野から考察している。また、この個所以前に八重山諸島の祭りに臨む神人の事例を踏まえて「まれびと」の語義が説かれているから、ここで使われている「ほかひびと」の語は、「まれびと」の発想を背景に持った広い意味の学術概念だと言える。しかしここで押さえておきたいことは、記述に見えるように、折口がこの概念の足場にしているのは、「乞食と離れぬ様になつてゐる」祝言職としての「ほかひびと」たちであるということである。

この祝言職としての「ほかひびと」とは、本節が問題にしてきた漂泊の宗教者・芸能者のことである。この集団は歴史上、ほかひ・ものよし・万歳その他、とてもここで挙げきれないほどの多様な名前で呼ばれてきた。その中から折口が総称として選んだのが「ほかひびと」だったのである。それは「ほかふ」すなわち祝福することこそが彼等の最も根っこにある性格だと彼が考えたからである。

しかし、柳田も早い時期からやはり、「乞食と離れぬ様に」なってゆく巫女や毛坊主などの民間宗教者の本質を祝福ととらえ、「ホイト」の語を重視してそのことを叙述していた。次は、大正二年五月に『国家学会雑誌』に発表した「所謂特殊部落ノ種類」の中の「ホイト」の語の考察である。

毎年一定ノ時間ニ人家ニ物ヲ貰ヒニ来ル職業ニハ色々ノ名アリ。鳥追「セキゾロ」厄払「門ホメ」「庭ホメ」

福吉ナドノ如シ。万歳猿牽ノ如キモ高尚ナレドモ亦同業ナリ。(中略)元来「コジキ」ト云フ日本語ハ仏経中ノ漢字ヲ音読シタルガ始ニシテ比較的新シキ語ナリ。「ホイト」トイフ方遥に古シ。倭名鈔ニ乞児―「ホガヒビト」トアリ。狩谷翁ノ箋註ニハ今「ホイト」ト謂フハ亦「ホギビト」ノ約マレルナラント説カレタリ。「ホグ」トハ祝スルコト「ホガヒ」トハ寿詞ヲ陳ブルコト也。即チ何カ縁起ノ善キ文句ヲ唱フルハ本来乞食ノ要素ニテアリシナリ。(17)

「門ホメ」「庭ホメ」「福吉」など「ほむ」ことを業とする人々の名をあげ、また、「「ホガヒ」トハ寿詞ヲ陳ブルコト也」と述べるなど、「ホイト」に関する柳田のこの文章が、先にあげた折口の「ほかひびと」の記述に少なからぬ影響を与えていることは十分に考えられるところである。しかも、『倭名鈔』が「乞児」を「ホガヒビト」と読むことや、『箋註』に「ホイト」を「ホギビト」すなわち「ホガヒビト」の約語としていることを述べるなど、折口が「ほかひびと」の概念を得るための一つの大きな足場を提供している。

しかし、折口の「ほかひびと」の概念は、この文章で柳田が述べる「ホイト」の語意と全く同じというわけではない。それは先ほど述べたように、折口の「ほかひびと」の背後には、古典の用例や沖縄の神人の事例を含めた「まれびと」の発想があるからである。しかも複雑なことに、折口のその「まれびと」の発想にも、柳田の学問は少なからぬ影響を与えている。その間の事情を次に見ることにしよう。

5、馬糞紙のらっぱと舶来の拡声器

「まれびと」の語がはじめて使われた「国文学の発生(第二稿)」のはじめの部分で、折口は早くも「まれびと」概念の基本を明確に叙述している。それは、次の三つの文章によって捉えることができる。

a、まれびとなる語《ことば》が、実は深い内容を持つて居るのである。室《ムロ》ほぎに来る正客は稀に訪ふ神の身替りと考へられて居たのである。恐らくは、正客が、呪言を唱へて後、迎へられて宴の座に直つたものであらう。

b、八重山諸島では、村の祭りや、家々の祭りに臨む神人・神事役は、顔其他を芭蕉や、蒲葵《クバ》の葉で包んで、目ばかり出し、神の声色や身ぶりを使うて、神の叙事詩に連れて躍る。村の祭場での行事なのである。又、家の戸口に立つては、呪言を唱へて此から後の祝福をする。

c、明治以前になくなつて居た節季候《セキゾロ》は、顔を包む布の上に、羊歯の葉をつけた編笠を被り、四つ竹を鳴して、歳暮の家々の門で踊つた。「節季に候」と言うた文句は、時の推移と農作の注意とを与へた神の声であらう。万歳・ものよしの祝言にも、神としても、神人としても繰り返して来た久しい伝承が窺はれる。

（以上「呪言の展開」(18)）

このabc三つの文章は、「まれびと」に関わるそれぞれ異なった事象について述べている。すなわち、aは万葉集や日本書紀などの古典から窺われる室ほぎなどの宴会の正客としての「まれびと」の事象であり、bは沖縄の祭りに臨む神人としての「まれびと」であり、cはそのような「まれびと」の性格を背後に負う「ほかひびと」についてである。

私見によれば、〔日本の〕歴史や民俗の上に現われたこの三つの事象が、本来は別物ではなく、互いに深い関係にあるものであることを主張したのが、折口の「まれびと」論である。(19)

折口は沖縄に行って「まれびと」を発見したとはよく言われることであるが、それはbの事象に出会い、そのbによってaとcとが結び付けられたことを意味する。「国文学の発生（第一稿）」の最後に次の記述がある。「生命・生産を祝福する神の語《ことば》が、生産物に影響を与へると言ふ観念が、一転して人間の言語で、祝福しようとする形式をとつて来るのである。／近世まであり、現にありもするほかひ・ものよし・万歳などは、神降臨の思想と、人のした祝言の変形である。[20]」神の来臨と人の祝言とを結び付けるこの認識は、祭りに臨んで家の戸口で呪言を唱える神人をまのあたりにした沖縄採訪以後のものであろう。しかもａｂｃの結合がすでにここにはある。

ところで、これも先人が指摘し[21]、あとで引くように折口自身も記していることであるが、右の折口の「まれびと」の発想に大きなヒントを与えたのは、八重山地方の「ニイルピト」（赤マタ黒マタ）と本土の祝言職とを比較した柳田の次の記述であった。

（ニイルピトが—引用者）初春に吾々の門に来る春駒鳥追、其他種々の物吉ほぎ人と違ふ点は、単に家主が予言者の前に跪いて、一句毎に丁寧に其受答へをするばかりでは無い。彼等は之を直接に神の御詞と信ずるが故に、如何な事が有つても村外の者に、其文句を知らしめぬ。是非とも之を聴かうとすると、うそを教へるさうである。[22]

これは、折口に先立って南島を旅した柳田が、その紀行を東京朝日新聞に連載した「海南小記」の中の一文（大正一〇年四月三〇日）である。折口は自身が沖縄に出発する前にこの文を読み（また柳田からこの話を直接に聞き）、これほどの神言が沖縄に残っていることに強い関心を持ったはずである。折口は、大正一〇年と一二年の沖縄旅行で、このような古代的神言の残存を直接体験していった。

先の記号にこの柳田の一文を当てはめてみよう。折口の「まれびと」論との違いはどこにあるか。それは、この一文がbとcを比較するものではあっても結び付けるものではないという点である。そこで、折口の論においてbとcを結び付ける役割をしているものが何であるかを考えると、それはaの要素であることがわかる。すなわち、「まれびと」論は、柳田の一文をヒントとして、abc三つの要素が深い関係にあることを見出したところから生まれているのである。

「国文学の発生（第二稿）」は、大正一三年の六・八・一〇月の発表である。この中には節季候・万歳・「ものよし」の記述はあっても、東北のおとずれ人「なまはげ」の記述はない。「海南小記」においても同様である。この時点ではまだ「なまはげ」は現地以外では知られた存在ではなかったからである。

「なまはげ」についての消息が都会にもたらされたのは、大正一四年一月四日の東京朝日新聞に載った「覆面怪物鈴を振つて押寄せる一団」と題する記事によってであった。この記事が折口と柳田のその後の芸能研究に与えた影響は大きなものであった。「翁の発生」（昭和三年一月・三月『民俗芸術』）の中で、折口はその記事を読んだ時のことを次のように記している。

> 今から四年前（大正十三年）の初春でした。正月の東京朝日新聞が幾日か引き続いて、諸国正月行事の投書を発表した事がありました。其中に、
> なもみ剝《へ》げたか。はげたかよ
> あづき煮えたか。にえたかよ

図2　男鹿のなまはげ　『日本地理風俗大系』

こんな文言を唱へて家々に躍り込んで来る、東北の春のまれびとに関する報告がまじつてゐました。私は驚きました。先生の論理を馬糞紙のめがふおんにかけた様な、私の沖縄のまれびと神の仮説に、ぴつたりしてゐるではありませんか。雪に埋れた東北の村々には、まだ、こんな姿の春のまれびとが残つてゐるのだ。年神にも福神にも、乃至は鬼にさへなりきらずにゐる、畏と敬と両方面から仰がれてゐる異形身の霊物《モノ》があつたのだ。こんな事を痛感しました。私はやがて、其なもみの有無を問うて来る妖怪の為事が、古い日本の村々にも行はれてゐた、微かな証拠に思ひ到りました。かせ・ものもらひに関する語原と信仰とが其であります。此事は、其後、多分、二度目の洋行から戻られたばかりの柳田先生に申しあげたはずであります。(23)

全集の文章を引いたが、文中の「大正十三年」は誤りで実際には一四年である。記事を読んだ時の折口の興奮が伝わってくるが、折口はこのわずかな記事から即座に、「かせとり」なども同類の「おとづれ人」であることに思い至り、そのことを柳田に話したというのである。この情報が何故重要かというと、「かせとり」や「なまはげ」といった東北、すなわち内地の「おとづれ人」を仲介とすることによって、沖縄の神人と内地の「ほかひびと」、すなわち先ほどの記号のbとcとが古典の知識を用いないで「日本の民俗」として接続してくるからである。（補注1）

この「なまはげ」と「かせとり」の民俗に関する知識は、折口の「国文学の発生（第三稿）」と柳田の「雪国の春」とにさっそく取り入れられる。前者は「まれびと」論のいわば理論的完成を示す論考であり、後者はその「まれびと」論に極めて接近した形で、沖縄の人神と雪国の「おとづれ人」との近似性を興味深く記すものであった。

次に引くのは、折口の「翁の発生」の中の、右の引用の直前の文章である。

柳田国男先生の「雪国の春」は、雪間の猫柳の輝く様な装ひを凝して、出ました。私どもにとつては、真に、春のまれびとの新しいことぶれの様な気がします。殊に身一つにとつて、はれがましい程の光栄に、自らみすぼらしさの顧みられるのは、春の鬼に関する愚かな仮説が、先生によつて、見かはすばかり立派に育てあげられてゐた事であります。此、真に、世の師弟の道を説く者に、絶好の例話として提供せらるべき事実であります。実の処、をこがましくも、春の鬼・常世《トコヨ》のまれびと・ことぶれの神を説いてゐる私の考へも、曾て公にせられた先生の理論から、ひき出して来たものでありました。南島紀行の「海南小記」（東京朝日発表、後に大岡山書店から単行）の中に、つゝましやかに、言を幽かにして書きこんで置かれた八重山の神々の話が、其であります。学説と言ふものは、実にかくの如く相交錯するものでありまして、私が山崎さんの研究の一部たりとも、冒認する事を気にやんでゐる衷情も、お察しがつきませう。[24]

この文章で折口は、自身の「まれびと」「ほかひびと」の論の導きの一つが柳田の「海南小記」にあることを述べるとともに、日本の春の来訪者を論じた柳田の「雪国の春」の記述が、自身の「なまはげ」「かせとり」の情報とそれに関する構想に浅からず関連していることを述べている。

折口が右で挙げている単行本の『雪国の春』が出たのは昭和三年二月であるが、「なまはげ」のことを記した文章は、大正一五年一月の『婦人之友』掲載の「雪国の春」の中のものである。折口が「なまはげ」と「かせとり」の習俗を踏まえて「まれびと」を詳しく論じたのは先に述べたように「国文学の発生（第三稿）」である。この論考は、彼が新聞で「なまはげ」の記事を見た直後（大正一四年一月）に執筆が開始されたが、脱稿は昭和二年一〇月であり、結局雑誌掲載は昭和四年一月であった。雑誌掲載が遅れたのは、知られているように柳田の掲載拒否の意向によってこの原稿が長らく雑誌編集者の手元に留め置かれていたからである。[25]

雑誌とは、昭和二年当時柳田が主宰していた『民族』である。柳田が折口の論考の掲載を拒否した理由が何であったかはわからない。しかし結果的に折口はこの論考が日の目を見ないうちに、自身の「おとづれ人」に関する論と極めて近似した内容が含まれた『雪国の春』の刊行に接することになる。その時の気持ちを表わしたのが「翁の発生」の中の文章（連載の二回目――昭和三年三月『民俗芸術』――の冒頭）であった。

実はこのような折口と柳田の学説に関わる大きなニアミスは、今回で二回目であった。今回は「まれびと」論に関わるところで起ったニアミスであったが、最初のニアミスは折口のもう一つの重要な理論である「よりし

図3　「やしま」を語る肥後の琵琶弾き山鹿良之(1975年)撮影：筆者

ろ」論に関わるところで起った。周知の事柄であるのでその内容を詳しくは述べないが、折口の「髯籠の話」と柳田の「柱松考」をめぐる微妙な『郷土研究』への掲載順序の問題である。[26] これらの事実からみても、柳田と折口の発想が、その核心部分で電気の両極のようにして、激しく共震するものであったことがわかろう。このことを最もよく認識していたのは、当事者の二人であったに違いない。

そして折口はこの共振の関係を学恩として受け取り、師柳田との学説の交錯を「世の師弟の道を説く者に、絶好の例話として提供せらるべき事実」と極めて前向きに認識したのである。「翁の発生」の中のその章は、次のように結ばれている。

「雪国の春」を拝見すると、殆ど春のまれびと及び一人称発想の文学の発生と言ふ二つに、焦点を据ゑられてゐる様であります。殊に「真澄遊覧記を読む」の章の如きは、かの「なもみはげたか」の妖怪の百数十年前の状態を復元する事に、主力を集めてゐられます。馬糞紙のらつぱは、更に大きくして光彩陸離たる姿と、清《スマ》やかに鋭い声を発する舶来の拡声器を得た訣なのです。[27]

以上、折口が「芸能史」の開講と『古代研究』の出版(28)によって自身の学問の体系を明示し始める昭和の初めころまでに期間を絞って、柳田と折口の芸能研究とその交流の様相を概観した。もちろん二人の芸能研究における交流はここで終るわけではない。その一例としては、右の文章で折口が述べている「一人称発想の文学」にかかわるテーマがある。『雪国の春』所収の「東北文学の研究」がそのテーマを中心に据えており、これも自身の日本文学発生論での問題提起を大きく発展させたものであるというのが折口の認識であったが、この後、折口は柳田のこの研究を受けて、「物語と地の文章の古形」「「八島」語りの研究」などを執筆してゆく。しかも、二人のこれらの語り物研究は、その後の国文学・芸能学の世界に大きな影響を与えてゆくことになるのである。

注

(1)「石に出で入るもの」、全集第一九巻、三六頁。
(2)同前、全集第一九巻、三七頁。
(3)柳田國男『石神問答』、『柳田國男全集』第一巻、筑摩書房、一九九九年、五〇四頁。
(4)同前、五六〇～五六三頁。
(5)同前、六〇五～六〇七頁。
(6)同前、六〇六頁。
(7)柳田國男『物語と語り物』、『柳田國男全集』第一五巻、一九九八年、四五一頁。
(8)同前、四五四頁。
(9)同前、四四七～四四八頁。
(10)高橋直治「『身毒丸』の出自」、『國學院雑誌』、一九九三年一一月。
(11)折口信夫「信太妻の話」(『三田評論』大正一三年四月)内の折口による吉田論文の要約。全集第二巻、二九〇～

二九一頁。
(12)「信太妻の話」、全集第二巻、二九一頁。
(13)同前、全集第二巻、二九一頁。
(14)『折口信夫 日本芸能史ノート』、中央公論社、一九五七年、一〇三頁。
(15)「国文学の発生（第二稿）」、全集第一巻、八五頁。
(16)同前、全集第一巻、一〇〇頁。
(17)柳田國男「所謂特殊部落ノ種類」、『柳田國男全集』第二四巻、一九九二年、二六〇頁。
(18)同前、「国文学の発生（第二稿）」、全集第一巻、八二～八三頁。
(19)この論は、沖縄文化の事例を日本文化の中に組み入れることによって成り立っている。その保留の意味で、〔日本の〕と括弧付きの表記とした。
(20)「国文学の発生（第一稿）」、全集第一巻、七七頁。
(21)西村亨『折口信夫とその古代学』（中央公論新社、一九九九年）第六章など。
(22)柳田國男『海南小記』、『柳田國男全集』第三巻、一九九七年、三一三頁。
(23)「翁の発生」、全集第二巻、三七六頁。
(24)同前、全集第二巻、三七五～三七六頁。
(25)岡正雄「柳田国男との出会い」（『季刊 柳田國男研究』1、白鯨社、一九七三年）参照。
(26)池田彌三郎「「ひげこの話」成立秘考」（『週刊読書人』一九六二年六月四日）など参照。
(27)「翁の発生」、全集第二巻、三七六～三七七頁。
(28)「芸能史」は、昭和三年に慶應義塾大学において開講。『古代研究』全三巻は、昭和四～五年の刊行。
（補注1）「国文学の発生（第三稿）」「翁の発生」以後も、折口は「東北の春のまれびと」に対する関心を強く持ち続けてゆく。この習俗をタイトルとする論考に以下のものがある。①「春来る鬼」（『旅と伝説』昭和六年一月）②「男鹿の「なまはげ」と矢嶋獅子」（『秋田魁新報』昭和六年九月一三～一五日）③「春来る鬼――秋田にのこる奇習――」（『秋田魁新報』昭和九年一月六日）④「春立つ鬼」（『俳句研究』昭和一三年四月）。①の掲載誌の口絵には、折口が現地から貰い受けてきた「なごみたくり」の面二個の写真が載せられ、折口によるその説明が附せられている。②は旧全集にはなく、新全集がはじめて収録した論考である。「かうした行事を単に男鹿――奥州だけのものとせず、全国的に或は外国の例に徴して考へあはしてみるとき、朧げながらそのものゝ本体が判つてくる。」「これに似たものに万歳がある。」などとして、なまはげの習俗を沖縄の「まやの神」や越前・三河・尾張の万歳などと結び付けて考えようとしている。②と③では、「なまはげ」の写真が『日本地理風俗大系』に載ったことが紹介されている。③の記述は次のようなものである。「近年出た日本地理体系に、男鹿の何の村かの生身剝の勢揃ひした写真が出てゐる。なんでもない小さなすけつちに過ぎないが、遉《さすが》に尚古い精神の伝承がそれに漲つてゐた。今後もこれ以上の生きた姿を取ることは出来ないと思ふ。」ここで言及されている写真は、『日本地理風俗体系』第四巻〔関東北部及奥羽地方〕（新光社、一九二九年）の口絵の原色版写真のことで、それには以下の説明が附されている。「男鹿のなまはげ　男鹿半島に今なほ残るなまはげの奇習である。陰暦正月十五日の夜なまはげとて村の若者ども赤や青に着色した鬼の面をかぶり海藻を黒く染めて頭髪となし蓑を羽織り更に腰には太い帯を巻いてカラカラと音のする小箱を下げる。そして威風あたりを払つて家々を廻り足踏みならして室々を躍り歩くがその踏み方にも色々作法があると。そして主人の差出す切餅を摑みとつて去るといふ珍風習。」この写真を、本書八三頁に転載した。④は、だいぶ時間が経ってからのもので、この風習の意義をさらに綜合的に考察している重要な論考である。ちなみに、①②③には、「翁の発生」で言及したものと同じ、大正年代の朝日新聞の「なもみ」の記事のことが述べられているが、その記事を見たとする年代を、①では「大正十年頃」、②では「大正十年の一月頃」、③では「大正八・九年頃」と、「翁の発生」よりもさらに遡らせて記述している。なお、折口が見た東京朝日新聞の記事が大正一四年一月四日のものであったろうということは、私の初出論考よりも早く、八木康之の「なもみはげたか」（関西学院大学人文学会編『人文論究』、二〇一〇年五月）がこれを指摘している。同論文は、「ナマハゲの知識や情報の普及」における「柳田国男と折口信夫という二人の民俗学者の役割」とともに、二人の間に生じたプライオリティの問題を扱っており、本節5項の考察と重なるところが多い。

Ⅳ、『日本文学の発生 序説』

折口信夫の文学史は、文学作品史ではなく文学がどのように発生してくるかを問いかけるものである。その場合の発生とは、文学の単一の起源を意味するものではなく、長い歴史の中で文学がさまざまな形で発生してくるその道筋を指している。この発生論的な姿勢は、日本文学を論じた彼のすべての著述に貫かれている。

生涯に多くの日本文学の発生論を書いた折口であるが、このタイトルをつけた単行本レベルのものは、昭和四年刊行の『古代研究（国文学篇）』前半の「国文学の発生（第一～四稿）」と昭和二二年刊行の『日本文学の発生序説』[1]の二つだけである。この二つは折口の日本文学発生論の大きな結晶である。これ以外に折口の文学史は、昭和二五年刊行の『日本文学啓蒙』[2]に纏められている。この書も発生論的な方法に基づく文学史であるが、収録されているものはすべて講義の筆記であり、しかも出版にあたって折口の筆は入っていない。折口の文学史を理解する上でたいへん参考になる書ではあるが、著者自身の自著への思い入れの深さという点では前二者に敵うものではないだろう。

右二者のうち、「国文学の発生（第一～四稿）」は、「まれびと」論とそれを中核とする文学発生論を打ち出した論考として、これまでにも人々が多く言及している。これに比べ『日本文学の発生 序説』は、人々の言及も少なく全体像がいま一つ見えづらいところがある。本節ではこの書を読みながら、折口の文学史が目指したものを再考してみたい。ちなみに、折口の文学史は芸能史と密接な関係にあるものであるから、以下の考察はそのまま、芸能史の言語方面の考察とみなすことができよう。

1、『日本文学の発生 序説』の構成

『日本文学の発生 序説』（以下『序説』と略称）は、一〇行ほどの前書きと一一の章と「追ひ書き」とから成っている。そのうち一つの章と「追ひ書き」を除いて、他は雑誌に既発表の論考である。この書を読むにあたって、私はこの一一の章を五つのグループに分けてみた。掲載誌と掲載年月を付してその区分けを次に記そう。章の順番は書物のままである。

1「詞章の伝承」（『日本評論』、昭和一七年八・九月）、「文学様式の発生」（同誌、同年一〇月）、「律文学の根柢」「声楽と文学と」（同誌、同年一一月）
2「小説戯曲における物語要素」（同誌、昭和一八年一月）、「文学と饗宴と」（同誌、同年二・三月）の中の一～五節
3「文学と饗宴と」の中の六～一一節、「異人と文学と」（同誌、同年四月）、「翁舞・翁歌」（同年継続執筆の未発表原稿）
4「日本文学の内容」（『俳句研究』、昭和一三年一二月）
5「日本文学発想法の一面」（同誌、昭和一二年八月）、「笑ふ民族文学」（同誌、昭和一六年七月）

1は、折口の文学発生論の基底となるもので、そこには祭儀における神の呪言がどのように展開して叙事詩を生み、そこからどのような展開によって抒情詩である歌や後の文学の種となる諺が生まれたかという律文学発生の基本的な構図が描かれている。
2では、叙事詩すなわち律文の語り物やそこから発達した散文の物語が、どのようなテーマを語り続けてい

るのか、またそれがどういう基盤から出てきているものなのかが論じられる。

[3]では、祭儀の構造を引き継ぐ饗宴が、文学の詞章の発生と伝承のための重要な機会であることが、神楽歌や催馬楽の具体的な考察を通して語られる。「まれびと」という祭儀の主役が、饗宴においてどのように出現し、詞章を生み出してゆくかが説かれる。

[4]は、いわば総論である。日本文学の内容を飽和点に達した文学だけから見るのは誤りで、広く民族文学の中に見るべきであるとして、その一つを物語要素に見る悲劇的精神に、もう一つを古くからの感情を引く誹諧味に求めている。

[5]は、[4]を受けて日本文学の内容の一つである誹諧的発想を扱ったものである。連歌様式の発生を神と精霊とのかけあいに見出し、そこにははじめから誹諧的（逆説的）な発想法があったとする。話は江戸俳諧にまで及んでいる。

このように見ると、この五つのグループが日本文学の発生を論ずるものして、極めて緊密な関係にあることがわかる。このことを確認した上で、次に折口の文学史の方法をこの書の中に探ってゆこう。

2、『日本文学の発生 序説』のわかりにくさ

『序説』は、「国文学の発生（第一～四稿）」と比べればその記述がより例証的であり、それだけ論の根拠は多く示されている。だが、それによってこの書が読みやすくなっているわけでは決してない。例えば最初の「詞章の伝承」では、うたと諺の発生に関する考察が具体的になされているが、恐らくこの記述だけで著者の主張を理解するのはかなり難しい。

このわかりにくさは、一つには発生論という方法そのものから来ている。それは、発生論が歴史的内省を基本とする研究法であり、研究者の定見を前提とするものではないからである。定見を前提とするとは、平安時代はこういう時代だからこういう文学が生まれるはずだとか、日本人の国民性はこういうものだからこういう文学があるはずだとか考えることである。そういう見方は極めて単純でわかりやすい。しかしそのような文学史は今の日本人としての見方に過ぎず、折口のことばを借りれば「謂はゞ自脈をとる様なものである。[3]」これに対し、発生的な見方は文学や文学以前のことばを、あくまでもそれ自体として考察しようとする。つまり、その考察を助けるはずの外部的な観念を極力排除しようとするのである。その場合、われわれの前にあるのは文献的ないし民俗的な事象だけである。これをいかに分析して歴史を遡源していくかに発生論の成否はかかっている。これは極めて禁欲的な方法で、その記述には多くの困難が予想される。折口が何度にもわたって日本文学の発生を書き継いだのは、書き続けることでこの困難を乗り越えようとしたためであったに違いない。

『序説』がわかりにくい二つ目の原因は、「国文学の発生（第一～四稿）」で「まれびと」論を支えていた、アカマタ・クロマタなどの現代に残る古代的民俗に関する記述が含まれていない点にある。「まれびと」は論じられているが、それらはすべて文献資料、すなわち「古典」の中の「まれびと」である。「まれびと」論は折口の文学発生論の中軸である。その論を支える論拠の重要な一部が記されていないことは、ある意味でこの書を中空に浮いた状態にしている。もちろんこの記述法にわれわれは、文学の発生をさまざまな角度から説こうとする折口の強い意志を感じるが、「国文学の発生（第一～四稿）」の読者がこの著者の変貌に戸惑いを感じることもまた事実である。

折口は、自身の文学発生論が民俗学の方法を基礎に据えているものであることをいろいろなところで主張している。そのことは『古代研究（国文学篇）』の冒頭に「まれびと」の民俗を本格的に論じた「第三稿」を据えていることからも理解できるし、最初の日本文学発生論が沖縄の民俗との出会いを大きな契機としていることにも窺える。しかしここで留意しなければならないことは、折口が言う民俗学が、単に現在に残存している民俗のみを重視したものではないことである。彼の民俗学には、いわゆる「古典」の中の民俗が非常に多く含まれている。さらにこのことは逆に、彼にとって万葉集以来の日本の文学の歴史はすべて民俗的なるものを原動力とする歴史であり、文学史の研究がそのまま民俗学であったと言い換えることもできる。

柳田國男は、折口を含む座談会の中で、自分は折口の「まれびと」論を「古典研究、古典の直感からきたものとしかみない」と述べている。(4) この見方はかなり鋭いものであり、同時に両者の「民俗学」の違いをはっきり示すことばでもある。

柳田が言うように、「まれびと」論は、沖縄などに残存する民俗の考察のみによって生まれてきたものではない。沖縄採訪以前の語部の考察や古典詞章の分析がなければ決して生まれてこなかった発想である。つまり、「まれびと」論は最初から詞章の分析に基づく文学発生論と密接な関係を有しており、折口にとってそのような文学発生論から切り離された「まれびと」の観念はたいして意味を持たないものであったはずである。『序説』が、「まれびと」の観念を一旦棚上げする形で、伝承詞章の緻密な考察から文学様式の発生を再考しようとしているのは、一見文献主義的な方法に回帰しているように見えるがそうではなく、むしろ「まれびと」論の背後にある発生論的な「古典研究」をさらに確かな形で進めようとする著者の意志の表われと見るべきものだろう。

『序説』のわかりにくさの三つめの原因、というよりも、もしこのことがなかったらこの書の理解がもっと容易になっていただろうという出来事、それは「古代研究」の書名と国文学研究の内容を持つ一冊の書物の出版計画の刊行直前のとりやめである。この幻の書物は五六八頁に及ぶもので、その校正刷の一部が折口博士記念古代研究所に残っており、また同研究所の他の資料から大方の目次の再現も可能である。(5) この計画が何年のことかは不明だが、収録論文はすべて既発表のものと思われ、残存校正原稿のうち最も新しいものの掲載年月が昭和一六年七月である。(補注1) おそらく同年の後半に校正まで進められていたものが、ある事情（太平洋戦争の勃発など）で中止になったのではないだろうか。

この書に収録されるはずであった論考は、校正原稿では昭和七年から九年までに発表したものが一〇篇、昭和一〇年代に発表したものが一篇である。いずれも日本文学の発生に関わる内容であるが、『序説』との関連で特に注目すべき表題をあげると、「日本文学の発生――その基礎論――」「大和時代の文学」「日本文学の発生」「連歌俳諧発生史」「日本文学における俳諧性」の五篇である。このうち最後のものは、「日本文学の内容」「笑ふ民族文学」の題で『序説』に収められている。

最後の一つはおくとして、これらの論考は『序説』の理解にたいへん参考になるものである。「日本文学の発生――その基礎論――」は、「まれびと」論を古典の資料によってさらに固め、その「まれびと」がもたらした詞章が「この民族の文学的発足点をつくつたこと」を詳しく述べようとしており、呪言から叙事詩・抒情詩への発生を説いた「大和時代の文学」「日本文学の発生」とともに、『序説』の1と3の理解をおおいに助けてくれる。「連歌俳諧発生史」は新全集で四二頁に及ぶ長い論考で、連歌俳諧の発生源を片歌・旋頭歌・諺に遡って求めており、『序説』の1と5の結び目がどこにあるかを知らせてくれる。この書は結局刊行には至らなかったが、そこに収録の予定であった論考はすべて全集に収められており、それらを通してわれわれは「国文学の発生（第一～四稿）」と『序説』との間隙を埋めることができる。この計画の跡が残されていたことは、その意味で読者にとって有難いことであった。

ところでこの出版計画は、著者にも少なからぬ影響を及ぼしただろう。出版に至らなかったとしても、その直前の段階にまで過去の仕事を整理したことは、著者に一つの区切りを意識させたはずで、それは次の仕事への新たな意欲をもたらしたのではないか。このことは、『序説』の前半部にあたる新たな「日本文学の発生」論の執筆が、この計画の中止の直後と思われる昭和一七年前半から始められていることからもわかる。

『序説』のうち、『日本評論』への発表部分は連載で、原題は「日本文学の発生」であった。(補注2) この連載は戦争の激化のため昭和一八年四月で打ち切られるが、『序説』の「追ひ書き」によれば、折口はその後も続稿の「翁舞・翁歌」を発表の見込みがないまま、家にいた藤井春洋が応召して金沢に赴く同年九月前後まで書き続けたという。『序説』はこの一年半程の間の論考を中核としており、そこには戦中の、春洋との最後の生活の中で注いだ発生論への情熱が籠められている。戦後に出版された『序説』の「追ひ書き」がこの書を「記念の文」と呼ぶのは、この特殊な執筆の時期を振り返ってのものである。

3、フォークロアとしての「物語要素」

最後に『序説』の[2]が扱っている「物語要素」について考えたい。折口は日本文学に多くの物語要素を見出したが、ここではそのうち、貴種流離譚と他界妻の物語とが取り上げられている。折口の文学史はこのような「物語要素」をどのような意味で問題にしているのであろうか。

その考察の手掛かりをまず、貴種流離譚に関する次のような議論に求めよう。麻績王《おみのおおきみ》の流離先を、日本紀は因幡国、万葉集は伊勢国伊良虞《いらご》の島、常陸風土記は行方郡板来《なめかたのこおりいたこ》と記している。このように一人の人物が似通った地名の異なる場所に赴く理由を、『序説』は、「巡遊伶人とも名づくべき団体が、国中を廻ると共に、物語や、歌を撒布して過ぎた」ためだと説明している。巡遊伶人とは、折口の想定では叙事詩やそこから遊離した抒情詩を語る語部の系譜を引くものである。彼らが諸地域に撒布した物語が日本文学の一つの種となってゆく過程をここでは考えている。

もう一つこの物語に注意すべきこととして、『序説』は海人《あま》の民（海部《あまべ》）との極めて深い関係を挙げている。そしてこの海部との関係が、麻績王の話に限らず貴種流離譚全般に見られるものであることが述べられる。貴種流離の物語を、折口は海部の伝承とその伝承の移動という視座から考えようとしているのである。それでは、この海部の伝承の移動の過程を折口はどのようなものとしてイメージしていたのであろうか。

鈴木満男が言うように、折口全集ノート編には海人の社会像がまざまざと幻視されている。(6)「海部《あま》は、日本の古代に、完全に日本の国についていない、半分属していた民団」であった。(7)「語部のいちばん元締めと思われる天語、これに猿女と志斐連と、この三つが宮廷の古い語部らしい。天語は海部の物語にちがいない。」「中臣は部分部分の祭りの起源を、猿女は宮廷の物語を、海部は地方の物語をもっているのだ。(8)」つまり、海部《あまべ》を天孫族とは別の信仰を持った集団と捉え、その海部の伝承が宮廷に入ったものが、宮廷の語部の伝承の重要な一翼を担う天語《あまがたり》であるとするのが折口の海部伝承論の骨子である。貴種流離の物語もそのような経路で宮廷の物語の中に入ってきたことになる。

海部の伝承の宮廷との関係をめぐるこの叙述に、われわれは折口の古代文学の捉え方の基本を見ることができる。折口によれば、記紀や万葉集に残された宮廷の伝承のうち、もとからあった宮廷の伝承はそれほど多くはなく、大部分は他の種族や地方の伝承が宮廷に入ったものだという。風土記が地方の伝承を記したものであることは言うまでもないことである。しかしここで肝心なことは、折口がそれらの伝承を宮廷に集められたものという意味で広い意味の宮廷伝承と捉えていることである。このことがなぜ肝心かと言えば、この捉え方によってはじめて、記紀や万葉集などの古代文学の発生的な研究が可能となるからである。われわれに残された古代の伝承はすべて宮廷伝承であるという認識から出発して、それが地方の伝承をどのように吸収して出来上がっているかを明らかにしていく以外に古代文学の発生的研究は考えられないというのが折口の基本的な視座であったろう。彼の古代文献研究の中心は、地方伝承が宮廷伝承となってゆくその機構の解明にあったと捉えられる。

ここで「物語要素」の問題に戻ろう。まず「要素」ということばに注目してみると、この発想が目の前にある作品や文献を解体しようとする指向を持っていることがわかる。言うまでもなくそれは発生論的な指向である。記紀や万葉集などの宮廷伝承にこれを当てはめて言えば、それを要素に分解することで宮廷伝承以前の地方伝承の形に戻そうとする意志がそこには籠められている。これは極めてフォークロア的な研究方法である。なぜならフォークロアとは、宮廷伝承のような「大きな伝統」に対峙した、地方伝承のような「小さな伝統」を扱う学問だからである。それらの「小さな伝統」がどのように統合されて「大きな伝統」を形成しているか、折口の古代文学の研究はそういう立場からなされている。この意味で、貴種流離譚をはじめとする「物語要素」をわれわれはフォークロアの一部として見なければならないだろう。

以上、宮廷伝承と地方伝承の間の交流の一つの形について述べた。しかし実際には両者の関係はもっと複雑である。それは先に触れた巡遊伶人の存在に深い関わりを持つ。先の麻績王の物語のように、同様の話が別の地域と結び付けられて残っているのは、物語を運ぶ人々がいたからである。そして彼らの出自を考えると、大きく二つのグループに分けることができる。一つは宮廷から出た巡遊伶人の群れ（彼らによって宮廷伝承が地方に逆流する）であり、もう一つは宮廷とは没交渉に自分たちの種族伝承を他の地域に運ぶ人々の群れ（民族移動による伝播も含める）である。この両者は、やがて渾然一体となって各地を巡ってゆくことになろう。このような人々によって、例えば海部の物語のような有力な地方伝承は、さまざまな経路から国々に撒布されてゆくのである。「物語要素」の考察は、そうして拡がった物語をフォークロアとして拾い上げようとするものである。

実は、宮廷伝承と地方伝承に関わるこのような立体的な構図を古代文学の基底に想定することによって、折口の発生論はより難解さを増すものとなっている。なぜなら、伝承過程の構造が以上のようなものであったとしても、その伝承は古代の場合、先に述べたようにほとんど宮廷伝承としてしかわれわれの目に触れてこないからである。この構図が含み持つ底部の伝承が歴史の表面に顕われてくるのは、前期王朝・後期王朝と呼ばれる時代を経過した後の中世になってからである。だから折口の古代文学の発生論は、その全体像の完成のために、中世以後のフォークロアの考察を必須の条件とするのである。具体的に言えば、中世の「ほかひびと」の実態が古代の巡遊伶人の存在を裏付けるというように。

話を再び「物語要素」に戻せば、折口が日本文学に貴種流離譚や他界妻の物語のような物語要素があることに気付いてこれを論じ始めたのはかなり早い時期で、それは中世以後の「ほかひびと」の芸能である説経節の分析を通してであった。「愛護若」や「信太妻」を論じたものがそれである。その後折口は、この同じ要素がフォークロアとして前期王朝の宮廷伝承や後期王朝の宮廷文学の中にも含まれていることを発見してゆく。「物語要素」の場合も、中世以後のフォークロアが、古代伝承の基底にあるものと共振する形で文学発生論を支えているという構図が見られるわけである。折口の文学史は、フォークロアとその力に押し動かされて生まれてきた文学との関係を全体として把握しようとするものであるが、「物語要素」の研究が、この文学の種としてのフォークロア研究の重要な一翼を担っていることは間違いがないところである。

注

（1）『日本文学の発生 序説』、斎藤書店、一九四七年、全集第四巻所収。
（2）『日本文学啓蒙』、朝日新聞社、一九五〇年、全集第二三巻所収。
（3）「零時日記（Ⅱ）」、全集第三三巻、三〇頁。
（4）「日本人の神と霊魂の観念そのほか」、全集別巻三、五五五頁。
（5）全集第四巻「解題」参照。
（6）鈴木満男「海部伝承の民族＝民俗モメント」（『折口博士記念古代研究所紀要』第六輯、一九九二年）参照。
（7）全集ノート編第一一巻、九三頁。
（8）全集ノート編第二巻、四五一～四五二頁。

（補注1）全集「解題」が再現した目次に記された「古代研究」校正刷の頁数に一箇所誤りがある。表題（9）「連歌俳諧発生史」の頁は、現存の校正刷で確認したところ「三七九～四五四」頁ではなく「三九九～四五四」頁である。表題（8）「柿本人麻呂」の頁が「三四七～三七七」頁であるから、この（8）と（9）の間に二一頁分の空白が生じることになる。ここに論文一本ほどの失われた校正刷があったことになる。この誤謬の発見に従って本書は、初出の段階で「目次の再現も可能である」とあった本文を、「大方の目次の再現も可能である」と改めた。

（補注2）口絵図1の写真は、『日本評論』昭和一七年八月号のための自筆原稿である。連載の第一回目で、後の『序説』の冒頭にあたる。この原稿のとおり、雑誌の連載は「日本文学の発生」の題で行われ、「序説」は、連載の最初に置かれた一〇行ほどの「前書き」を意味していた。戦後『序説』を刊行するにあたって、『日本文学の発生序説』と書物全体を「序説」として、この「前書き」の前の「序説」の文字を削除したわけである。『序説』の「追ひ書き」は、当然『序説』刊行にあたって戦後に書かれたものであるが、「前書き」は、雑誌の「序説」をほぼそのまま載せている。以下に自筆原稿の「序説」の文章を活字化しておく。この「序説」は、著者にとって「日本文学の発生」を書くことの意義がどこにあるかを記した文章であり、またそこに書かれた著者の気持に、戦中と戦後とで差が生じていないことが確認できる文章でもある。「「日本文学の発生」を書きはじめてから、今は幾度稿を重ねたか知らぬ。棄てたやうになつた私の旧著にすら、既に其第四稿までが収めてある。その後、凡三年四年毎に一度づゝは、之を若い人の為に講じて来たので、その講義目安を作るだけでも、相応に屢、稿を改めて来た。初めの桯のかへりきらぬ様な考へから見れば、其でも幾分、こなれて来たかに感じてもよいだらうか。大方の君子の批評の前に暴《サラ》すのは、さすがに恥かしいが、もう又、新しい稿をそろ〳〵書いて見てよい時が、到つたのではないかといふ気がする。古代に対して、真の理解がなくて、唯もう愛国心を壟断するやうな学徒や、きほつてばかり居る耳食者の多い世の中には、かう言ふ所から、も一度出直して自身の愛国心が強い基礎の上に立つて居るかどうか、互に反省して見る時が来てゐるのではないか。其に、も一つ如何にも底浅い古代の教□を、も一度深めて見ようとする、私自身の勉強にもなるのである。」□は、原稿が綴じられているために確認不能の部分である。ちなみに『序論』の「前書き」では、この最後の部分の「自身の愛国心が強い基礎の上に立つて居るかどうか」以下が、「自身の民族愛が正しい基礎の上に立つて居たかどうか、互いに反省して見る時が来てゐるのである。其れにも一つ、如何にも底深い古代学の教養を、も一度深めて見ようとする、私自身の勉強にもなるのである」となっており、若干の変更が見られる。口絵図1を第一頁とする『序説』の自筆原稿は、伊東屋製特注二百字詰原稿用紙三七六枚を二冊の和装本に装幀したもので、装幀者は池田彌三郎である。後、慶應義塾に寄贈された。

第二章　まれびと論

Ⅰ、「まれびと」の基本的性格

折口信夫の「まれびと」は、他界から定期又は不定期にこの国を訪れ、「呪言」を発し、精霊を圧服する儀礼を行い、大地を始源に戻して再び去ってゆく、そのような神である。人々はそのような神の来臨を、畏れつつ、しかも切実な思いで待ち迎えた。折口信夫は日本文学ならびに日本芸能の発生の起点を、この「まれびと」の言動に置いた。「まれびと」は、折口国文学・折口芸能史の構造的原点である。本節では、折口信夫の「まれびと」の基本的性格、及びその意義について考えてみたい。

1、「まれびと」の発見

折口が大正一三年四月、雑誌『日光』に発表した「日本文学の発生」（のちに「国文学の発生（第一稿）」として『古代研究（国文学篇）』に収録、以後「第一稿」と呼ぶ）には、まだ「まれびと」の語は使われていない。しかし、この論稿にはすでに「まれびと」論の発想が十分に孕まれている。例えば、その中の次の文章には、折口の「まれびと」と呼んだ神のイメージが明確に打ち出されている。

神が時を定めて、邑々に降つて、邑の一年の生産を祝福する語を述べ、家々を訪れて其家人の生命・住宅・生産の祝言を聞かせるのが常である。比は、神の降臨を学ぶ原始的な演劇に過ぎない。(1)

しかもこれは、「まれびと」論の萌芽として、この文章が偶々その位置に挿まれているといった性質のものではない。この論稿はそもそも、「呪言」を発する神の存在を強く意識して書かれているものなのである。とは言え、この「第一稿」が、神の「呪言」を基軸に据えた文学発生論としては、その続稿として同年六・八・一〇月に同じく『日光』に発表された「日本文学の発生（その二）〜（その四）」（『古代研究（国文学篇）』に「国文学の発生（第二稿）」として収録、以後「第二稿」と呼ぶ）に比しても、全体として性急であり、未整理の印象を与えるものであることは否めない。[2] しかし、逆にまたその分だけ、この「第一稿」は、折口学の解明という観点からは興味深い論文であるとも言えるのである。

この「第一稿」の中で折口は、「以前、私の考へは、呪言と叙事詩とを全く別な成立を持つものとしての組織を立てゝ居た。[3]」と述べている。すなわち、それまで「呪言」の考察と「叙事詩」の考察とは別々の形でなされて来た。その両者を、折口がこの時点で結び付けようとしていることがここに窺える。実はこの両者を結び付ける発想こそが、折口の「まれびと」論及びそれを基軸に据えた文学発生論の最初の地歩を固める重大な契機となったものであった。[4] この両者（「呪言」と「叙事詩」と）はどのようにして結び付いていったのか、又これがどのように「まれびと」の問題と係わりを持つのか。この点に関し、以下、「第一稿」の中にその関連を探っていってみたいと思う。

文学（律文）発生の原動力は何か。「第一稿」の最初で折口は、それは「かみごと」（神語）にありという命題を立てる。「かみごと」は言うまでもなく神の発する語の意味であるが、その「かみごと」に、「第一稿」は語部《かたりべ》の語る叙事詩の起源をさかのぼるという形で迫ってゆく。

「叙事詩の発達に就て、焦点を据ゑねばならぬのは、人称の問題である。」三人称に従っている語部の叙事詩の中に、「人称翻訳に洩れた一人称描写の化石」を見出すことがある。そして、その「一人称式に発想する叙事詩は、」さかのぼれば「神の独り言である。神、人に憑《か、》つて、自身の来歴を述べ、種族の歴史・土地の由緒などを陳べる。皆、巫覡《ふげき》の恍惚時の空想には過ぎない。併《しか》し、種族の意向の上に立つての空想である。(5)」

右は、叙事詩から「かみごと」への遡源の図式である。「かみごと」から下っての語部の発生は、次のように語られている。

神憑《ガ、》りの時々語られた神語の、種族生活に印象の深いものを語り伝へて居る中に、其伝誦の職が、巫覡の間に分化して来た。さうして世襲職として、奉仕には漸く遠ざかり、詞句の諳誦と曲節の熟練との上に、其が深くなつて行つたものと思はれる。(6)

叙事詩・語部と「かみごと」とのこの往還の図式において、要となるのは、神の語を陳《の》べる「人」の存在である。「神憑り」という形式において、神は「人」の口を借りて発話する。書く人がいなければ文学作品は存在せず、語る人と語る場がなければ語り物の存在もあり得ないのと同様の、当然の理屈として、神がいても「人」がいなければ神語は実在しない。折口は、この当然の事実に彼一流の思いを込めた。

右の図式においては、叙事詩を語る語部という団体の源流に、「種族の意向の上に立つて」「かみごと」を陳《の》べる巫覡《ふげき》達が置かれている。この巫覡達は、すでに神に対して陳べる者ではなく、神として陳べる者である。

ところで折口の語部に対する興味は、『古代研究（民俗学篇二）』に付された「追ひ書き」によれば、國學院大學在学当時にさかのぼると言う。その頃、言語に対する関心とともに、「一方に、律文学の文学史に最、興味を持つてゐた。」そして、「語部なる部曲」についての重野安繹の講演に非常な刺激を受けた。「さうして段々、日本の語部の輪廓の想定図だけは、作つてゐた。」と言う。

さらに、この「想定図」に関しての「追ひ書き」の次の言、

> 其後二十年近い年月に、まあ内容らしいものが膨らんで来たのである。文献の上の証拠は、幼稚な比較法によつた語部の職掌や、社会的地位に関した仮説を、殆、覆し尽した。けれども、私の古代研究は、比仮説を具体化しようとする努力に基いてゐる所が多い。[7]

ということばを積極的に信じてよければ、折口国文学・折口古代学の一つの重要な出発点は、語部に対する考察にあったとさえ言えよう。[8] この語部に対しての興味は、その「語部」の語の示す、身体と肉声を持った「語る人ども」に対する関心として、さかのぼっては「神の独り言」に行き着き、下っては、文学を伝誦する団体への考察から、巫女文学・女房文学といった、階級性による文学史の構想を生むに至った。

しかし、叙事詩を伝誦する語部から「神として陳べる者」としての巫覡への連絡は、最初からそうすんなりとついたわけではなかった。大正三年に発表された「国民詩史論」にはすでに、叙事詩における人称の混乱について、また語部の職掌の変遷について、後の理論からして興味深い議論がなされている。だがそこではまだ、次の引用のごとき折口の考える語部の起源の上限である。神と人との一体は、まだない。

> 語部が神慮を慰める為に、神人交通の言語を以て、英雄神の事蹟を讃頌したといふ形が、一転して人間にも聞かしめるといふ風になつた。[9]

図5　外間ノロ（1921年）　撮影：折口信夫

図4　久高ノロ（1921年）　撮影：折口信夫

「万葉集私論」[10]（大正五・七年）における「語部」も同類である。

「神として陳べる者」を語部の源流に置く折口の発想は、『古日本文学発生論』において藤井貞和が推測しているように[11]、やはり大正一〇年・一二年の琉球旅行における種々の実感を経てのものと考えるのが妥当であろうか。「琉球の宗教」[12]に詳しく語られているように、折口はこの採訪において、巫覡達が村人の前で神として振る舞い、持て成される様を如実に見たのである。（補注1）そしてそこには、「神の発言としての呪言」の生きた姿があった。琉球におけるこのような体験を通じて、この時点で、折口の考えていた叙事詩が原初的な「呪言」とその起源において結び付き、さらにそれが「呪言」の組織と統一的に把握されていった可能性は、十分に考えられるのである。ただし、このような劇的な統合がある時点で集中的に起り得たことに関しては、それまでの長年に亙る折口の、語部について、律文の発生について、さらに「呪言系統の文芸」[13]についての興味と熟考とが、先行してあったからであることも看過されてはなるまい。

語部の起源における神と人との一体化と、叙事詩の考察と「呪言」の組織との結び付き、この二つの結合が同時に起ったという意味において、私はこの統合を劇的と呼ぶのであるが、さて、この叙事詩の起源としての「かみごと」＝「呪言」を陳べる神が、「第二稿」以後の論においては「まれびと」と呼ばれているのである。以上、叙事詩を語る主体としての語部と、「呪言」を語る主体としての神との連絡を、「第一稿」において確めてみたわけである。折口の「まれびと」発見には、この「語る主体」の問題が係わっている。

2、「まれびと」の定義

折口は古代における「まれびと」の語の意義を次のように泝測した。[14]我々はこれを、折口の「まれびと」の、彼自身による定義と読んでもよい。

まれと言ふ語の遡れる限りの古い意義に於て、最少の度数の出現又は訪問を示すものであつた事は言はれる。ひとと言ふ語も、人間の意味に固定する前は、神及び継承者の義があつたらしい。其側から見れば、まれひとは来訪する神と言ふことになる。ひとに就て今一段推測し易い考へは、人にして神なるものを表すことがあつたとするのである。人の扮した神なるが故にひとと称したとするのである。（「国文学の発生（第三稿）」[15]）

人の扮した来訪神、これが折口の想定した原初的な「まれびと」の姿であった。本節では以下、この原初的な「まれびと」につき、その実態を明確化してゆく。ただし、その作業に入る前に、一つだけ準備的に、この神の変容的現象に関して述べておきたいと思う。

折口の理論においては、「まれびと」は、歴史的な環境の変化によってさまざまに分化・展開してゆくものとされる。折口の「まれびと」は、この変容の全過程を包含する極めて広い概念である。最初の「まれびと」の形姿のみ残った妖怪とか、ほかい・ものよし・万歳などの祝言職、また諸国を巡り神の生涯を語る巫覡《ふげき》の末など、これらはいわば零落した「まれびと」と見られるわけであるし、能楽の翁などは、原初の「まれびと」の複雑に分化し来った一形態であると捉えられている。「まれびと」を論ずる際、折口はいつも、これら変容した「まれびと」と、原初の「まれびと」との間を往復しつつ物を言っている。実は原初の「まれびと」像自体、これらのさまざまな後世の「まれびと」現象を彼一流の類化性能によって遡源的に総合していった所から発見されて来たものなのである。では、それらのすべての「まれびと」現象を統合している要素は一体何なのか。これについては、私は、原初の「まれびと」の基本的性格を論じた本節全体をもって答えとしてゆきたいと思っているが、とりあえずここでは、その統合の要素を二つだけ指摘しておこう。

(一) そのひとつは、「まれびと」感情の存在である。「まれびと」感情とは、後に詳しく述べるが、村人(「まれびと」を迎える側)が「まれびと」に対して覚える感情で、端的に言えばそれは異人または異郷感情とでも呼べるものである。もちろんこの感情の度合と色調とは、「まれびと」の変容の程度に応じさまざまではある。しかしこれがかなり根強い感情であることも確かで、それが時代を越えた種々の「まれびと」を底流において結び付ける一つの要素となっているものであることは、指摘され得るのである。

(二) 統合のいまひとつの要素は、「まれびと」における何らかの意味での「人」と「神」との二重性である。この二重性は、原初の「まれびと」が人によって表現された神であったことに由来している。人の表現したその「神」の性質は、時代を下るに従いどんどん変化していった。もはや最初の「神」の面影をほとんどとどめぬまでになったものもあった。しかしそれでも、「まれびと」は、それが「まれびと」と捉えられる限りにおいて、〈人が神あるいは神的な何ものかを表現している〉という二重性を、必ずやどこかに保持しているものと思われる。祭りに出る妖怪にしろ、春に村にやって来る祝言職にしろ、彼等は皆、我が身をもって何かしらの神的表現を行なっているものと見なし得る。この二重性を失った時、「まれびと」は零落ではなく、消滅してしまったものと判断しなければならない。

3、神への変装

さて、以下本題に入って、原初の「まれびと」について、その実態（と言ってもこれは溯源的なモデルであるから、想像の域を出ないものではあるが）を考えてゆくことにしよう。

先の引用によれば、「まれびと」は、最少の度数の出現なるが故に「まれ」の語を冠せられ、「ひと」は、人にして神なるものを表していた。この来訪神はしたがって、神性と人としての肉体性とを同時に兼ね備えた存在である点にその特質がある（これがすべての「まれびと」の「二重性」の源である）。それは目に見える神である。では、その神はいかなる姿をしていたか。同じく「国文学の発生（第三稿）」で、折口は「まれびと」の服装につきこう述べている。

蓑笠は、後世農人の常用品と専《もっぱ》ら考へられて居るが、古代人にとつては、一つの変相服装でもある。笠を頂き蓑を纏《まと》ふ事が、人格を離れて神格に入る手段であつたと見るべき痕跡がある。(16)

神武紀戊午の年九月の条に、敵の邑落を幾つも通らねば行けぬ天ノ香山《カグヤマ》の埴土を盗みに遣るのに、椎根津彦《シヒネツヒコ》に弊《やぶ》れた衣に蓑笠を着せて、老爺に為立て、弟猾《オトウカシ》に箕《み》を被かせて、老媼の姿に扮せしめたことが出て居る。此は二段の合理化を経た書き方で、(中略)神の服装には蓑笠が必須条件になつて居たことを示すものである。[17]

これによると、蓑笠はいわば、来訪する神であることの印であった。同時にそれは、神格に入るための手段であった。

折口はこの神への変装を「やつし」の語の本義とした。[18]「やつす」という語は、一方、身をみすぼらしくすることであるが、他方、仰々しい姿になることでもある。仮装することを「やつ」「やつす」と言う。「やつす」の元は、「神祭り・寺の法会に参列する人は、禁欲生活にはげつそり衰へる。その後に人格が転換して神聖なものとなる。その衰へることがやつるであるが、それを自ら努力してやり、あるいは指導者の如きものが無理にやらせる場合は、やつすである。後にはそれだけでは何だからして、外的に変化する。[19]」蓑笠などで身体をつつむのは、「やつし」のごく古い姿である。

折口のここでとりあげた「蓑笠」の外、神への変装を考える場合仮面のことを閑却することはできない。奥羽地方の春の妖怪「なもみはげたか」「なまなげ」「がんぼう」「もうこ」など、皆、恐ろしい面を被っていると言う。八重山群島の、折口が「国文学の発生(第三稿)」で詳しく言及している「赤また・黒また」も、その巨大な夜光貝の眼を持った仮面は強烈な印象を村人に与える。同地区の蒲葵《くば》の葉の蓑笠でその身を覆った「まやの神」(まゆんがなし)も、以前は仮面を伴っていた形跡がある。[20]古代の「まれびと」が仮面によって変装していた状況は、かなりの程度想像することができる。[21]

図6　マユンガナシ　撮影：芳賀日出男

「まれびと」は現前する神である。と同時に、何ものかを現前させる神である。蓑・笠・仮面等の「やつし」によって、この神は普段隠されている世界の秘密を、又その本質をリアルに露呈させる。「まれびと」は神人の仮装であり一種の演戯に過ぎぬが、それが演戯であると知ったところで、その神が真実の神であることを疑う者はいない。その秘密は「やつし」のこの構造の中にあるのである。『神話の森の中で』の中で高橋英夫が仮面について次のように言っていることは、「やつし」全般について当てはまる。

> 仮面が隠す機能をもっているのと同じ程度において、仮面には何かを暗示し、想像させ、その暗示・想像・推理の膨らんだ極限で隠した実体を本性において露呈させ、顕現させてしまう機能をも含んでいることは明らかだと思う。（中略）隠れることによって顕われるという逆行的

二重性は、仮面に媒介されたとき、より一層強烈になるだろう。[22]

「やつし」とは日常の肉体を隠すことである。あるいは、人の肉体を神の肉体に変化させることである。「やつし」は、人が神を表現する必須の条件であったと言ってよい。

4、「まれびと」の呪言

外面的形式から原初の「まれびと」の条件を考えてみた場合、「やつし」による形姿をその第一の条件として数えることができる。そして第二の条件は、「呪言」(「第一稿」における「神語」)の発話である。以下しばらく「呪言」の考察にあてよう。

「国文学の発生(第四稿)」の中で、折口は「呪言」の発生とその形式を次のように推量している。

> 私は、日本文学の発生点を、神授(と信ぜられた)の呪言《ジュゴン》に据ゑて居る。而《しか》も其《その》古い形は、今日遡れる限りでは、かう言つてよい様である。稍《やや》長篇の叙事脈の詞章で対話よりは拍子が細くて、諷誦の速さが音数よりも先にきまつた傾向の見える物であつた。左右相称・重量の感を満足させると共に、印象の効果を考へ、文の首尾の照応に力を入れたものである。さうした神憑《ガ》りの精神状態から来る詞章が、度々くり返された結果、きまつた形を採る様になつた。[23]

折口信夫の「まれびと」論の体系において、この「呪言」を発するのは言うまでもなく「まれびと」神である。

この「呪言」は、土地の精霊に聴かせるのを第一の目的としている。もっとも、この発話は演劇的なものであるから、村人自身の心にも効果を与えないわけにはゆかない。この「呪言」が、折口の理論では神と精霊（精霊の側からの発話も想定される）と人との、複雑で動的な関連の中で分化・展開してゆく。[24]そして次第に、祭祀からその言語方面が独立していって、やがて文学の発生を見る。この間の長い道筋を、「国文学の発生」第一稿から第四稿は、難渋しつつも執拗に辿ろうとしている。この全過程を本節では追うわけにはゆかない。最初の「呪言」のみに限定して、その性格を多少なりとも抽出し得れば幸いである（理論的には、神の精霊に対する「呪言」がまずあり、次に精霊の側の諷誦がある。しかしこの両者は最初から相互補完的で、しかも、実際には混淆しやすいものであった。原初の「呪言」もしたがって、この両者の相互関係の中で論ずるしかない）。

古代の「呪言」は、「呪言」のみ独立した効果を持っていたとはおよそ考え難い。それは、祝祭空間と緊密に融合したものとしての神の言語であったはずである。しかも折口は、その言語が多分に比喩的・象徴的性質を帯びていたことを指摘している。

発話以前の神の意向は「ほ」によって表される、と折口は言う。[25]「ほぐ」の語幹の「ほ」は神意の象徴を指す語で、その暗示は、例えば酒・粥の出来のよしあし、井泉の湧出、竹藪の出現といった具体的な物によって示される。つまり「ほ」は、神の示す一種の比喩表現で、「ある物の現状を以て、他の物の運命を此とほりと保証[26]（又は逆保証）する意味を持つ。神がこのような「ほ」（現象）を表すことを「ほぐ」（第一義としての）と言う。「ほ」の好ましい表れを願えば言語の威力（言霊（ことだま）の威力であるが、折口は「ことだまは言語精霊といふよりは寧、神託の文章に潜む精霊である」とする）[27]に訴えることは人の心理の自然であろう。ここに「ほ」の表れを刺激したり、その効果を高めるための「ほき詞《こと》」（呪言）が生れる。「ほき詞」（呪言）を唱えることも「ほぐ」である。

「ほき詞」（呪言）は、折口によって神の側の強制的発言ないしは予約とも説かれるし、精霊の側の誓詞とも説明されている。あるいは又人間の側の請願とも説明される。いずれにしてもこれが言語の感染力を頼っての発話である点に変りはない。

「ほき詞」（呪言）は比喩的表現をとることが多い。ところで、「ほ」と「ほき詞」（呪言）の関係は次のようにも説かれている。

古くから伝へて居る譬喩ほど、具象性と近似性が多くなつて居る。常磐・堅磐は実は古代の室ほぎから出たもので、床磐《トキハ》・壁岩《カキハ》と、生命の堅固との間に、類似を見たのである。天の八十蔭（天の御蔭・日の御蔭）葛根《ツナネ》など言ふのは、皆屋の棟から結び垂れた葛《カツラ》の縄である。やはり、室ほぎに胚胎した。其長いところから、生命の長久のほかひに使はれて居る。桑の木の活力の強さから「いかし八《ヤ》桑枝」と言ふ常套語が出来てゐる。此等は近代の人の考へる様な単純な譬喩ではなく、其等の物の魅力によつて、呪術を行うた時代があつた為であらう。其等の物質の、他を感染させる力によつて、対象物をかぶれさせようとするのである。(28)

「ほ」（具体的な物質）は、言語以前の神の暗示、又は予約である。その「物質」（ほ）の感染力と、それに並行して発せられる「ことば」（ほき詞）の威力との、相互の動きかけによる強力な呪術の現場を、折口はここに再現しようとしているかのようである。ともあれ、原初の「呪言」は決して抽象的な言語ではなく、又それ自身単独に感受せられたものでもなかったろうことは、その比喩の右のごとき特徴からも言い得るであろう。

次に「呪言」の内容面について少し付け加えておこう。その内容は、単純に言えば人と世界の祝福である。それが基本的には神と精霊との掛け合いとして陳べられる。しかし、真の威力ある祝福がなされるためには、その祭式の場に妥協的な平和は許されない。神は強く精霊を圧服しなければならず、その神の強さ、恐ろしさが、村人にも感じられねばならない。「やつし」の結果としての神の形姿は当然そのような強さの条件を備えていたであろうし、「呪言」の内容、又発声にも、この性質は備わっていたはずである。折口も無論この条件を身落としてはいない。

「まれびと」は、ことほぐ神であると同時にそしる神でもあった。もと「ささやく」の意味の「そしる」の語の変遷を、折口は次のように考えている。

そしるは日・琉に通じる古語で、託宣する事である。託宣はさゝやかれるのが本式であつた。ところが、一方へ分化したのは、託宣の形を以て、人の過ち・手落ちを誹謗することが一般に行はれた処から、そしるの現用々語例が出来たものであらう。[29]

そしてこの「まれびと」の誹謗の名残が、全国に多い「あくたい祭り」なのだと言う。

「まれびと」感情の重要なる一面として「畏れ」があることを、折口はあちこちで説き、それが後述する古代人の他界観と深い関連を持つが、「呪言」の内容に関する右の説明も、その文脈を構成する一つであり得よう。

5、「まれびと」の行動

さて、「呪言」は「度々くり返」して発唱されることにより、種々の不適合を埋めながら、神の言語として完成していった。同じく、繰り返されることによってパターンとして把握され、聖なる表現として認められていったものに、「まれびと」の動作がある。これを「まれびと」の第三の外面的条件とすることができる。

神（「まれびと」）の動作を言う基本の語は、これもやはり「ほぐ」である。この語の再活用が「ほかふ」である。この系列の語についての折口のもの言いを聞いてみよう。

「ほ」は神の意向の表れであるが、また逆から見れば、精霊の、神の意向に従うことの意志表示でもある。「ほぐ」もしたがって、神の側の言動とも、精霊の言動とも言うことができる。この事情を折口は次のように説明している。

（「ほぐ」は）「ほ」と言ふ語から見れば、元庶物の精霊が「ほ」を出すと言ふ義であつたらしい。其が出させる方（すなわち神）の動作に移して言はれる事になつて来る径路は考へ難くない。精霊の示す「ほ」を出させると言ふ方面から見れば、やはり「ほ」を出すと言ふ事になる。(30)　（括孤内引用者）

ところで「ほぐ」の再活用した「ほかふ」「ほかひ」は主に、零落した「呪言」神――神と精霊の中間形態とも見える、折口の「呪言」の分類で言えば「鎮護詞」（いはひごと）を発するもの――の言動を指す場合が多いと折口は言う。この神の末が「ほかひびと」（漂泊宗教（芸能）者）である。(31)

万葉集巻一六に「ほかひびとのうた」（乞食者詠）と訓ぜられる二首がある。この歌に折口は、その内容から見て「身ぶり」が伴っていたろうことを、「第二稿」の中で次のように推測している。

> ほかひの様式が分化して芸道化しかけた時、其等の動物（鹿と蟹がこの二首の歌の主役である）を苦しめる風の文句が強く表され、動作にも其を演じて見せる様になり、更に其が降服して、人間の為に身を捧げる事を光栄とすると言つた表現を、詞にも、身ぶりにも出して来るとすると、此歌の出来た元の意義は納得出来る。[32]
>
> （括孤内引用者）

さらに、この歌のみならず、「鎮護詞」系統のものは一般に、「他の寿詞《ヨゴト》に比べて、神の動作や、稍複雑な副演を伴ふ事が特徴」で、「ほかひは、ことほきの副演なる身ぶりを含むのが用語例である。」と、これは「国文学の発生（第四稿）」の中で述べている。[33]

「身ぶり」が低い神や被征服者の「ほかひ」に印象的なることを、右では言っているのであるが、これは大きく言えば、神の、精霊に「ほ」を出さしめる行為（この「行為」は、「まれびと」神においては実際の動作として実現されたものであった）の分化であると考えることができる。

「まれびと」の「ほぐ」動作の最も代表的なものは反閇《へんばい》である、[34]と折口は考えている。

> まれびとは、呪言を以てほかひをすると共に、土地の精霊に誓言を迫つた。更に家屋によつて生ずる禍ひを防ぐ為に、稜威に満ちた力足を踏んだ。其によつて地霊を抑圧しようとしたのだ。[35]

三河北設楽郡一般に行ふ、正月の「花祭り」と称する、まれびと来臨の状を演ずる神楽類似の扮装行列に

図7　榊鬼の反閇　撮影：芳賀日出男

は、さかきさまと称する鬼形の者が家々を訪れて、家人をうつ俯しに臥させて、其上を躍り越え、家の中で「へんべをふむ」と言ふ。へんべは言ふ迄もなく反閇《ヘンバイ》である。此も春のまれびとの屋敷を踏み鎮める行儀である。陰陽師配下の千秋万歳《センズ》は固より、其流なる万歳舞も反閇《ヘンバイ》から胚胎せられてゐるのである。(36)

反閇は動作として表れた「まれびと」の威力の象徴であろう。この反閇を基本として、古代の「まれびと」が種々の行動表現をとったであろうことは十分に想像せられる。

以上までに述べて来た原初の「まれびと」の外面的条件を整理すると次のようになる。

（一）「やつし」による神の表現――「まれびと」は形姿を持つ。

（二）言語関係――「まれびと」は「呪言」の発話

主体である。

(三)　行動関係――「まれびと」は神としての動作を行う。

この三つの条件を備えた来訪神を、折口信夫の「まれびと」の典型と呼んでおきたい。なお、ここに注意すべきは、この三つの「神の表現」が「まれびと」の典型においては決して分離したものではなかった点である。これらの表現は、祝祭の雰囲気の中で完全に融合し、総合的な感染力を発揮していたものと考えねばならない。「まれびと」の分化及び零落は、一面、この「神の表現」の分化・零落であったとも言えよう。

6、「まれびと」と「よりしろ」

「まれびと」は形姿を持ち、具体的な言動を伴った神なのであった。同じく神が具体的な形として表現されるものと言えば、折口が多大な情熱を傾けて考察したところの「依代《よりしろ》」がある。

それまでとかく観念的な考察に偏りがちであった日本の神の問題を、その表れ出た形象の側から解こうとしたことは、日本民俗学の重要な業績の一つであった。大正二年に創刊され同六年に第一次の休刊となった郷土研究会（柳田國男を中心に明治四三年に創立）の機関紙『郷土研究』には、柳田・折口・南方熊楠その他による祭祀に関する「物」の研究・報告が多数掲載されている。中でも折口の「髯籠の話」(37)と、柳田の「柱松考」(38)とは、その種の研究の嚆矢として注目すべきものである。

「依代《よりしろ》」は、神霊の依り来って宿る物、いわばこの世における神の住居で、この語は「髯籠の話」において折口の命名したものである。「招代《をぎしろ》」（人間の側からの命名である）とも呼んでいる。

元来空漠散漫なる一面を有する神霊を、一所に集注せしめるのであるから、適当な招代《ヲギシロ》が無くては、神々の憑り給はぬはもとよりである。(39)

第一に「依代」（招代）の役目は、神霊を集中させる点にある。人はこれによって、神の居場所を明らかにすることができる。すなわち、神を感覚する手掛りを得たことになる。

次に「依代」は同時に（あるいは第二次的としてもよいが）神そのものとも考えられたことを、折口は言っている。

かの天の窟戸開きに糠戸神の苦心になつた八咫鏡を立てたといふのも、考へやうによつては不思議な話で、此を説明して語部の或者が、此様な、あなたよりも立派な神様がおいでになりますから、あなたを煩はさずともよろしいと、皇神《スメガミ》の反抗心を挑発する為に、御影を映す鏡を立てた様に言ふのも、必しも不自然な解釈とは言はれぬ。此も神器の絶対の尊厳を会得せしめん為に、皇神其自ら或は其以上との信仰を持たせようとしたものであらうと思ふ。（神器について述べているが、これは「依代の思想」に関して述べた部分で、神器も広い意味の「依代」としているわけである――引用者。）（同書）(40)

神の在処《アリカ》と思はれる物が、神其物と考へられるのは珍らしいことではない。其物が小さければ小さい程、神性の充実したものと信ぜられて来るのは当然である。依代は固より、神性が神と考へられゝばこそ、舟・

籰・臼（横・挽）、あいぬのかむいせとが御神体として祀られる訣である。
（同書[41]）

（一）神霊の依り付いたものであること。（二）神そのものの表現でもあること。この二点を、「依代」の其本的性格としてよいであろう。この二つの性質は、「まれびと」に関しても言えることである。「まれびと」は「人の扮した神」であるが、この神は、彼方から来て、又去り行く神である。その際、人に彼方よりの神霊が依り付くわけである。だが、「まれびと」は単に、その神霊の――あるいはそのような観念の――間接的表現に過ぎぬわけではない。出現の瞬間、「まれびと」の表現（形姿・言動）は、まさにそれ自身が神として見られる。彼方よりやって来た者、忽然とこの世界に現れ出た、異界よりの訪れ神そのものとして。目に見える神（あるいは神性）、すなわち感覚的に実在する神（あるいは神性）という点において、「依代」と「まれびと」との連絡は、極めて密接なるものと言わなければならない。

では、神（あるいは神性）は何ゆえ具体的な形でこの世に現れ出るのか。その目的は何か。この問いに関するヒントを、やはり折口の「髯籠の話」の中に何箇所か見出すことができる。

折口は髯籠を太陽神の形代と考えた。そしてその形代の必要な理由を次のように述べている。

此赫奕たる太陽神も、単に大空に懸りいますとばかりでは、古代人の生活とは、霊的に交渉が乏しくなりやすい。故にまづ其象徴として神を作る必要が生じて来る。茲に自分は、太陽神の形代《カタシロ》製作に費された我祖先の苦心を語るべき機会に出遭つた。[42]

実際の太陽の恩恵は絶大なものであったはずであるが、その空の太陽の外に、「我が祖先」は象徴としての太陽を必要とした。そのために製作されたものが髯籠であると折口は言う。そして、その張子の太陽には、張子ならばこその象徴の威力が宿ったものであったろう。髯籠のあのおびただしい目に、折口は「兇神の邪視に対する睨み返し」の威力を読んでいる。又、神山への割り込みを狙う浮浪神《うかれがみ》の計略に対しても、「太陽神の御像ならば、睨み返しも十分で安心と言ふ考へであつたか(43)」と、髯籠によせる祖先の心を想像している。同書の他の箇所でも折口は、「依代」の威力に関して屢述している。

この威力は神霊の威力であったのかもしれない。しかし、神霊の集中をもたらしたものは「依代」であり、目に見える「依代」の形で示されることによって、その威力はより強烈に邪霊・凶神の目を射たことであろうし、又何よりもこの顕現は、人の心に強く印象し、その頼もしさを倍化させたものであったに違いない。「依代」なる象徴において、人は神の威力を意識し得た。神（あるいは神性）のこの世に現れ出ることの所以――「まれびと」の場合をも含めてのその目的――を、我々は、まずはこのあたりに探ることができるのではなかろうか。

「依代」も「まれびと」も、神霊の威力の直接的表現であると言ってよい。「依代」や「まれびと」という象徴そのものが威力であり、神自身と見なされた。しかし、そう見なされるのは、それらの象徴が、常に異郷（他界）の雰囲気を身に帯びているからでもあった。髯籠等の「依代」の非日常的な形態や、「まれびと」の形姿の異様さは、「ここ」ならぬ「かしこ」の所属であることの印である。「かしこ」からなるものであるが故に、それらは邪霊に対抗する威力たり得たわけである。

異郷（他界）について折口の論じたものは多いが、最晩年の労作「民族史観における他界観念」は、折口の異郷（他界）論の集大成といった性質を持つものである。のみならず、この論文は「まれびと」の理論をより鮮明に照射する。その中に次のようにある。

単に誇張する為にではなく、身に近い邪悪の霊を逐ふ為に、鬼・大蛇・猛獣の類まで、実によく聞き知つて、地方々々で言ひ伝へたのは、彼等の他界来訪者の狎るべからざる一面を、遠処の恐怖すべきものゝ上に、さながらに見ようとしたのだ。此土の界隈に住む人生を妨げる邪悪の物を追ひ退けてくれるものと信じ、恐れながら深く信頼してゐたのである。祖先の祀つたものゝ中には、此意義において、恐るべきものと信ずべきものとが、一つであることが多かつた。[44]

「此土の界隈」にも、折口は「他界」があるのだという。[45] その、界隈の他界の「邪悪の物」を、遠処からの、「恐るべき」と同時に「信ずべき」来訪者が懲戒し、追い退けてくれるのだという祖先の信仰について述べている。「民族史観における他界観念」は、前古代（と折口は言う）の他界の観念の重層性、そのダイナミズムを読者に実感させるべく訴えている。彼の幻視した（と言うよりなかろう）前古代の他界のそのダイナミズムの全貌を、とてもここに写すわけにはゆかない。しかし、そこに描かれたような他界観の時代の中に、折口は第一義の「まれびと」を想定していたのだということは考えておいてよいことである。

ともあれ、「依代」・「まれびと」といった神（あるいは神性）の象徴は、何かしらの他界の観念なくしては、その表現も意味をなさないものであったろう。何故なら、象徴として現れ出るためには、神（あるいは神性）は普段、隠れたものであらねばならず、その神（あるいは神性）の常住の場は、この世以外のどこかになければならぬはずであるからである。

7、「まれびと」の来訪性

「民族史観における他界観念」の中にもう一箇所、少し長いが、「まれびと」の本質に触れるものとしてぜひとも引いておきたい次の一節がある。

来訪神のあつた時、此神の威力を表現し、其によつて、邑落全体の生活が力強い威力に感染することが出来るやうにするのは、さうした訓練や、表現が十分に保たれてゐなければならないはずだ。来訪神をとり囲んで、眷属の形を以て、荒《スサ》まじい行動を振はねばならぬ。

さう言ふ意味において、彼土における生活を表現するのは、この世の人間の表現力に俟つ外はない。其為には、彼土における成長した生類の動作を振舞ふ此土の青年が重ぜられた。だからこの役を勤めた上は、此土において、成人待遇を受けるのである。彼等の尊者が来迎する時、他界の事情はこゝに写し出され、此世と他界とを一つ現象として動いてゐるものと実感するまでにせなければならなかつた。古代人は、表現に、豊富な手段を持たなかつた。感謝も畏怖と繋つてゐた。讃美も驚愕の中から捲き起されて来るのである。冥府への途のやうな賽ノ河原に、他界への通路としての輝きを感じたこともあるのであらう。来迎の神の道筋は、啻に賽ノ河原に限らなかつた。最古くから考へ伝へたと思はれる海彼岸・海底・山上の空・山岳——さう言ふ風に、数限りなく分化して、浄土は、古代人の期待の向ふ所にあつた。歓びに裂けさうな来訪人を迎へる期待も、獰猛な獣に接する驚きに似てゐた。楽土は同時に地獄であり、浄罪所は、とりも直さず煉獄そのものであつた訣である。(46)

ここには、「まれびと」の来訪神であることの意義が存分に説かれている。

先に、「まれびと」の表現形態の三つの条件を整理しておいた。形姿（「やつし」によるもの）と、「呪言」の発話と、行動と、この三者を兼ね備えたものが原初の「まれびと」（「まれびと」の典型）であった。そして、この三者は祭りの状況の中で、緊密に融合したものであったろうこともすでに述べた。だが、それらの表現は、その内容を考えてもわかるように、決して意味もなく感覚を刺激していたわけではなく、他界の観念、さらにはその他界からの神の来訪という、一種の神話観念を有して施行せられていたものであった。

しかも、この観念は、表現の背景にあるという性質のものではなかったろう。それは表現の中にあった。「まれびと」の表現がこの観念の表現であるという言い方も、古代人の心性からすれば、いまだ正確ではあるまい。他界と来訪のこの神話観念は、彼等にあっては、「まれびと」の表現――ならびにその表現の感染せしめた感情――と完全に溶け合ったものであったと、そう考えられる。だからこそ、「他界の事情はこゝに写し出され、此世と他界と」が「一つ現象として動いてゐる」（そのように実感される）という状況が、そこに生れ得るのである。

来訪神「まれびと」は、かくて彼土と此土を仲介するものであった。その表現によって、彼土を此土にもたらすものであった。では、古代人の観念したその彼土とはいかなるものであったか。右の引用には、折口の想定した古代（前古代）人の他界観念が、端的に叙述されている。彼の地は、楽土であると同時に地獄であり、期待の向かう地であると同時に、畏怖の感情の向けられた所でもある。この想定は、根源の他界（分化以前の他界）の両義性を見事に捉えたものとして、注目すべきものである。折口の他界論は修正を加えられつつ深まっていったものであるが、この根源の他界に向かおうとする姿勢は、最初（大正五年に発表された「異郷意識の進展」(47)）が、まとまったものとしてはいちばん早い時期の他界論である）からのものであった。実際、その根源を指向するということがなければ、いかなる他界論も最終的には不毛なのではあるまいか。

前節で「民族史観における他界観念」の描く他界の重層性ということに触れたが、そのような重層の構造は、根源の他界の混沌のエネルギーより生れているものと言える。折口はその混沌を期待と畏れの同居という言い方で述べようとしているわけであり、そのような場所を故郷とする「まれびと」もしたがって、この源泉的エネルギーと深く係わっていることになるわけである。

「まれびと」はだから、人々が、他界を期待と畏れとの感情を抱きつつ観念したように、両義的な異神として迎えられた。恐ろしい神であるが故に、邪霊を圧服する威力をも期待されたし、村人の生活とその喜びを保証するものであるが故に、また彼等を誹謗する権利をも持たされた。「まれびと」の村人による演戯――眷属（青年達）の凄まじい行動をも伴った――は、彼等の「まれびと」に寄《よそ》える、かかる感情の表現でもあったのである。

この感情は異人感情とも呼べるものである。神のみでなく、他所よりやって来る者すべてに投射され得る感情である。「まれびと」神はこの感情の原型の再現であったとも言い得るのであり、「まれびと」が分化・零落した後までも、この感情は当分消えることはなかった。零落した「まれびと」を「常世から来たとみるか、または鉢たゝきの七兵衛と見るか」[48]は、この感情の、村人による所有の程度（投射の程度）の問題である。

さて最後に、本節の締め括りとして、「まれびと」の内容的性格につき考えておこう。

と言っても、そもそも「まれびと」の語には神の内容的性格を規定する意味は含まれていない。つまり、このことは逆に、この神が内容的には広い範囲に亙る神であることを示している。折口の「まれびと」神は確かに祖霊神の要素を強く持っている。しかし、同時に穀霊神の要素も又持っているし、歳神的とも言える。ある段階においては妖怪とも見られる。実はこの「まれびと」の多様な性格は、これまでの考察からも明らかなように、他界の重層性（あるいは多面性）と関連している。「まれびと」の内容的性格は、他界の内容と対応しているのである。

次の対話は、昭和二四年、柳田國男・折口信夫・石田英一郎（司会）の参加で行われた座談会「日本人の神と霊魂の観念そのほか」の中でのものである。

石田　折口先生、マレビトの中には祖霊とか祖先神とかいふ観念は含まれて居りませうか。

折口　それはいちばん整頓した形で、最初とも途中とも決定出来ませんが、日本人は第一次と見たいでせうな――。常世国《トコヨノ》なる死の島、常世の国に集るのが、祖先の霊魂で、そこにいけば、男と女と、各一種類の霊魂に帰してしまひ、簡単になつてしまふ。それが個々の家の祖先といふやうなことでなく、単に村の祖先として戻つてくる。(49)

「まれびと」の性格の中に祖霊神的要素が濃厚であることを、折口はここでも述べている、――それは「常世の国」が祖霊の集まる場所なのであるからと。彼の地に祖先霊の駐屯地としての観念が強ければ、当然「まれびと」は祖霊神の性格を色濃く持つことになり、日本人はそれを第一次と見たいだろうと言っているのである。しかし、彼の地は、単に祖先霊の駐屯地としてのみあるわけではないから、あくまでそれは、「いちばん整頓した形」を考えればの話である。

繰り返せば、他界は多義的・多面的である。したがって「まれびと」の性格も多様なのである。さらに、他界の分化が進めば、「まれびと」も、さまざまな「まれびと」の生れる理屈となる。「まれびと」の正体は、だから決して一元的な「あるもの」（何々神といったような）と捉えるわけにはゆかない。「まれびと」の内容上の性格規定は、日本的な偏向を持つ他界からの、日本的偏向の来訪神というにとどまらざるを得ないのである。

注

（1）「国文学の発生（第一稿）」、全集第一巻、七七頁。
（2）「日本文学の発生（その二）」の「序文」（『古代研究』に収録の際に削除されたもの）によると、「第一稿」は、折口の「ほゞ一年半に亘つた講義」（「大正十年」以来、教室で発表し続けて来た私の日本文学史の出発点の考察）を、ある事情により、緊急に「書きつめ」て発表したものであった。この執筆の詳しい事情に関しては、全集第一巻の「解題」を参照のこと。
（3）「国文学の発生（第一稿）」、全集第一巻、七七頁。
（4）藤井貞和が、以下の論文においてこのことを強く主張している。『古日本文学発生論』、思潮社、一九七八年、三五～三七頁、及び、「折口信夫の国文学」、藤井ほか『折口信夫を〈読む〉』、現代企画室、一九八一年、八三頁。
（5）「国文学の発生（第一稿）」、全集第一巻、六九頁。
（6）同前、七一頁。
（7）『古代研究』「追ひ書き」、全集第三巻、四七五頁。
（8）「語部は、折口信夫の文学発生論におけるキーポイントの一つであった」という指摘が、長谷川政春の「解説・折口信夫研究」（折口信夫『古代研究Ⅴ』、角川書店、一九七七年、二四二頁）においてなされている。長谷川はまた、「折口信夫の〝神〟――その身体性の意味」（『東横国文学』第一五号、一九八三年）において「いかに折口において語部論が異郷論とともにマレビト論に先行していたか」という観点から、折口の語部研究を整理している。
（9）「国民詩史論」、全集第五巻、一一二頁。

(10) 全集第六巻所収。

(11) 藤井貞和、前掲書、三五〜三七頁。

(12) 全集第二巻所収。

(13) 「国文学の発生（第一稿）」、全集第一巻、七七頁。

(14) 折口は「まれびと」の語が早く古代に存したであろうことを推測している。「客をまれびとと訓ずることは、我が国に文献の始まつた最初からの事である。」と、これは「国文学の発生（第三稿）」の冒頭に記された文である。折口のこのことばをどう理解すべきかについては、井口樹生が「国文学の発生――『まれびと』の発見――」（『折口信夫 孤高の詩人学者』、有斐閣、一九七九年）の中で考察を加えている。同書二九〜三〇頁参照。

(15) 「国文学の発生（第三稿）」、全集第一巻、一二〜一三頁。

(16) 同前、二〇頁。

(17) 同前、二〇〜二一頁。

(18) 折口の「やつし」の解釈については、『折口信夫 日本芸能史ノート』、二五八〜二五九頁、および全集ノート編第六巻、三一七〜三一八頁を参照。

(19) 『折口信夫 日本芸能史ノート』、二五八頁。

(20) 「まゆんがなし」の来訪行事は現在石垣島の川平《かびら》のみに行われていて、ここには仮面の使用はない。だが明治二十年以降第二次世界大戦中にかけてこの行事が消滅してしまった村の中には、かつて仮面を使用した村もあった（桴海・仲節・伊原間・平久保）。宮良賢貞『八重山芸能と民俗』（根元書房、一九七九年）五七〜六一頁参照。

(21) 「仮面は殊に、外国伝来以後の物の様な感じが深いが、此とて日本民族の移動した道筋を考へれば、必しも舞楽の面や、練供養の仏・菩薩の仮面以前になかつたものだと言はれまい。」と、「国文学の発生（第二稿）」の中で折口は言っている（全集第一巻、一一六〜一一七頁）。また「日本文学における一つの象徴」においても折口は、「仮面の、国土の上の存在の早さ」を想定している（全集第二一巻、一五八頁）。

(22) 高橋英夫『神話の森の中で』、河出書房新社、一九七八年、一六〇〜一六一頁。

(23) 「国文学の発生（第四稿）」、全集第一巻、一二五頁。

(24) 折口は「呪言」を、「のりと」（詔旨）・「よごと」（奏詞）・「いはひごと」（鎮護詞）の三種に大別した。その内容を長谷川政春は次のように整理している。「詔旨《のりと》、それは第一の呪言とも言うべき神（まれびと）から精霊に発せられた神話を祖型とするもので、上位者から下位者への詞章であり、奏詞《よごと》は精霊（の代表としての神の嫁）が神への誓約のために神話を復唱するところから派生した第二の呪言を根とするもので、下位者から上位者への詞章である。ところが、神の零落により威信の失墜した神＝神人が下位者にみられながら、なお元の神話を発することから派生してきた第三の呪言とも言うべきものが護詞《いわいごと》（鎮護詞）である、と言う。つまり下位者が上位者の詞章を発することである。」（前掲『古代研究Ⅴ』の「解説」二七六頁）

(25) 折口の「ほ」並びにその系統の語についての説明は、次の書を参照。「国文学の発生（第二稿）」全集第一巻、八一頁以下。「国文学の発生（第四稿）」全集第一巻、一三九～一四三頁。「「ほ」・「うら」から「ほがひ」へ」（全集第四巻）。

(26) 「国文学の発生（第二稿）」、全集第一巻、九二頁。

(27) 同前、全集第一巻、九四頁。

(28) 同前、全集第一巻、九三頁。

(29) 「国文学の発生（第三稿）」」、全集第一巻、三〇頁。

(30) 「「ほ」・「うら」から「ほがひ」へ」、全集第四巻、四四七頁。

(31) 「鎮護詞」と「ほがひ」の関連については「国文学の発生（第四稿）」、全集第一巻、一四五～一四六頁参照。また前掲『古代研究Ⅴ』の「解説」で長谷川は「鎮護詞」と「ほかひびと」との結び付きを次のように捉えている。「私は、この鎮護詞こそ折口の文学発生論における思想の核である、と読み取る。詞章の担い手（主体）の面では、聖と穢、貴と賤の総体というあやうい構造を内包する漂泊宗教（芸能）者たるほかいびとの位相に当っている。」（二七六～二七七頁）「漂泊宗教（芸能）者」の語はこの長谷川のものを借りた。

(32) 「国文学の発生（第二稿）」、全集第一巻、一〇一頁。

(33) 「国文学の発生（第四稿）」、全集第一巻、一四三頁。また「日本文学における一つの象徴」の中でも次のように言っている。「鎮護詞には全体として、其所作ことほぎが残つたのである。」（全集第二一巻、一六八頁）。

(34) 折口は「反閇」の外国伝来説を次のように否定している。「平安朝に於て陰陽道の擡頭と共に興り、武家の時代に威力を信ぜられることの深かつた「反閇《ヘンバイ》」は実は支那渡来の方式ではなかつた。在来の伝承が、道教将来の方術

の形式を取りこんだものに過ぎなかつたのだ。」（「国文学の発生（第三稿）」、全集第一巻、四四頁）

(35)「国文学の発生（第三稿）」、全集第一巻、四三〜四四頁。

(36)同前、全集第一巻、四五頁。

(37)『郷土研究』、一九一五年五月、一九一六年一二月。全集第二巻所収。池田彌三郎は、この論文が「目に見える道具、具体的な一つの『物体』を出発点として、それを民俗学の問題として追及していった」日本民俗における最初の論文であったことを、夙に指摘している。（角川文庫『古代研究1』（一九七四年）の「解説」二八二頁。この外『私説 折口信夫』（中公新書、一九七二年）・『折口信夫——まれびと論』（講談社、一九七八年）においても。）

(38)『郷土研究』一九一五年三月。『柳田國男全集』第一九巻所収。

(39)「髯籠の話」、全集第二巻、一七八頁。

(40)同前、全集第二巻、一七八頁。

(41)同前、全集第二巻、一九一〜一九二頁。

(42)同前、全集第二巻、一七九〜一八〇頁。

(43)同前、全集第二巻、一八五〜一八六頁。

(44)「民族史観における他界観念」、全集第二〇巻、四六〜四七頁。

(45)同前、全集第二〇巻、二四頁参照。

(46)同前、全集第二〇巻、四四〜四五頁。

(47)全集第二〇巻所収。

(48)柳田國男・折口信夫・石田英一郎「日本人の神と霊魂の観念そのほか」、『民族学研究』、一九四九年一二月、折口信夫全集別巻三、五五四頁。柳田の発言より。

(49)同前、折口信夫全集別巻三、五五四頁。

(補注1)大正一三年頃の草稿と見られる「沖縄に存する我が古代信仰の残孽（二）」（前年の沖縄旅行の報告書、新全集にはじめて収録）の中で、折口は沖縄のノロ（祝女）や巫女について次のように述べている。「此等の祝女・巫女、生時に於いても、祭礼の節には、神其物としての待遇を相受け候事にて、村人たちは、其時に限り心より神と信じて拝礼仕り候風、今尚存し居り候。／新年拝礼に、遠旅祈禱に、豊作祈願に、男女老幼残りなく祝女殿内（のろどぬち）に詣でゝ、祝女を拝し、願意を述べ候。／其様、決して祝女を神の代表とするにてもなく、又代拝を頼むにも無之、祝女其人に対して、衷心より願意を籠むる事に御座候。」（全集第一八巻、二三一～二四頁）

Ⅱ、「まれびと」としての翁

1、翁関係の論文――「翁の発生」その他――

折口信夫が昭和三年一月、三月の『民俗芸術』に発表した「翁の発生」は、猿楽の翁をはじめとする様々な翁の芸能の発生と展開とを論じたもので、折口の本格的な芸能研究の出発点に位置する論文である。

折口は、昭和二年一一月一二日、同年七月に発足した「民俗芸術の会」の第三回談話会で、「翁の成立」の題で四時間にわたる研究発表を行なっている（『民俗芸術』一―一の「民俗芸術の会の記」）。「翁の発生」はその時の筆録を基礎にしている。

「民俗芸術の会」は、芸能を主とする民族芸術を研究しようとした会で、雑誌『民俗芸術』は、「翁の発生」の載った昭和三年一月号を創刊号とする。この会は永田衡吉と小寺融吉とを世話人として発足し、その当初から柳田國男、折口信夫の参加を得ているが、雑誌の実際的な経営には北野博美、小寺融吉の二人が主に当たったと言う。この会の発足と雑誌の刊行とを機に、民俗学的な芸能研究の気運は高まっていったのである。

さて、折口がこの「翁の発生」で論じようとした「翁」は、芸能としての「翁」であった。そしてまた、その芸能としての「翁」の源流としての、「まれびと」としての「翁」であった。この意味の「翁」の輪郭を、折口は「翁の発生」でかなりなまでに描き切っているのである。

だが、折口が「翁」を論じたのは「翁の発生」が最初なわけではない。また、「翁の発生」以後にも、折口はいくつかの「翁」論を発表している。折口における〈翁の発生〉の意味は、それらの論をも踏まえて考えてゆかねばなるまい。以下に、折口の「翁」を論じた論文を、執筆順に整理してみよう。

「国文学の発生（第二稿）」（『日光』、大正一三年六月・八月・一〇月）
「古代生活の研究――常世の国――」（『改造』、大正一四年四月）
「国文学の発生（第三稿）」（大正一四年一月執筆開始、昭和二年一〇月頃脱稿、『民族』、昭和四年一月）
「翁の発生」（『民俗芸術』、昭和三年一月・三月）
「歌及び歌物語」（昭和四年二月講述、『国文学註釈叢書』一五、昭和五年三月）
「能楽における「わき」の意義――「翁の発生」の終篇――」（『民俗芸術』、昭和四年三月）
「日本文学における一つの象徴」（『新日本』、昭和一三年六月）
「翁と饗宴――日本文学の発生――」（『日本評論』、昭和一八年四月）
「翁舞・翁歌」（昭和一八年執筆、『日本文学の発生 序説』、昭和二二年一〇月）
「日本芸能史序説」（『本流』、昭和二五年二月）
「古代演劇論」（『日本文学講座1』、昭和二六年六月）
「民族史観における他界観念」（『古典の新研究』、昭和二七年一〇月）

このうち、「能楽における「わき」の意義」は、その副題に表わされているように、「翁の発生」の続稿として読まれるべきものである。また、「翁と饗宴」は、『日本文学の発生 序説』の中に、「異人と文学と」と改題して収録されたものである。

なおこの他、直接「翁」を論じてはいないが、「翁」の問題に深く関わっているものに、「国文学の発生（第四稿）」（『日本文学講座』第三、四、一二巻、昭和二年二月、昭和四年一二月）がある。さらに、今一つ見過ごすことのできないのは、折口が昭和三年度から慶應義塾大学文学部で講じた「芸能史」の講義の筆記ノートで、これは昭和五年度までの分が『折口信夫 日本芸能史ノート』の題で公刊されている。この講義の中には「翁の発生」で論じられた問題がさらに詳しく説明されている。以下、折口のこれらの「翁」の論を具体的に検討してゆこう。

2、翁舞の伝統――「翁さぶ」の意義――

「翁の発生」の最初で、折口は「おきな」の古義を次のように説明している。

> おきな・おみな（嫗）の古義は、邑国の神事の宿老《トネ》の上位にある者を言うたらしい。おきな・おみなに対して、をぐな・をみなのある事を思ひ併せると、大（お）・小（を）の差別が、き（く）・み（む）の上につけられてゐる事が知れます。つまりは、老若制度から出た社会組織上の古語であつたらしいのです。(1)

そしてこのような意味を持つ「おきな」という語が、日本では早くから芸能上の「おきな」の意義を分化してきたのだと、折口はこの語の特殊な変遷を指摘する。「翁の発生」は、これらの前置きのあと、さっそく芸能の「翁」の考察に入っている。

「翁」と言うとわれわれはまず、中世に成立した猿楽能の「翁」を思い浮かべるが、能の「翁」以前にも、日本には早くから「翁舞」の伝統はあったのである。大正一五年の一月に出版された『日本歌謡史』の中で、高野辰之は猿楽能の「翁」の源流の一つとして、舞楽の「翁」をもっと重く見るべきことを主張しているが、「翁の発生」において、折口信夫はこれよりさらに進んで、舞楽以前の原「おきな」とでも言うべき芸能の存在を想定し、それらが舞楽の「翁」と結び付いて、日本式の「翁舞」が成立してくる過程を考えようとしている。『続日本後記』に尾張の連浜主の次の歌がある。

翁とてわびやは居らむ草も木も栄ゆる時に出で丶舞ひてむ

翁であるからといって気落ちばかりしておられようか、大君の恵みに草も木も栄えているこの御代に、私も晴れの場に出て舞ってみようという歌である。折口はこれを、浜主が「翁舞」を舞おうとしているのだと見るのである。歌中の「翁」の語も、ただの老夫としての自覚ではなく「翁舞」の演者としての意識が入っているのだと言う。そして折口の想定によれば、ここで舞われた舞は、舞楽との習合当初の「日本式」と認められた「翁舞」なのであった。

「おきなと翁舞ひと」という小題のついた「翁の発生」の第一章には、この歌の他に、もう一つ次の歌が、「翁舞」に関わる歌として解説されている。

翁さび人な咎めそ狩り衣今日ばかりとぞたづも鳴くなる

伊勢物語の第一一四段に出てくる歌で、昔、光孝天皇が芹河に行幸なさった時に、ある老人が鷹飼いの役でお供をして詠んだ歌という説明がある。この歌は『後撰集』にもあって、作者は在原行平、やはり同じ芹河の行幸の折の歌となっている。折口はこの歌を、翁舞から出た芸謡ではなかったかと推測する。「翁さび」は、「翁舞」

を舞うこと。狩り場へ行ったというのは物語が後から付けた説明で、この歌は単なる「翁舞」の一歌詞だとするのである。

処女さぶは、処女が処女の舞ひをまふことで、翁さぶは、翁が翁の舞ひをまふことである。この歌は、老人舞ひの歌である。(2)

と、「歌及び歌物語」では同歌を説明している。歌意は、自分が狩衣を着て最後の翁舞を舞うのを、どうか人は見て見ぬふりをしていてくれということにでもなろう。ちなみに、この解釈に立って折口は戯曲「芹川行幸」を書いている。

さて、このような「翁舞」とその歌詞としての「翁歌」は、日本の文学に老人の述懐歌という、一つの大きなテーマを開いていった。後に「翁と饗宴」で詳しく論ずることになるこの観点を、折口は早くも「翁の発生」の中で、次のように打ち出している。

古今集の雑の部にうんざりする程多い老い人の述懐も、翁舞の詠歌と見られぬ事もない。(3)

古今集雑の部の述懐歌とは、次のようなものである。

いにしへの野中の清水ぬるけれどもとのこころを知る人ぞくむ

今こそあれ我も昔は男山さかゆく時もあり来しものを
大荒木の森の下草老いぬれば駒もすさめずかる人もなし

老いを嘆き、若い盛りの頃を述懐している。このような歌は古今集雑の部に限らず、日本歌謡史の中に類型として数多く存在している。このことは柳田國男も、「翁の発生」とほぼ同時期に、「民謡雑記」(『民謡の今と昔』昭和四年六月、筆記はこれより前)の中で指摘している。折口信夫はそれらの一連の発想が、「翁」の芸能を基礎にして生れてきたものであることを、「翁と饗宴」等で主張してゆくのである。

ところで、ここまでに取り上げたような事柄だけで見ても、折口が問題にしようとしている「翁」が、単に実生活上の老夫を意味するものでないことは明らかであろう。折口の考察しようとした「翁」は、演戯としての「翁」であり、役割としての「翁」であった。だがそもそも、「おきな」という語がそれ自身、折口も言うように「社会組織上の古語」なのであって、社会の儀礼と最初から無関係な語ではなかったのである。

3、南島の翁――「まれびと」の発見――

たとえば、浜主のような「翁」が晴れの場に出て「翁舞」を舞うことには、どのような意味があるのだろうか。猿楽の「翁」は、一体何を目的とした芸能なのだろうか。これらの問いに答えるためには、広く儀礼の場に登場する「翁」の実例を検討してゆかねばなるまい。ところで折口は早くも、大正一〇年・一二年の沖縄旅行において、内地の「翁」の芸能の起源と意味とを暗示する、次のような極めて始源的な「翁」の実例に出会ったのであった。

図8　登野城のアンガマー（1923年）　撮影：折口信夫

（1）村々の多くは、今も盂蘭盆に、祖先の霊を迎へて居る。此をあんがまあと言ふ。考位《ヲトコカタ》の祖先の代表を謂ふ大主前《オシユマイ》・妣位《ヲンナカタ》の代表と伝へる祖母《アツパア》と言ふ一対の老人が中心になつて、眷属の精霊を大勢引き連れて、盆の月夜のまつ白な光の下を練り出して来る。どこから来るとも訣らないが、墓地から来るとは言はぬらしい。小浜島では、大《オホ》やまとから来ると言うて居るから、海上の国を斥《サ》すのであらう。(4)

（2）長者の大主《ウフツシユ》は、其村の祖先と考へられて居るもので、白髯の老翁に扮してゐる。此が村をどりの先導に立つ一行の頭である。此頭が舞台に上ると、役名を親雲上《ペイチン》と称する者が迎へて、もてなすのである。此は正統の子孫の族長たる有位の人と言ふ考へに依つてゐるのである。さすれば長者の大主に随ふ人々は、あん

がまあの眷属と同一の者でなければならぬ。(5)

（1）の「あんがまあ」の行事は、八重山諸島の各地で盆の期間などに行われるもので、折口は、「あんがまあ」とは「母小」（あもがま）で、「親しい母」というぐらいの意味で、もと海の彼方の「妣が国」を意味することばだったのではないかと推測している。その「あんがまあ」の一団の中心が、「大主前」（おしゅまい）と「祖母」（あっぱあ）とで、その老体は、仮面によって表現されている。夜になると、彼等は家々を廻って唄と踊りとで村人達を祝福し、各家で座敷に上って饗応を受ける。大主前は時に立ち上がって、家人に教訓や激励のことばを述べる。折口は大正一二年の八月、石垣市の登野城《とのしろ》でこの行事を見たのである。(6)

（2）で述べられている「長者の大主」は、沖縄本島の各地で、豊年祭などの時に行われる「村おどり」の最初に登場する老体で、一族郎等を引き連れて入場して来て、祝言を述べる。これを家長たる「親雲上」と称する者がもてなすところから、折口はこの老体とその一行とを、「あんがまあ」と同類の遠処からの祖霊の集団であると考えた。また多くの村ではこのあと、さらに「儀来の大主」（ぎらいのうふぬし）なる者が招かれて、五穀の種を親雲上に授けて去るが、「翁の発生」の中で折口はこれを、「長者の大主」がその本来の素性を忘れられたため、さらにもう一人の祝福の神を考え出したものと解釈している。「国文学の発生（第三稿）」の中に、

長者の大主は「翁の起原」を示して居るし、そして儀来の大主は「翁の意味」を説いてゐる。(7)

とあるのもこの意味で、これは、常世からの訪れ神としての「翁」の形態と機能とを、この二者の「大主」が分

担していることを言っているのである。折口は、大正一〇年にこの地方を訪れた際、島袋源七と比嘉春潮とから、この「長者の大主」や「儀来の大主」の登場する「村おどり」についての詳しい報告を受けたのであった。[8]恐らくそれを実見してはいないものと思われる。

折口は「翁の発生」の中で、「二夏、沖縄諸島を廻つて得た、実感の学問としての成績は、翁成立の暗示でした。[9]」と述べている。「国文学の発生（第三稿）」では、「わが国の演劇の中、長者の大主の形式と同じ形の残つて居るものは、能楽である。[10]」とも述べている。折口の類化性能は、内地の芸能化せられた「翁」と、沖縄の生活の古典としての「翁」とを、本質において共通の目的と性格とを持つものと捉えたのである。そしてその比較研究によれば、「翁」の本貫は彼岸にあり、その此岸への来訪の目的は祝福にあったのである。

ところで、折口が「国文学の発生（第三稿）」の中で、「あんがまあ」や「長者の大主」「儀来の大主」の儀礼を詳しく説明しているのは、実は「まれびと」の仮説を民俗において実証するためであった。それらは、「赤また」「黒また」や「まゆんがなし」などのいわゆる「にいる人」とともに、「まれびと」の有力な具体例として取り上げられているのである。折口の言う「まれびと」とは、遠処よりの神であり、その神の此土への来訪は、村人による仮面仮装によって表わされた。南島の「翁」は、その「まれびと」の条件を十分に備えていたのである。折口の「翁」の論は、これ以後も、「まれびと」の発想を常に根柢に据えることとなる。

4、山人の芸能――「まれびと」の分岐――

折口が二度の沖縄旅行で、南島の民俗のうちに発見した「翁」は、海上の国から子孫を祝福しにやって来る祖霊神としての「翁」であった。折口はこの「翁」を、「まれびと」の代表的な事例の一つに数え、またわが国の

「翁」の芸能の原基とした。

ところで一方で折口は、「翁の発生」において、たとえば猿楽の「翁」の源流に、山人の芸能を考えている。海上の他界からの祖霊神と、山中の芸能団と、一体この二者はどのように繋がるのであろうか。実はこの問題の基底には、折口の「まれびと」論の、海から山への展開という発想が存しているのである。

> 此まれびとなる神たちは、私どもの祖先の、海岸を逐うて移つた時代から持ち越して、後には天上から来臨すると考へ、更に地上のある地域からも来る事と思ふ様に変つて来た。古い形では、海のあなたの国から初春毎に渡り来て、村の家々に一年中の心躍る様な予言《カネゴト》を与へて去つた。此まれびとの属性が次第に向上しては、天上の至上神を生み出す事になり、従つてまれびとの国を、高天原に考へる様になつたのだと思ふ。而も一方まれびとの内容が分岐して、海からし、高天原からする者でなくても、地上に属する神たちをも含める様になつて、来り臨むまれびとの数は殖え、度数は頻繁になつた様である。(11)

大正一四年四月に発表の「古代生活の研究」の中の記述である。折口はすでにこの時点で、「まれびと」信仰のこのような「分岐」を想定していたのである。ここに「地上に属する神たち」とあるのが、後に「翁の発生」などで、「山の神」として説明されてくる神である。

「山の神」はもともと、「地上の神」すなわち「国つ神」であり、遠処よりの神である「まれびと」に対しては、むしろ服従を誓う側の神であった。それがやがて向上して、「まれびと」の仲間に数えられるようになっていった。「山人」とはこの山の「まれびと」を奉じ、その神を表現する神人の集団にその起源を持つものであるというのが、折口の「山人」論の骨子である。

「翁の発生」では、「まれびと」のこのような山の神としての「分岐」を、次のようにも説明している。

常世の国を、山中に想像するやうになつたのは、海岸の民が、山地に移住したからです。元来、山地の前住者の間に、さうした信仰はあつたかも知れませぬ。だが書物によつて見たところでは、海の神の性格職分を、山の神にふり替へた部分が多いのです。[12]

「海の神の性格・職分を、山の神にふり替へ」るとは、海の「まれびと」の性格を山の「まれびと」が受け継ぎ、海の神人の呪法を山の神人たる「山人」が行うようになることである。「まれびと」は、もと海上遥かな「常世の国」から訪れた神であった。しかし、山中に類似の異郷を感じるようになると、山から同様の呪法を携えて、山の「まれびと」が里を訪れるようにもなってきた。猿楽の「翁」に代表されるような山人としての「翁」が、このような意味の「まれびと」であるという視座を、折口は「翁の発生」において提示したのである。「翁の発生」は、この山の「まれびと」としての「翁」の解明に、その考察の一つの中心を置いているものである。

5、山人のことほぎ――「いはひ詞」の原理――

「山の神」を折口は、土地の精霊の代表であると規定している。「山の神」はだから、折口の考えによれば、まず常世からの「まれびと」の呪法・呪詞の受け手（圧服される者）として存在した。それが一転して、今度は自身が一種の「まれびと」として、仲間の精霊たちに常世神の呪法を施す役を負うようになった。呪詞に関して、折口はこの「山の神」の立場を、「翁の発生」の中で次のように説明している。

山の神の呪詞は、宣下式ではなく、又奏上式でもありません。つまり仲介者として、仲間内の者に言ひ聞かせる、妥協を心に持つた、対等の表現をとりました。此を鎮護詞《イハヒゴト》と言ひます。宣下式はのりと、奏上式なのにはよごとと言ふ名がありました。ちようど其間に立つて、飽くまでも、山の神の資格を以て、精霊をあひてとしてのもの言ひなのです。(13)

「いはひ詞」とはつまり、精霊の代表が仲間の精霊に対して述べる呪詞である。この「いはひ詞」には当然、身体動作その他の呪法が伴っていたのである。「いはふ」とは、土地の精霊が自由に動かぬように、いるべき場所に封じ込める動作を言う。とすれば、精霊の代表が村を訪れてそのような呪法を行い、「いはひ詞」を述べることは、村国の主長ならびに村人にとっては、大なる祝福を受けることになろう。折口はおよそ以上のような論理によって、山人（ならびに精霊）の「ことほぎ」（祝福）を説明する。すなわち、山人（や精霊）の祝福の根本に「いはひ詞」の原理を置こうというわけである。山の「まれびと」としての「翁」もやはり、この原理によって行動するのである。

折口は「翁の発生」の中で、猿楽能が山人舞の伝統を引くものであることを述べている。中でもその「翁」には、山人の印象が種々残っていると言う。「神歌」の文句の「ところ千代まで」というのは、「山づと」としての野老《ところ》に掛けた「村・国の土地鎮め」のことばであり、三人の尉は、鎮魂のために来臨した山人の「一種の群行を意味する」ものである。さらに折口は、「猿楽の翁の原形」として、次のような具体的な形を想定しているのである。

翁が出て、いはひ詞を奏する。此は家の主長を寿するのです。其後に、反閇《ヘンバイ》の千歳《センザイ》が出て、詠じながら踏み踊る。殿舎を鎮めるのです。其次に、黒尉《クロジョウ》の三番叟が出て、翁の呪詞や、千歳の所作に対して、滑稽を交へながら、通訳式の動作をする。其が村の生業の祝福にもなる。(14)

「ことほぎ」のために訪れた山人の行動が、次第に芸能化し、分業化してゆく様子を、ここに窺うことができよう。このような具体的な想像をしてみると、「式三番」が全体として、山人の「いはひ」の行動になっていることがよく理解されるのである。

ところで、折口のこのような山人とその芸能への関心は、かなり早い時期からあったものであるが、それが急速に論としてまとまった形で展開されてくるのが、昭和二年から三年にかけての時期である。昭和二年の一月に『改造』に発表した「山のことぶれ」をかわきりに、同年六月頃の草稿とされる「ほうとする話」(『古代研究』所収)、三年一、三月の「翁の発生」と、山人論として注目すべき論考が、この時期に次々に書かれている。実はこのような折口の山人とその芸能についての思考にとって強い刺激となったものが、大正一五年一月の、信濃・三河の境山の村々への芸能見学の旅であった。

大正一五年の一月に、折口は早川孝太郎と、三州北設楽郡の「花祭り」、信州新野の「雪祭り」を初めて見学した。これらの祭りには、山人の芸能の古態が濃密な形で残存していた。祝福する山人としての「翁」や「鬼」が、実際に登場して来る。折口はこの旅で、山の「まれびと」を実感したのであった。折口はこの年から何年かの間毎年、憑かれたようにこの地域を訪れては、これらの祭りや、またこれに類似の遠州西浦《にしうれ》の田楽などの祭りを、再三にわたり見学・調査している。この時の体験が自身の芸能史の重要な出発点になっていることを、折口は後年語っているが、「翁の発生」にもすでに、この採訪の成果は十分に取り入れられている。

例えば「花祭り」にも「雪祭り」にも「翁」が出るが、この山村の「翁」はほとんど「翁舞」は舞わない。舞・反閇はむしろ「鬼」が行い、「翁」は「言い立て」に専念する。しかも「翁」の役は一人ではなく、何番かあるのが普通で、それらの「翁」が皆長い「語り」を行う。折口の言う「猿楽の翁の原形」としての「いはひ詞」の語りであるが、実は折口は、この語る者としての「翁」の特質を、山村の祭りに出る「翁」の姿から逆に類推してきているのである。また、猿楽の「翁」は、山人から出た者としては、すでに洗練され過ぎてもいよう。そうなる以前の素朴な「翁」の姿を、折口はこの山村の「翁」に、強い実感として見出しているのである。折口の芸能史の一つの特徴は、このような「民俗」として残存している芸能から受けた実感を手掛かりに、古態を溯源しようとするところにあるのであった。

6、翁と三番叟と――「もどき」の意義――

「翁の発生」の一つの成果は、具体的には猿楽の「翁」の考察を通して、日本芸能史における「もどき」の理法を体系的に把握したことであった。「翁の発生」は二〇章から成るが、その最後の三章を「もどき」の説明に当てている。そしてこの論文の一年後に発表された「能楽に於ける「わき」の意義――「翁の発生」の終篇――」は、さらにその続編としての「もどき」論である。これらの論考や、また同時期の講義筆録である『折口信夫 日本芸能史ノート』などを読んでみると、いかに「もどき」ということが、日本の芸能にとって重要な要素であるかが理解されるのである。

「もどき」の概念をまず摑んでおこう。「もどく」という動詞は、「反対する」「逆に出る」「物まねする」「説明する」などの意味を持っている。「もどき」は芸能の上では役名として使われる。相手の一挙手一投足をまねてじりじりさせる道化役のことである。田楽の上で主に使われた名前で、神楽では「ひょっとこ面」がこの名で呼ばれている。折口はこのような役の者が日本の演芸には非常に多いことに注目し、その発生を、精霊の神に対する抵抗の行為という点に求めたのである。

折口の「もどき」論は、単に「翁」のみの問題にとどまらず、能楽全般、さらに芸能全般の問題へと拡大していっている。ここでは手順として、まず「翁」に関わる「もどき」の問題から考えていってみよう。

能楽の「三番叟」が、「翁」の「もどき」役であることを、折口は「国文学の発生（第三稿）」の中で、次のように説明している。

> 三番叟は、おなじ老体を表して居るが、黒尉《クロジョウ》と称へて黒いおもてを被つて居る。さうして必狂言師の役にきまつてゐる。能楽に於ける狂言或は「をかし」の役者は、田楽で言へばもどきに相当する者で、「悟《もど》き」と言ふ名義どほりして方の言語動作をまぜかへし、口真似・身ぶりをして、ぢりぢりさせながら、滑稽感を唆るものである。(15)

「翁の発生」のなかで折口の想定した「猿楽の翁の原形」は、翁が「いはひ詞」を奏し、千歳が反問を主とした舞を舞った後、「黒尉の三番叟が出て、翁の呪詞や、千歳の所作に対して、滑稽を交へながら、通訳式の動作をする」というものであった。実にこの想定は、「もどき」役としての三番叟の役割を十分に考慮してなされていたのである。

ところで先にも少し触れておいたように、三・信・遠の山間部の田楽系統の祭りの「翁」は、単独ではなく何面か出るのが普通である。例えば新野の「雪祭り」では、鼻筋の白い「翁」のあとに、「松かげ」「しょうじっきり」(「猿楽」とも言う)という黒い面の「翁」が出る。西浦では「翁」のあとに「三番叟」が出る。「花祭り」の「翁」は一体で現れるが、これは最初から黒尉である。このように、これらの山の「翁」には(もっとも「翁」のみには限らないのだが)「もどき」の現象が極めて豊富である。折口はこれらの山村の芸能から受けた実感を一つの基礎として、その「翁」「もどき」の論を展開させているのである。

能楽の「三番叟」が「翁」の「もどき」役であることは、以上の説明からも、もはや明らかであろう。さて次に折口は、「翁」自体が本来「もどき」役の性格を持つものであったはずだと考えてゆく。『折口信夫 日本芸能史ノート』の中で、折口は次のように言っている。

> 能のうえで最大切にしている「翁」は何かといふと、もどきである。(中略)今、翁のもどき役は三番叟であるが、それ以前に翁にもどかれるものがあつたのである。翁の面は顎を釣つて結んでなければならない。あれはものを言ふしるしなのである。もどく為に顎がとれるようにあけてあるのだ。(16)

「翁はもどきである」とはどういうことか。実はこの発言の裏には、折口の次のような論理が存している。折口は「もどき」の原義をこう考えた。まず精霊がものを言わない時期があって、それが神力によって口を開かざるを得なくなると、突如として饒舌になる。つまり精霊には沈黙を守っている状態と、口を開いた状態とがあり、「もどき」とはこの後者の状態を指す。能の「べしみ」の面は、精霊の沈黙を表わしており、狂言の「うそぶき」の面は「もどき」の状態を表わしている。この説は昭和三年度の「芸能史」の講義（『折口信夫 日本芸能史ノート』収録）で語られ、後年「日本文学における一つの象徴」で詳述された。この分類で言えば、顎を釣って結んである「翁」の面は、明らかに後者の「もどき」の特徴を備えているのである。猿楽の「翁」の出自は、先に述べたように「山の神」である。つまり精霊の代表として「いはひ詞」を述べる神である。「いはひ詞」とは精霊の代表が精霊に対して述べることばであるが、これも広い意味の「もどき」にあたると考えることができよう。「翁」はこの意味で、はじめから「もどき」の役を担うものであったわけである。先の折口の発言をもどくと、およそ以上のようなことになるであろう。

「三番叟」は「翁」の「もどき」役であった。しかも「翁」も本来「もどき」であった。このことを踏まえた上で、「翁の発生」の中の「翁」「三番叟」の問題に関する、折口の次の文章を読んでいってみよう。その発生について、非常に興味深い考察を行なっている。

翁は実に神聖な役の様に見えますし、して方元来の役目の様に見えますが、私はそこに問題をもつてゐるのです。一体、白式・黒式両様の尉面では、私に言はせると、黒式が古くて、白式は其神聖観の加はつて来た時代の純化だ、とするのです。

役から見ると「翁のもどき」として、三番叟が出来たのですが、面から言ふと、逆になります。白式の翁も元は、黒尉を被つて出たものであつたのを、採桑老風の面で表さねばならぬ程、聖化したのです。さうして、

其もどき役の方に黒面を残したものと見られるのです。(17)

ここで折口は、猿楽における「翁」と「三番叟」との発生的先後関係を、「もどき」と「聖化」という、両方向の変容の原理によって見事に説明しているのである。「翁」と「三番叟」とは、実は発生的にどちらが先とも言えないのである。「もどき」の原理に従えば「翁」が先であるが、「聖化」の原理に従えば「三番叟」が先に来る。役から言えば、「翁」がなければ、その「もどき」の「三番叟」もないのであるが、面から言えば、本来山の精霊たる「翁」は、白面でなく黒面で表現されたはずで、それが聖化されたものが「白式の翁」なのである。そう論じている。このような考察の仕方からも、折口の〈翁の発生〉論が、決して単線的な発生を辿ろうとしているものでないことが知られるであろう。

7、「能楽における「わき」の意義」

ところで、先にも述べたように、折口の「もどき」論は、単に「翁」と「三番叟」との問題にとどまるものではなかった。それはもっと広く、能楽全般、さらに芸能全般の問題に及んでいる。

それらの「もどき」論の中で、昭和四年三月に『民俗芸術』に発表された「能楽に於ける「わき」の意義――「翁の発生」の終篇――」は、能楽の歴史に焦点をあてて、日本芸能史における「もどき」の理法を考察したもので、「翁の発生」とともに、折口芸能史の一つの出発点となった論文である。以下にその内容を、要約して紹介しておこう。これは折口の「翁」の問題に深く関わっている論文でもある。

折口はこの論文において、次の二つのことを主張している。すなわち一つは、能楽そのものが先輩芸に対して「もどき」の芸能として発生したものであること、今一つは、そのような発生を持つ芸能であるがゆえに、能楽は内部においても幾つかの「もどき」の芸能を派生させてゆき、現代にも伝わるその上演組織は、この「もどき」の過程をよく反映させたものであること、この二点である。

この論文で折口の扱っている問題は、ある芸能に対しての解説的な再演、彼自身のことばで言えば「副演出」としての「もどき」の問題である。「わき芸」という語を使ってもいる。

「もどき」と「わき」とは、本来同じ意味のことばであると折口は言う。役名としては、からかい役・説明役の意味である。同時にそのような役の者の行う芸——すなわち道化的な副演出——を指すことばでもある。「もどき」は田楽で主として使われ、「わき」は能楽において多く使用されている。両者ともかなり古くからあることばである。これと同類のことばとして、折口は猿楽における「をかし」、能狂言における「あい」「あど」「能力」などを挙げている。すべて同じ意味のことばで、ただ芸能の種類によって言い方が異なっているだけだというのが、これらの語に対する折口の見解である。

さて、以上のことを踏まえた上で、「能楽に於ける「わき」の意義」における折口の主張を、実際に見ていってみよう。

（1）猿楽の先輩芸は、田楽であつた。田楽は、五月の田遊びから出てゐる。田遊びに呪師《ノロンジ》系統の芸能が加味し、更に、念仏系統のものが加はつて、田楽が出来たのであつた。此田楽には、それの副演出として、田楽能が行はれた。後世では、田楽と言へば、舞ふ事と奇術・軽業《カルワザ》様のものとだけが、記憶せられる様になつたけれども、田楽での主なるものは、田楽能だつたのである。さうして、此わき芸を勤めたものが猿楽であつた。[18]

（2）能楽で重要なものになつてゐるのは「翁」である。明治になつてからは、年の始めと、新築の舞台開きとだけしか演らなくなつたが、江戸時代までは、興行日数のある限り、毎日これを演つたのである。明治以後、所演が尠くなつた訣は、役者がものいみの生活を嫌ふ様になつたからである。要するに、翁を毎日演つたと言ふことは、此があらゆる演芸種目を超越したものであり、どの能にも深い意味を持つてゐる。言葉を換へて言ふなら、すべての能が翁の副演出だ、と言ふ事になるのである。[19]

（3）翁に対する神能の関係は、副演出と見なければならない。翁の芸を三番叟が翻訳し、更に神能が説明することになるのであるが、尚此上に、次の番組で神能の説明が試みられる。[20]

（4）猿楽の基礎は、翁であるが、此「翁」は、もとは田楽附属の芸であつた。それが幾つもの副演出を重ねて行くことによつて、遂に猿楽を分離せねばならぬほどまでに、発達したのである。[21]

（1）は、能楽そのものが「もどき」の芸能として発生したものであることを述べたものである。猿楽（能楽のこと）の先輩芸は、田楽であった。田楽の副演出（わき芸）として、田楽能が行われた（「能」は「態」の略字で、「態」は「物まね」の意、従って「能」ということばも「わき芸」の意味で使われた）。その田楽能のさらに「わき芸」を勤めたものが、猿楽であったと言っている。

（4）では、猿楽の基礎は「翁」であり、田楽能の「わき芸」を勤めるのに、猿楽はまず「翁」をもって奉仕したはずであることを考えているのである。この「わき芸」としての初期の猿楽が、「翁」の他にも「幾つもの副演出を重ねて行くことによつて」、やがて一つの独立した芸能として分離してきた。こうして能楽が生まれた。

能楽の成立の道筋を、折口はおよそこのように想定したのである。

そのようにして生まれた能楽の上演組織の基本的な性格について述べているものが、（2）と（3）とである。能楽は「もどき」を重ねることによって発達してきたものであるから、その上演組織にも、その名残としての「副演出」の原理が見られる。しかも猿楽のもとは「翁」であるから、能楽（猿楽）はすべての番組が「翁」の副演出であるという仕組みを見せている。「三番叟」は「翁」のもどき、神能（わき能）はさらにその副演出としての意味を持ち、さらにその上に、「次の番組で神能の説明が試みられる」。このように、能楽の五番組織に、折口は「わき」の構造、「もどき」の構造を見出したのである。

およそ以上が、「能楽における「わき」の意義」の主旨である。このような能楽における「もどき」の問題は、『折口信夫 日本芸能史ノート』の中でも、繰り返し論じられている。折口芸能史の一つの中心に据えるべきテーマであるからである。もちろんこの問題は、折口の「翁」論の一つの要点でもある。

8、「おとな」から「おきな」へ

最初にも述べておいたように、折口の論じた「翁」は、芸能としての「翁」であった。そしてその源流としての「まれびと」としての「翁」であった。

「翁」の、芸能としての展開については、ほぼ以上に見てきたとおりである。「まれびと」としての「翁」という考え方についても、その基本は以上に説明してきたとおりであるが、最後に、折口の最晩年の論考である「民族史観における他界観念」（昭和二七年）の中の「翁」論を取り上げて、多少のその説明の補いとしておきたいと思う。

「民族史観における他界観念」の中で、折口は「翁」について、次のように述べている。

霊魂の完成者は、人間界ではおとなに当るものであつた。人は、さう言ふ階梯を経て後、他界における老人《オキナ》として、往生するものと考へたのではないか。このおきなと言ふ語には憂暗な、影のやうな印象が伴うてゐる。併し、此語は常世といふ語と同じく、どの地方かの他界の老人を言ふものであつたのが、此土に現に生存し、この土における残世を生きながらへてゐるもの丶名としても呼ばれるやうになつたものだらう。だから語の持つものは、光明ある聯想であつた。訣り易く言へば、此岸に生きる老人を以て、他界の尊いものと見なして言ふ尊称であつた。

（中略）此世でおとなが更に生き延びると、之を祝福する意味の語を遣うて、この世乍ら常世であり、翁であるものとするのである。稀客来訪の儀礼を行ふ時、宴の主座に居て、礼を受ける。此は既に、この世の人でなく、他界人としての待遇である。(22)

折口はここで、「翁」ということばが、現世における老人のことを言うようになる以前に、まず他界の老人を言う語であったろうということを、強く主張している。その論拠は二つあるであろう。一つは、「稀客来訪の儀礼を行ふ時、宴の主座に居て、礼を受ける」現世の老人を、他界を意味する「常世」という語で呼んでいる例が古典のうちにあることである。顕宗紀の室寿詞（むろのよごと）に、「いで、常世たち」とあるのがそれで、「国文学の発生（第三稿）」の中で折口はこの句を、「まれびと」としての待遇で賓客たちに呼びかけたもの、と解釈している。(23)「おきな」を他界の老人を呼ぶ語とするもう一つの根拠は、「翁」を「まれびと」とする折口の「翁」

論全体である。

しかしまた逆に、右の「おきな」の語の変遷論は、「翁」が「まれびと」であること、すなわち本来他界に住する存在であることを、一層明確にしてくれるものでもある。海の彼方から来る沖縄の「翁」はもちろん、猿楽の「翁」の源流である山人の演ずる「翁」も、一種の「まれびと」として、他界からやって来る存在であった。「翁」の一つの本質はその他界性にある。このことを「民族史観における他界観念」の右の記述は、異なった側面から再説しているのである。

では、この世にある老人になぜ「おきな」の語が転用されるのであろうか。それは右の折口の説明にもあるように、この世の老人に、やはりある「他界性」を認めて言うのである。「おとな」としての仕事を終え、霊魂の充実も十分に得て後、人はこの世ながら「まれびと」の資格を得ることとなる。

ところで、「まれびと」の資格を与えられることによって、右で折口も言っているように、確かにその老人は祝福されているのである。しかしまたその老人が「まれびと」であり「翁」であることによって、逆に人々を祝福しているという点も閑却してはなるまい。「翁」の他界性とそれゆえの祝福性とは、「翁」がこの段階にまで人間化してもなお、何らかの形で保持されていなければならぬはずだからである。

結論を図式的に言えば、「翁」に次の三つの異なった段階を認めることができよう。原基の「まれびと」としての「翁」と、その転化である「山の神」としての「翁」と、さらに「翁」としての現世の老人と。そしてこれらの「翁」のいずれもが、「まれびと」としての他界性と祝福性とを、それぞれの形で備えていたのである。折口の「翁」論は結局、「まれびと」論としての視座を最後まで貫いているものと言えよう。

注

(1)「翁の発生」、全集第二巻、三四八頁。
(2)「歌及び歌物語」、全集第一〇巻、三七頁。
(3)「翁の発生」、全集第二巻、三四九頁。
(4)「国文学の発生（第三稿）」、全集第一巻、二九頁。
(5)同前、全集第一巻、三五頁。
(6)三隅治雄「追体験折口芸能史――沖縄のまれびと――」（『日本民俗研究大系』第六巻、國學院大學、一九八六年）参照。
(7)同前、全集第一巻、三六頁。
(8)三隅治雄、前掲論文参照。
(9)「翁の発生」、全集第二巻、三五〇頁。
(10)「国文学の発生（第三稿）」、全集第一巻、三六頁。
(11)「古代生活の研究」、全集第二巻、四二頁。
(12)「翁の発生」、全集第二巻、三五七頁。
(13)同前、全集第二巻、三五九頁。
(14)同前、全集第二巻、三六二頁。
(15)「国文学の発生（第三稿）」、全集第一巻、三六頁。
(16)『折口信夫日本芸能史ノート』、中央公論社、一九五七年、一五～一六頁。
(17)「翁の発生」、全集第二巻、三八八頁。
(18)「能楽における「わき」の意義」、全集第三巻、二三二頁。
(19)同前、全集第三巻、二三六頁。
(20)同前、全集第三巻、二三七頁。
(21)同前、全集第三巻、二三八頁。
(22)「民族史観における他界観念」、全集第二〇巻、三四～三五頁。

（23）「国文学の発生（第三稿）」、全集第一巻、六三頁。

Ⅲ、「まれびと」と天皇――折口信夫の王権論――

1、「まれびと」イメージの拡散

折口信夫の「まれびと」は人の姿をとった神を表わすことばであり、その意味する範囲は極めて広い。高度の神格を持った「まれびと」から精霊的な性格が濃厚な「まれびと」、さらには「ほかひびと」と呼ばれる漂泊芸能民までのすべてがこの語の指し示す領域の中に入ってくる。それだけ「まれびと」の概念で論じることのできる問題の範囲も広く、それがこの語の分析装置としての有効性を高めているのであるが、逆にこのことが我々の「まれびと」のイメージを拡散させる結果をも招いている。

ある者は「ほかひびと」にこそ「まれびと」の強烈なイメージを見るだろうし、ある者はアカマタ・クロマタやマユンガナシのような古代的な村落祭祀に出現する神にそれを見るであろう。実は、折口自身がそのつど現象的には全く別のものに「まれびと」のイメージを見ているのであって、最初に「まれびと」を本格的に論じた「国文学の発生（第三稿）」において既にその素材の拡散は顕著である。こうした状況の中にあって、本節では、天皇を「まれびと」と見る視座から折口の「まれびと」論を捉え直し、あわせて天皇を「まれびと」と見ることで折口が見ようとしていたものが何であったかを考えてみたい。考察の中心には彼の大嘗祭に関わる論文を据えることとする。

2、プレ「まれびと」論

大嘗祭における天皇を「まれびと」論の視座から論じようとする場合、天皇の立場が「まれびと」であるか

「あるじ」であるかが大きな問題となる。折口の出した結論は以下のようなものであった。

> 大嘗祭りは、御世始めの新嘗祭りである。同時に、大嘗祭りの詔旨・即位式の詔旨が一つものであつた事を示してゐる。即位から次の初春迄は、天子物忌みの期間であつて、所謂まどこ・おふすまを被つて、籠られるのである。春の前夜になつて、新しい日の御子誕生して、禊ぎをして後、宮廷に入る。さうして、まれびととしてのあるじを、神なる自分が、神主なる自身から享けられる。此が、大祓へでもあり、鎮魂でもあり、大嘗・新嘗でもある。(1)

大嘗祭における天皇は「あるじ」でもあるが「まれびと」でもあるとするのである。これは『古代研究』所収の「ほうとする話」からの引用であるが、草稿としてのみ残され新全集にはじめて収められた「大嘗祭の本義（別稿）」では、この天皇の立場に関して次のようなさらに突っ込んだ発言がなされている。

> 宮廷の新嘗は、主上の行はせられるのだから、「にへまつり」は、女帝以外は、男性の最高神人としておつとめ遊ばすものと見られる姿である。こゝに、至尊の御役は、或は神なる人、顕神としての御行ひがあつたものが、何時の朝からか、迎へ奉るべき高級巫女を忘れるか、廃めるかして来たものであると考へる余地がある様である。(2)

この文の直前には、東歌の「にほどりの葛飾早稲をにへすとも、彼愛《ソノカナ》しきを、外に佇《タ》てめやも（万葉集巻一四）」

などの歌に見える来臨する神を迎える東国の「一時巫女《イツトキ》」の風俗が紹介されており、この記述はそれを受けてのものである。同様の慣習が宮廷の新嘗にもあったはずで、本来神をもてなすのは女性の役であったものが、ある時代から天皇が「まれびと」と「あるじ」の両方の役を兼ねるようになったものと述べている。ここに述べられていることは決して小さな問題ではないはずである。折口は生前この考え方をここまで明確には示さなかったが、「大嘗祭の本義」や「女帝考」などで大嘗祭における后の役割や女帝出現の理由を論ずる時、背後にこのような仮説を置いていたことが十分に考えられるからである。

ところで、天皇を『まれびと』と捉える仮説を導いたこの東国の風習に、折口は極めて早い時期から強い興味を示している。それは「まれびと」論の成立という問題を考える上でも注目すべき事柄である。

デビュー論文とも言える「髯籠の話」と併行して書かれた「稲むらの蔭にて」（大正五年六月）は、刈り上げののち田の畦に高く積み上げて作られる「稲むら」が神の標山であることを論じたものである。その中で折口は、神を家に迎える物忌みが新嘗祭りの最も肝要な部分であるとし、この神待ちの式が行われた根拠として、先の「にほどりの」の歌と「誰ぞ。此家の戸押《オソ》ぶる。新嘗《ニフナミ》に我が夫《セ》をやりて、斎ふ此戸を（万葉集巻一四）」の二首、それに常陸風土記に見える御祖神の宿を断わった富士の神の話を挙げている。これに続けて論考は大嘗祭について次のように述べている。

此等の東人の新嘗風習を踏み台にすれば、我々には垣間見をも許されて居らぬ悠紀《ユキ》・主基《スキ》の青柴垣に籠る神秘も、稍、窺はれる様な感じがする。(3)

先の古典中の例において、折口は神を迎える女と訪れる神とを想定している。従って、この時点ですでに彼は天皇を、訪れる神、すなわち人神として捉えていたことになるであろう。折口が「まれびと」の語を神の意味で使い始めるのは大正一三年以降であるが、その祖型は早くも折口民俗学の初期の段階からあったことが考えられるのである。

「まれびと」の語の使用以前に折口が神と人との等号的な関係に強い関心を持っていたことは、右の論文と同じ年に発表された「依代から「だし」へ（髯籠の話の三）」（大正五年一二月『郷土研究』）の次の文章からも明確に窺える。

諸神殺戮の身代りとして殺した生物《イキモノ》を、当体の神の御覧に供へるといふ処に犠牲の本意があるのではなからうか、と此頃では考へてゐる。（中略）殺すべき神を生しておいて、人なり動物なりを以て此に代へるといふことは、天梯立のとだえたことを示すもので、従来親愛と尊敬との極致を現して来た殺戮を、冒瀆・残虐と考へ出したのは、抑既に神人交感の阻隔しはじめたからのことである。

大嘗祭に於ける神と人との境は、間一髪を容れない程なのにも係らず、単に神と神の御裔《ミスヱ》なる人とが食膳を共にするに止まるといふのは、合点の行かぬ話である。此純化したお祭りを持つた迄には、語り脱《オト》された長い多くの祖《オヤ》たちの生活の連続が考へられねばならぬ。其はもつと神に近い感情発表の形式をもつてゐた時代である。今日お慈悲の牢獄に押籠められた神々は、神性を拡張する復活の喜びを失うて了はれたのである。(4)

「大嘗祭に於ける神と人との境」が「間一髪を容れない程」という表現には、人である天皇が神としてふるまう状況が提示されている。これは明らかに後の用語で言う「まれびと」的な状況である。しかもそれが先の例と同様に天皇に関して使われている。折口において、プレまれびと論的な発想は天皇に関わるところでなされていたと言えるのではなかろうか。

この文章で顕著なもう一つの特徴は、殺される神・復活する神を神の原初に置く考えである。大嘗祭に関連させて神の殺戮と復活を論じていること自体驚きであるが、折口が問題にしているのは「純化したお祭り」として構成された大嘗祭ではない。大嘗祭以前の神と王の祭りに彼の関心は向けられ、後の大嘗祭関係の論文も基本的にはその意味の「本義」を探る形で書かれてゆくのである。

この二年後の大正七年に折口はJ・G・フレイザーの『金枝篇』の一部を「穀物の神を殺す行事」と題して翻訳して『土俗と伝説』に発表している（全集第一九巻所収）。この事実を踏まえて右の文章を読むと、そこにはすでに、金枝を手折って神でもある前司祭王を殺した者が新しい司祭王になるという物語の解釈を基本テーマとした『金枝篇』の内容と呼応する発想が見られる。戦後の柳田との座談会で折口は『金枝篇』の「コウン・スピリット」の部分（第三版の第五部「穀物と野獣の霊」〈一九一二年刊行〉であろう）を柳田の勧めで購入したことを明かしており、(5)遅くとも大正五年の時点ではこれを読み込んでいることが考えられる。

折口は、『古代研究』「追ひ書き」（昭和五年）において何度かフレイザーの名を挙げ、彼を「我々が「あがほとけ」とも斎くべき」学者であると讃えながらも、一方で、彼の「提供した証拠を、そのまゝ逆用して、この大先達のうち立てた学界の定説を、ひつくり返すことも出来さうな弱点を見てゐる」と、自分がうち立てた学問の方法に対する強い自信を表明してもいる。(6)恐らく折口が『金枝篇』に惹かれ一部翻訳まで試みたのは、その主題が神と王とに関わるものであり、人が神となる内容を含んでいたからではないだろうか。抄訳の「穀物の神を殺す行事」は、第三版の第五部第七章「リテュエルセス」の一部であるが、そこには人が穀物霊の表象として扱われて殺される例が数多く挙げられ、これがリテュエルセスの物語（補注1）と対比される。リテュエルセスが穀物神の象徴であることが実証されてゆくのであるが、リテュエルセスとはプリュギアの王の息子である。人と神と王との等号的な関係が、この抄訳された部分にも明確に述べられているのである。

大正天皇の即位に伴う大嘗祭が挙行されたのは大正四年一一月であった。それに先立ち『國學院雑誌』は同年九月に「御大礼号」を組み、一〇月にも大礼に関する論文で紙面を埋めている。当然のことながら折口は大礼に多大な関心を寄せ、これに関する論文も熱心に読んだはずで、「稲むらの蔭にて」や「依代から「だし」へ（髯籠の話の三）」に大嘗祭の話が出るのもこの祭儀を自分なりに考察しようとしていた時期だったからであろう。そんな時期に折口は人・神・王の関係を扱った『金枝篇』に出会ったのであって、その出会いは必ずやその後の天皇祭儀の研究に大きな影響を与えたはずである。さて、この祭儀の研究は昭和に入ってから「ほうとする話」「大嘗祭の本義」その他の論文に結実してゆく。そしてそこに至る過程で、折口は沖縄採訪の大きな成果などを得て「まれびと」の理論を完成させるのである。このような経緯を考える時、我々は折口の「まれびと」の理論がその中核に王の問題を抱え込んでいることを明確に理解できるのではないだろうか。

3、人と穀霊の復活

折口が沖縄で得た一つの大きな成果は、「すぢ」なる語に出会ったことと、その「すぢ」によって人が神となることを実例をもって確認したことであった。「琉球の宗教」（大正一二年）には、「古くから、此すぢと、すぢのつく人との間に、区別が著しくは立つて居らないのである。畢竟、我国古代の、あきつかみと言ふ語も、此すぢを有つ天子を、すぢ自身とも観じたのである。」「柳田国男先生は、此すぢをもつて、我国の古語、稜威《イツ》と一つのものとして、まな信仰の一様式と見て居られる。」などの文章がある。(7)「すぢ」は一種の外来魂で、これが付くことで人は神的な存在になる。柳田の見解から強い暗示を受けてこのことを沖縄で見出した折口は、その後この図式を大嘗祭において新天皇がいかに誕生するかという問題を解くための中軸的な論理としていった。

ある種の外来魂を身につけることで新天皇が誕生する。しかし、実はその外来魂がいかなる性質のものであるかが大きな問題である。その霊魂が付着することで天皇になるわけだから日本書紀に見える「天皇霊」の語を借りてこれを呼ぶことがまず考えられる。折口もある時にはこの語を使用している。しかし彼は天皇に付着すべき霊魂をこの語だけで説明しているわけではない。特に重要な外来魂として国魂を考え、次のようにこれを稲魂と等価のものとしているのである。

（大嘗祭の一つの意義は——引用者）真床襲衾を引被つてゐられる間、至尊の聖躬に力ある魂を固《フ》着せしめんとする、鎮魂式——たまふり——の分化して来たものである。即稲魂の信仰がそれである。それは、外来魂を固定《ラ》しめる信仰である。天皇陛下の威力の源は国土の魂の附著によるのである。この魂の信仰は古代既に数次の変化を経て、米を以て象徴せられてゐる。この米に神聖なる水を加へた飯、或は酒をもつて、聖躬に入れるとゝもに、稲魂が附著するものとした。即国土の魂が御身に鎮まる事になるのである。

（「御即位式と大嘗祭と」[8]）

大嘗祭において稲魂が天皇に付着させられるのは、この儀式が毎年行われる稲の刈り上げ祭りである新嘗祭の祖型という形態で行われるからである。つまり、毎年の稲魂の復活と新天皇の誕生とが大嘗祭において重ね合わされているとする解釈がここに存在する。折口のこの解釈の萌芽は、すでに「稲むらの陰にて」や「依代から

「だし」へ（髯籠の話の三）」の記述に見ることができるが、そこで暗示的に述べられていた新嘗に訪れる神と天皇との関係は、その後の『金枝篇』の読み込みや沖縄での「すぢ」の思想の発見などによってより緊密な結び付きとして確認されていったことが考えられる。新たな外来魂が寄り付くことによって復活する稲の神と天皇、折口の大嘗祭についての複雑な説明の最も中心にこの考え方があると見ることができよう。

ここで、外来魂と天皇と「まれびと」との関係を考えてみよう。外来魂は必ずしも特別な人間だけに宿るものではないだろうが、穀霊のような全員の利害に関わるような外来魂は、例えば「穀物の神を殺す行事」（『金枝篇』）で見ても、最後に穀物を刈った者・刈り入れ時に偶然通りかかった旅人・土地の所有者などの特定の人間に宿っている。共同で行う祭儀において、人々はある特定の人間に外来魂を集中的に付着させることでその人間を聖化し、その人間の復活に穀霊などの復活の象徴を見るのである。しかも、この人間が王や王の子供（リテュエルセスの例）である場合が多いことは、天皇の場合も含めて多くの事例がこれを証している。

この聖化された人間を折口は「まれびと」と呼んだ。折口は「万葉集研究」（昭和三年九月）の中で、「ひ」は外来魂の最も古い名で、「ひと」という語は（「ひ」が付いて）威力を寓した肉体を指すものと述べている。また、「ひとは確かに、ある選民《センミン》である。「と」の原義は、不明だが、記・紀を見ても、神と人との間のもの〻名に、常に使はれている。」「神よりも霊を意味するすぢ・せぢ・しぢなど言ふ（沖縄の—引用者）古語は、国君の義ともなつた。」「わが古代のひとも其で、神人の長なる君からの延長である。(9)」とも述べている。この「ひと」の語の説明は、そのまま「まれびと」の語の説明ともなろう。この記述をこれまでの考察と合わせて考えてみると、折口が大嘗祭の考察から探ろうとしている天皇こそ、最も典型的な「まれびと」の姿を持っていると言えるのではないか。

さて、このように天皇が「まれびと」であるとして、最後に大きな問題が一つ残されている。それは、「まれびと」としての天皇と、折口が「まれびと」の故郷であると述べている「常世」との関係である。天皇が「まれびと」であるとすれば、天皇は「常世」から来た人（常世神）でなければならない。天皇がはたしてそのような性格を持つものとして観念されていたかという問題である。

しかしこの問題は、宮廷の始祖であるホノニニギノミコトが高天原から下った御子であったことを想起すれば容易に解決がつこう。ホノニニギノミコトは穀霊の象徴であることを名前に残しているが、その天上からの降臨を一代ごとに天皇が反復するというのが折口の大嘗祭解釈の基軸であると言ってもよい。折口によれば、「とこよ」の「よ」という語は、「古くは穀物或は米を斥《サ》したもの」であるという（「「とこよ」と「まれびと」と」、全集第四巻、四二八頁）。先に述べたように大嘗祭における新天皇の誕生が稲魂の復活と重ね合わされているとすれば、新天皇はニニギノミコトと同様、常世から来た人と考えなければならないであろう。

本節では、大嘗祭における天皇を、東人の「にひなめのまつり」で家の女が歓待したような人の姿をとった常世神と重なるのではないかと考えたところから出発した折口が、この発想を捨てずに、むしろそれを基軸として後の「まれびと」の理論を構築し、さらに大嘗祭の本義を解明しようとした経緯を簡単に追ってみた。折口の王権論、折口の天皇論とは、あくまでもこのように王・天皇という存在を、村々の祭り（外国の例も含めて）での神と人との関係にも広く当てはまる普遍的な構造の中で捉えようとしているものである。皇室に対する尊敬の念は人に負けないものがあると自ら述べる折口であるが、その感情とは別に、天皇という存在の根元に普遍的な視線を当てようとする学問的な情熱を強く持っていた折口であることを、我々はもっと考えてみる必要があるだろう。

注

（1）「ほうとする話」、全集第二巻、三九七頁。
（2）「大嘗祭の本義（別稿）」、全集第一八巻、二九九頁。
（3）「稲むらの蔭にて」、全集第三巻、七六頁。
（4）「依代から「だし」へ（髯籠の話の三）」、全集第二巻、一九一頁。
（5）「民俗学から民族学へ」、全集別巻三、六〇八頁。
（6）『古代研究』「追ひ書き」、全集第三巻、四六七〜四六九頁。
（7）「琉球の宗教」、全集第二巻、五二〜五四頁。
（8）「御即位式と大嘗祭と」、全集第一八巻、三三〇〜三三二頁。
（9）「万葉集研究」、全集第一巻、三九〇〜三九一頁。

（補注1）『金枝篇』の中の「リテュエルセス（Lityerses）の物語」の内容を記した部分の折口訳を次に引いておく。

「其一つの伝へでは、右のりちあせすと言ふのは、ふりじあ王みだすの私生児で、せれいねに住んでゐたと言ふことだ。穫り入れに熟練してゐて、而もとはうもない大喰ひな人間だつた相だ。其穀物畠に、他国人が入り込んだり、通りすがる様なことがあると、りちあせすは、其人にまづ、どつさり食ひ物や、酒をたべさせた上で、めあんだあ河の岸の穀物畠に連れて行つて、穫り入れの為に、無理やりに自身と一処に、畑に残つて居させた。とゞのつまりは、其人を藁に括んで、其頭を草刈り鎌で切り放し、其死骸を何処かよそに搬んで了ふのが、癖であつた。／処がとう〳〵へるくれす（Hercules）と言ふ人が、りちあせすと一処に、穫り入れをして、其首を鎌で切つて河に擲りこまうと思うて、りちあせすの外の人にやつたとおなじ方法で、殺したと伝へてゐるから、逆に類推して、りちあせすがいつも、物した死骸を河の中に擲り込んでゐたと言うてもさしつかへはない筈だ。」
（「穀物の神を殺す行事　ふれえざあ（抄訳）」、全集一九巻、三五一〜三五二頁）

Ⅳ、源氏物語論――「まれびと」論との関連から――

1、文芸復興の精神

私どもは平安朝の文学をも、「もの丶あはれ」だけで見ようとは思はない。国学の先人にはすまないが、遊蕩味を寛恕すること、或は其を享楽することが、平安朝文学の発見と言ふことでは、どうにも堪へられない気がするのである。前代からひき続いたものが、平安朝にもある。いや、平安の「いろごのみ」と謂はれてゐるものにこそ、却て正しい倫理性を見出すことが出来るのでなければ、そんな日本文学の研究などは、ほんたうの末梢的なものである。趣向や、技巧や又生活様式の現れ方などを、掌にのせて眺めて居るやうな態度ではならないのである。(1)

「寿詞をたてまつる心々」の中のこの一文に、折口信夫が平安朝文学、特に源氏物語をどう把握したかが端的に示されている。折口は「いろごのみ」を本居宣長が主張した「もの丶あはれ」に対置することで、新しい平安朝文学の発見を目指したのである。

折口は宣長の「もの丶あはれ」論を、決して低く評価していたわけではない。それどころか、この論こそが源氏物語の文学性と時代精神を蘇生させて近世国学の形成に大きな役割を果たしたものであることを、彼はよく認識していたはずである。折口は、「もの丶あはれ」論を中軸とする宣長の源氏論に深く傾倒し、そうすることで「もの丶あはれ」の語では説明しきれない前時代から続く日本人の精神があることを見出していったのではないか。「いろごのみ」は、この新たに見出された精神に折口が与えた用語であったと捉えることができる。

小林秀雄が折口を初めて訪ねた帰り、折口は小林を駅まで送ってきて別れるときに、「小林さん、本居さんはね、やはり源氏ですよ」と言ったというが、[2]このエピソードは折口が宣長の国学の底に文学があることを重視していたことを物語っている。昭和一二年に「國學院雜誌」に掲載された講演筆記「国語と国文学と」で折口は、宣長が文学に愛好心を持っており、文学で立てた自由な道念の型を持ち続けていることを述べたあと、江戸末期から当代にまで続く国学の一つの風潮を次のように批判している。

後の明治に近寄つて来た国学者を見ますといふと、大分違つて来ます。どうも源氏や伊勢物語なんかは無い方がよさゝうだなどゝ言ふ、之は大きな間違ひです。世の中がかうなつて来ると、又そんなことを言ふ連中が外から出て来るかも知れない、内には無いけれども外から出て来るかも知れない。さうなつた時には我々は、命を賭けても守らなければならぬ。何故なれば、それがあればこそ国学といふものゝ自由さがある。国学といふものは儒学ぢやない、儒学の学問といふものだつてそんな型に嵌つたものではないけれども、少くとも我々が儒学の学問から受けて居る弊害といふものはそれなのです。国学といふものはもつと自由なものです。だから我々はどうしても守り立てゝ行かなければならぬよりも、もつとさういふものをば更に〳〵見出して行き、本当の民族生活の原理といふものをば探り出して来る、といふことが大事なことだと思ひます。[3]

江戸末期から明治へ、そして大正・昭和へと時代が流れるなか、国学が文学を軽視して倫理性ばかりを強調するようになっていくことに強く異を唱えている。実は、折口がこのような国学の倫理道徳化に警戒の念を示したのはこれが初めてではない。大正九年の「異訳国学ひとり案内」の中でも、近年の国学に内在する「国民の歴史的生活の総ての過程を、倫理観の犠牲にして了ふと言ふ態度」を強く非難している。[4] そのような記述からも、折口が、文学の中に自由に「民族生活の原理」を探ろうとした宣長や真淵の学問の伝統をいかに重視していたかがわかるのである。

国学が樹立の最初の時期から持っていた文芸復興の精神とも呼ぶべきこの伝統の大切さを、折口は師の三矢重松の学問と教育の実践を通して痛感していたはずである。「三矢先生の学風」の中で折口は、「三矢先生が源氏を認められたのは、先生が国学者にして国文学者であるからと言つてよいのです。私が最も感謝するのは、平安朝の生活にも、古代の生活がある。古代のひき続きがあると考へられてゐたらしいことで、先生は其を新しい物指しで説明しようとしてをられた時に、体をいためられたのです[5]」と述べている。折口が古代から平安朝に続く古代生活の規範として「いろごのみ」を見出したことは、この発言の文脈に従えば、師のこの志を継いでいることになるだろう。[6]

また、折口の回想によれば、三矢は折口の創作活動を認めて励まし、戯曲「花山寺縁起」を「王朝文学研究の具体化出来たもの」として褒め、劇詩「おほやまもり」の構想には「国学の窮極地だとまでの保証」を与えたという(『海山のあひだ』「この集のすゑに」、全集第二四巻、一一五頁)。折口が多忙な研究生活に入りながらもさまざまなジャンルの創作活動を放棄しなかったのは、この励ましの言葉にも見える、国学の持つ文芸復興の精神を重視する三矢の思いを、真摯に継承しようとする意志がどこかで働いていたからではないだろうか。[7]

もちろん学問と教育の面においても折口は三矢の思いを継承してゆくこととなる。大正一二年に三矢はこの世を去るが、遺族のすすめもあって折口は三矢が國學院で行なっていた「源氏物語全講会」を翌年再興し、昭和二年までは國學院でその後は慶應で、途中戦争による中断はあるもののほとんど没年まで講義を続けた。ここにも折口の師に対する真摯な態度を見ることができるが、同時に折口にとって源氏を読むことは大切な学の継承であり、自身の「古代研究」や創作のためにも決して止めてはならない営為であったに違いない。戦後になって一気に書かれる折口の源氏物語論は、この長期にわたる源氏物語講読の蓄積から生み出されているものであり、決して思いつきといったレベルのものではない。短期間のうちに書かれた折口の源氏物語論が、その後の源氏物語研究に大きな影響を及ぼすことになるその秘密は、師の学と意志の継承であるこの講読の歴史の中にあると言えよう。

2、王の原型と「いろごのみ」

折口が宣長の「もの丶あはれ」に置き換えることができるような源氏物語の理念として発見した「いろごのみ」は、単に文学作品の一つのテーマや主人公の個人的な性格などではなく、古代から平安朝に続く古代生活の規範であり、国学が国文学の中から引き出してきた道念、折口流にさらに言い換えれば「もらるせんす」とも言うべきものであった。このような「もらるせんす」は文字通り感覚的なものであるから、われわれはそれを、その時代の生活が当時の感覚として描かれている文学作品を通してしか感知することはできないであろう。折口が「いろごのみ」と呼んだ古代生活の規範も、従って源氏物語や伊勢物語がもしなかったとしたら、われわれが実感しうるものとはならなかったはずのものである。折口が源氏物語を読む意義はここに明らかであって、彼は物語を通して当時の生活の息吹に触れ、そこに民族生活の原理を探ろうとしたのである。

さて、彼が「いろごのみ」の名で呼んだその原理とはいかなるものであったのか。またそれは源氏物語の中にいかなる形で存在しているのか、以下その考察を行なってゆきたい。

折口が使用した「いろごのみ」という語の意義については、『折口信夫事典』の中で西村亨が詳しく解説して

いる。その大意を整理して記せば以下の通りである。(8)

① 万葉びとの論において、折口は「倭なす神」と言い、あるいは「やまとごころ」「やまとだましひ」などの語をもって、その偉大な人格、折口的な表現をもってすれば偉大な霊魂を具有する人格を説明したが、「いろごのみ」は究極的にはそれと一致するものである。

② 「やまとだましひ」とは大和の国を治める威力であり、もともと天皇にあることであるが、それが貴族階級にも延長せられていった。そういう理想的な男性には鳥獣すらも後を慕って来るもので、「昔の貴族たちの第一の大きな資格は、女に思はれるといふ事であった」(『日本文学啓蒙』「日本文学の本質」(9))。これが「いろごのみ」という語で表わされた。

③ 折口は宣長の「ものゝあはれ」論を用語例を乗り越えすぎていると批判したが、折口の「いろごのみ」論も古典に見られるいろごのみの用語例をはるかに越えている。折口は万葉びとの時代にまで遡って、古代の恋の道徳の理想を呼ぶのに、言うならばいろごのみという語がそれに相当するという意味でこの語を使用している。折口は、この意味の「いろごのみ」を描いたものとして源氏物語を捉えた。

「いろごのみ」の意義に関しては、以上の記述でその全体の把握は大略可能だろう。以下、このような「いろごのみ」の把握を基礎として、源氏物語と「いろごのみ」との関連をさらに突き詰めて考えてみよう。そのことは同時に折口信夫の源氏物語に対する愛情の源を探ることにもなるであろう。

折口は「いろごのみ」を大和の国を治める威力である「やまとだましひ」の一つの発現の仕方だと捉えた。また、異性を引きつける力としても捉えた。つまり、究極的には天皇たるべき人の異性との関係を「いろごのみ」の語は表わしていることになる。折口はこの主題を源氏物語に見たのである。もちろん物語はこれを比喩として語ってゆくから、主人公がただちに天皇ということにはならない。しかし光源氏に王としてのイメージが付与されていなければ、それは「いろごのみ」の物語と呼ぶことはできず、単なる遊蕩享楽の物語に過ぎないことになるだろう。折口はこの一点を源氏物語の中核と捉えたのである。

源氏といふのは天子の御子であつて、臣下に降つた人だといふことにはなつてをりますけれども、信仰と物語風に見れば、天子と同格者なんです。[10]　（「源氏物語における男女両主人公」）

繰り返すが、ここで問題としているのは天子のイメージであって、実際の天皇でも物語の中の天皇でもない。それはあくまでも物語と言う幻想の中にだけ存在する日本人の理想としての王のイメージである。そういう王の原型を、源氏物語は光源氏を通して平安朝という現実的な舞台の上に再現していると折口は見たのである。

小説を書く人・物語を作る人の、小説を書いてゐる時・物語を作つてゐる時に働きかける、本道の心の動きといふものは、日本の男性の中の一番立派な型、どういふ型の男を書けば、過去の日本の立派な男が書けるか、今までにゐた何億人の中の日本的な男性が現れて来るかといふことですね。（中略）つまり作品を通してみると、さういふ立派な男を書かうといふ作者の欲望、或は其時代の欲望が、現れてゐると見て差支へないでせう。それよりももつと、過去千年の希望が、平安人の抱いた近世観と合体して現れたものと言つてもよ

いでせう。[11]　（同）

この文にも表われているように、折口は光源氏を人々の欲望の集積と捉えているのである。光源氏が天子と同格者であるとはそのような意味である。つまり、折口はこの物語に神話的な装置を見出しているのであって、光源氏に天子の面影を重ねるというのは、彼に現実に存在する人の姿をとった神、すなわち「まれびと」のイメージを付与するということである。

前節で私は、折口の「まれびと」の理論がその中核に王の問題を抱え込んでいることを論じた。[12]すなわち、「まれびと」の語を論文の中で使い始めるかなり前から、折口は神と人との等号的な関係に強い関心を持ち、その神人交感の中心に大嘗祭における天皇を置いていたことが、例えば「依代から「だし」へ（髯籠の話三）」の文章などから窺える。この発想には人・神・王の緊密な関係を扱ったフレイザーの『金枝篇』の影響が見られ、それが聖化された人を神と捉える「まれびと」の着想の源泉となっていることが考えられるのである。

以上の観点から見れば、光源氏に「いろごのみ」の美徳が必至のものとして備わっていなければならない理由は明らかであろう。すなわち、光源氏は王のイメージを付与された「まれびと」であり、「まれびと」は、大嘗祭における天皇にその痕跡が垣間見られるように、また「水の女」をはじめとする論文や「死者の書」などの小説で折口自身が語っているように、女性との交流を通してその存在をこの世に示すものであるからである。[13]

「源氏物語における男女両主人公」の中で折口は、「色好みといふものは決して悪いものではない。世の中で一番高い、一番神に近い生活をしてをつて、外側の姿も内らの世界の知恵も非常に優れてゐる人間が行ふ一番大切なことは何だといふと、色好みです」と述べ、光源氏がどうして藤壺の宮と誤って結ばれたかということに関して次のように言っている。

極端に弁解するわけでもないのですが、さういふ過ちの起るやうな境遇に、大昔の高い位置の人は置かれてをつたといふことになるのです。
篤い信仰生活をする時期が一年に何度かありました。其時には、神聖な人の周囲にゐることの出来る人は、非常に限定されてをりました。貴人の身体に近く仕へることの出来る人は、非常に血筋の近い人なんです。其ために、血筋の近い人同士の間に宗教的な結婚が行はれて行く。それで、ずつと続いて、これが最も神聖な結婚であつて、同時に平常の生活では、最も忌まなければならぬ近親婚といふことになるのです。(14)

これは昔の最高位の貴人の生活に、人としての道と神ないし神に仕える者としての道との二重生活があり、源氏物語の記述にはそのような貴人の生活が間接的に反映されているというのである。源氏物語の中にこのような二重生活の面影が見出せるとすれば、それはこの物語が内部に祭祀の構造を抱え込んでいるからであり、その結果として光源氏に、女性によってこの世に顕現する「まれびと」のイメージが付与されているからであろう。源氏物語の「いろごのみ」の問題は「まれびと」の問題と深く関連しているのである。

3、古代人の哀しみ

ところで「まれびと」という視座を据えてみると、「いろごのみ」と、折口が源氏物語のもう一つの主題として主張した「貴種流離譚」との関係がより明確に見えてくる。

まず、物語は直接的には語っていないが、光源氏が須磨に退去することになる根本の原因が藤壺の宮との「もののまぎれ」にあることは明らかである。そしてこの「もののまぎれ」は、前章で見たように「いろごのみ」と深い関係にある。つまり、貴人の美徳ともみられる「いろごのみ」が、禁忌の侵犯という行為を裏側に隠し持っていることを源氏物語は語っている。先に引いた折口の言は、この過ちが貴人としての生活と密接な関係にあることを述べているが、そうであるとすると光源氏は貴人であるがゆえに禁忌を犯し、貴人であるがゆえに流離の生活を送ったということになる。ここに源氏物語の「貴種流離」の構造がある。

しかし、ここで浮かぶ一つの疑問は、貴人はなぜ禁忌を犯し、流離の生活を余儀なくされるかということである。それはやはり、彼らに「まれびと」のイメージが付与されているからと考える以外にないであろう。つまり光源氏をはじめとする日本の貴種たちは、人であるのに神に逆らって人倫を踏みにじったから流離するのではなく、人倫をも破壊する人神であるが故に流離するものと考えられるのである。我々はここに、先に記したフレイザーの『金枝篇』が扱っている「殺される王」のテーマを見出すことができるであろう。

本節の最初に引いた「寿詞をたてまつる心々」の中の「いろごのみ」についての折口の発言は、記紀に伝える大山守命の物語に、「とよみ上つて来る民族の底の力と、遠い祖先の哀しみ」を見出した、その感動を述べた文のあとに続いている。そして「いろごのみ」のことを語った後には次のことばが続く。

大山守命は叛人である。浄く若い皇子の為に欺かれて、水に溺れなければならぬ梟雄とも言ふべき身であつた。而も伝はること斯くの如く、後代の我々には、其人其事の美しくさへ感ぜられるほど、語部は叱り懲《キタ》める口吻を交へないで語つて居る。此位高く心傲つた叛人は、偉大な身を水に横たへて、歌ひつゝ流れたので

ある。おふえりあよりも、もつと美しい挽歌を、自ら歌ひつゝ水蔭に沈み入つた。(15)

実は、「寿詞をたてまつる心々」の文脈の上からだけでは、「いろごのみ」の話がなぜ大山守命の悲劇に関する話の中に突然出てくるのか、その理由はよくわからない。しかし、大山守命の悲劇に民族の底の力を感じ、この反逆者に位の高い心傲りを見る折口は、確かにこの皇子に王の面影を感じ取っており、「やまとだましひ」という一点において二つの話は脈絡がつくのである。しかもこの文章で折口は、二つの話に加えてさらに「じゆりあん皇帝を扱つためれじゆこふすきい氏の文学」を話題とし、その悲劇精神は単なる詩ではない、「古典になじんでも、古代人の哀しみに行き触れない限りは、其は享楽の徒に過ぎない」と述べている。王のあるいは王の魂を持った者の悲劇に行き触れることが、我々が古典から得ることができる大きな恩寵の一つであることを述べる文脈の中で、折口は平安朝の「いろごのみ」を話題としているのである。

とすれば彼の思考の中では、「いろごのみ」の体現者である光源氏もやはり悲劇を抱え込んだ王や皇子のイメージで捉えられていたことになるであろう。つまり、『死者の書』に語られている、天若日子・隼別・大津皇子と続くような悲劇の貴人たちの系譜の上に、折口は光源氏をも据えているという見方が可能となるのである。

そしてこの見方からすれば、光源氏の藤壺の宮との「もののまぎれ」は、とうてい須磨明石の流離の物語のみで購われるものではないだろう。また、冷泉帝の即位や光源氏が準太政天皇の地位に就くことは、物語のめでたき結末というより、むしろ拡大した「もののまぎれ」として次の物語の始まりと解さなければならず、光源氏の生涯をもって流離の物語は語られていると考えなければならないだろう。

これに関連して、折口の源氏物語に対する見方でもう一つ付け加えなければならないことは、彼が源氏物語を

「反省の文学」と捉えていることである。反省の主体は光源氏である。すなわち、光源氏は「いろごのみ」の実践の上で、藤壺の宮との恋のような重大な禁忌の犯しや、あたかもその報いであるかのような妻の密通事件とその対処——柏木の死と女三宮の出家を招くこととなるその冷厳な対処の仕方に折口は、「やまとの国の貴人のみさを」すなわち「いろごのみ」の発現を見ている——その他さまざまな体験をするが、それらの苦しい体験の反省の上に、彼は自身の人格を築いていっているというのである。

このように折口は、光源氏の人間としての強さを描く点に源氏物語の一番の価値を見出した。またその点に、大山守命や「じゆりあん皇帝」などとは異なる源氏物語の主人公の「貴種流離」の形を見たのである。昭和二五年に書かれた「反省の文学源氏物語」は以下のように結ばれている。

源氏物語は、男女の恋愛ばかりを扱つてゐるやうに思はれてゐるだらうけれど、我々はこの物語から、人間が大きな苦しみに耐へ通してゆく姿と、人間として向上してゆく過程を学ばなければならぬ。源氏物語は日本の中世に於ける、日本人の最も深い反省を書いた、反省の書だと言ふことが出来るのである。(16)

注

（1）「寿詞をたてまつる心々」、全集第一七巻、四二五頁。
（2）小林秀雄『本居宣長』（新潮社、一九七七年）参照。
（3）「国語と国文学と」、全集第二〇巻、四〇一頁。
（4）本書第四章Ⅱを参照されたい。

(5) 「三矢先生の学風」、全集第二〇巻、四六七頁。

(6) 三矢には「「やまとだましひ」と源氏物語」と題する講演記録がある。源氏物語には人情の美がいたるところに充ち満ちており、それが大和魂の表れであると述べている。折口が言っている先生の「新しい物指し」とはこの意味の「やまとだましひ」であると思われる。この講演記録は三矢重松『国文学の新研究』（中文館書店、一九三二年）に収録されている。

(7) 以下の論考で高橋直治は、三矢が折口の創作を高く評価したことの意味を考察して次のように述べている。「三矢は「学問」と「研究」の二道を一途に貫こうとする折口の表現に対する執念に近い思い入れを知っており、国学実現のありかたのひとつとして支持していたのではないか」（「三矢重松が折口信夫の創作を褒めた意味——あるいは大正期の折口信夫」『折口信夫全集』「月報」一二～一四、一九九六年）。

(8) 西村亨「いろごのみ」、『折口信夫事典』（大修館、一九八八年）参照。

(9) 『日本文学啓蒙』「日本文学の本質」、全集第二三巻、二六頁。

(10) 「源氏物語における男女両主人公」、全集第一五巻、三三〇頁。

(11) 同前、全集第一五巻、三三二～三三三頁。

(12) 本書第二章Ⅲ「「まれびと」と天皇——折口信夫の王権論」参照。

(13) 「〈山人〉と〈客人〉」（『国文学 解釈と鑑賞』二〇〇七年一二月）において、大澤真幸は、「まれびと」という外部性を共同体に招来するのに女という媒介が必要とされる理由を詳しく考察している。

(14) 「源氏物語における男女両主人公」、全集第一五巻、三三三～三三八頁。

(15) 「寿詞をたてまつる心々」、全集第一七巻、四二六頁。

(16) 「反省の文学源氏物語」、全集第一五巻、三一〇頁。

〔座　談〕

折口信夫を読む——「国文学の発生」をめぐって

（出席者）
吉田文憲
兵藤裕己
伊藤好英

「うつ」なるものの構造

吉田　ぼくは折口の研究家でもないし、詩を書いている人間ですから詩の発生というか、文学の発生、そういうようなところで折口信夫のテキストを読んできました。今日はそのことを踏まえながら、兵藤さんや伊藤さんにいろいろ教えてもらいたいし、兵藤さんの問題関心にそった文学の発生にかかわるほかいびと、あるいは漂泊芸能民の問題とか、芸能史の問題とかに話がひろがればいいと思っています。

兵藤　ほかいびとというのは、「まれびと」の歴史的展開の問題ですね、そこから入ってしまうと、「国文学の発生」をあつかう意義がうすくなってしまうから、やはり発生の問題でいきましょう。

吉田　折口の論文に「霊魂の話」というのがあります。折口の霊魂論、発生論の原型というようなものをシンプルに述べた短い論文です。そこに出てくる問題がぼくの場合折口に対する関心の基本になっているのです。折口の発生論を考えるとき、一つは構造的に「霊魂の話」とか、「石に出で入るもの」とかの論文に端的にあらわれた「うつ」なるものをめぐる構造。つまり「空虚」なものに霊魂が宿り着くという構造。天皇霊などもそうなのですが、空虚なものに霊的なものが宿りついて、そこから「ほ」が出る、ある神的きざしがあらわれてくるというような構造があります。それは霊魂の発生にかかわるシステムで、そこからこもり、甦り、といった、死と再生にかかわる問題、あるいはたまふりとか、たましずめとかの鎮魂にかかわる問題も出てくる。ぼくはいつもこの「うつ」なるものをめぐる折口の解釈に躓くと同時に、なにか目の眩むような思いをさせられてきました。

たとえば折口は、「うつ」という言葉には空虚と同時にモノが完全につつまれてあるという意味で、全という言葉をあてると、「霊魂の話」の中で書いている。そういう「うつ」なるものに神的なものが宿りつく構造じたいが単なる空っぽではなくて、それを充たしてはじめて機能するという両義的な構造になっている。それがまたたとえば、「のりと」「よごと」はむろんのこと、ちょっと飛躍しますが一例をあげれば、琉球語の「すでる」「すつ」、すなわちモノがこもってそこからすだっていく、「すつ」、「すぢ」、「いつ」、そうした霊威や言葉の問題に展開していくわけですね。

一方、『国文学の発生』第四稿で、信仰起源説を基点にすえた文学の発生の問題が出てくるのですが、いわば神授の呪言から文学の発生を説いていく歴史的実証的レベルにおける発生の問題がもう一つのラインとしてあります。この「うつ」なるものをめぐる構造的なものと実証的なレベルの問題がどういうふうに対応しあうのか、そこには微妙なずれがあると思うのです。

兵藤　いまいわれた後者のほうが『国文学の発生』の問題で、前者は必ずしも折口は文学の問題として論じていないですよね。それをあえて文学の問題にひきつけて解釈していったのが『物語』創刊号の吉田論文「さみなしにあわれ」ですね。

伊藤　やはりいまの構造的なものと実証的なものと言われたその二つを結びつけることをしないとまずいと思います。吉田さんが言われた「霊魂の話」と同じ年（昭和四年）に「呪詞及び祝詞」という論文が発表されている。神と精霊との問題とか、「のりと」「よごと」「いわいごと」という呪詞の問題を整理して書いている。その二つの論文、一見分裂していますが、それがどう結びついているかを考察していくべきだと思います。霊魂の問題とことばの問題とですが、けっきょく両者は相補的な関係にある。それがこの時点ではもう、それぞれかなり整理されてきている。

「まれびと」と外来魂の関係

兵藤　「まれびと」と外来魂の関係というのは、文学の発生を正面からあつかうようになって出てきた問題ではないですか。

伊藤　外来魂という考え方を入れてくるのは確かに少し遅れますね。それは大正十五年ごろからです。「餓鬼阿弥蘇生譚」でライフ・インデックスとはじめて出てくる。そして同じ年の「小栗外伝」で天皇霊というのを言いだすのです。

吉田　外来魂の問題やライフ・インデックスの問題が、いま言った「霊魂の話」の「うつ」なるものをめぐる原理的な構造に流れこんでいると思うのですけれど、沖縄の旅行や三河の花祭りを取材して得た直感からつくりあげた「外」からやってくるカミ、「まれびと」というのが、原理的な霊魂に対する考え方というものとその実体をもったようなものに結びついていくプロセスがよく見えないところがあるのです。

ぼくは今、二つに分けたけれども、じつはそこはかさなりあっている問題だと思うのです。折口の考え方というのはいつもそういうところがあって、構造的にとりだすと一貫性がある。たとえばさきほどの天皇霊のようなものも同じ構造で考えることができるけれども、文学の発生を実証化のレベルにおきかえると、とても埋め尽せないさまざまの飛躍とか断絶が出てくる。

「国文学の発生」までの道筋

伊藤　「国文学の発生」を書くにいたるまでの道筋を、年譜を追うような形で考えておいた方がよさそうです。

「第一稿」を書いたのが、大正十三年四月の『日光』です。原題は「日本文学の発生」、『古代研究』に収録の時に、「国文学の発生（第一稿）――呪言と叙事詩と――」という題になります。これが「日本文学の発生」のいちばん最初。「第二稿」が、大正十三年の六月、八月、十月の『日光』です。原題は「日本文学の発生」、つまり『古代研究』の「国文学の発生」で第一稿、第二稿となっているのは、両方とも「日本文学の発生」という題で、連載的に書かれたものなわけです。もともとは分かれていなかったものをあとで分けたわけですから、一稿と二稿とはひとつづきのものととらえていいと思います。

「第三稿」は、発表が昭和四年の一月の『民族』、原題は「常世および『まれびと』」です。執筆時期はもっと早いと考えられて、おそらく大正十四年の一月頃から昭和二年の十月くらいまでの間ではないかと思われます。「第四稿」は昭和二年の二、四、十二月に『日本文学講座』に書かれたものです。原題は「日本文学の唱導的発生」、自撰年譜によりますと、昭和二年の一月執筆とありますから、この時には既にある分量書きあげていた。けっきょく第三稿と第四稿とは執筆の時期が一部重なってくるわけです。

ところで第四稿は一稿と二稿とを深めるかたちで書き直したような面がある。そこで「日本文学の発生」が書かれる発想の道順を考えてみたいのですが、四稿を見ますと、「ほかいびと」が強調されています。が、それは既に第二稿でも論じられています。

この四稿から遡ってみる見方からすると、大正六年の時点で書かれた「身毒丸」が重要ではないか。これは『みづほ』第八号に発表されたということで、高橋直治さんという方の考証でこの雑誌が大正六年六月に出されていることが最近わかりました（『雫』第七号）。その「身毒丸」は、漂泊芸能民としての田楽師の団体に入っている少年が主人公なわけです。漂泊民の問題があつかわれている。なお、この同じ年に折口は『アララギ』の編集同人になって、ここから『アララギ』時代がはじまる。

「身毒丸」の続きで同様の説経への関心で書かれた

論考を追っていくと、大正七年の八月から十月にかけて『土俗と伝説』に「愛護若」を書いて、また大正八年の二月には、国学院で「葛の葉狐の話」という講演をしています。大正九年の十一月には慶応で「信太妻の話」の講演をして、この話はそのあと、大正十年と十二年との二回の沖縄旅行で得た沖縄の資料を入れて、大正十三年、『三田評論』に発表されるわけです。この間の説経に対する関心は、説経者、つまり漂泊芸能民に対する関心でもあるわけです。しかもこの関心は『イタカ』及び『サンカ』」に始まる非定住民を扱った柳田の初期のテーマを受け継いでいる。私はこの関心がやはり「国文学の発生」の出発点になっているものと思います。

それから沖縄へ初めて行った大正十年に、折口はアララギの選者を辞退している。このころからアララギから遠ざかっていくわけです。

大正十三年に「日本文学の発生」が発表されるわけですけれども、私は大正十二年という年が、非常に重要な転機だと考えたい。大正十二年の大事な事柄が三つあります。

一つは「琉球の宗教」の執筆。五月の発表です。この「琉球の宗教」について後年折口は、「私は三十八の時に『日光』の同人となり、それに「国文学の発生」を書いて、その頃から私の学問はまとまって来た。その前の年に書いた「琉球の宗教」というのが、それ自身はつまらぬものだが、ある導きにはなったようだ。」と語っている。つまり「国文学の発生」の導きになる執筆として「琉球の宗教」をあげているわけです。この発言は池田彌三郎の『まれびとの座』に載っているものです。

二つ目の事項は、これは一見細かい事柄ですが、大正十二年の七月から九月にかけて、二回目の沖縄旅行に行きますね。沖縄本島から宮古、八童山、台湾へわたって帰ってきている。その時の採訪記録、「沖縄採訪記」というのがありますが、そのもとの記録、メモ帳が折口博士記念古代研究所にあって、左開きに採訪記録が書かれていて、右開きに旅行中のメモがあるらしい。実物は見ていないのですが、西村亨さんが『芸能』（第三十二巻三号）にこのあいだ発表したところによると、そのメモのいちばん後ろの部分に、日本文学の発生論の計画と思われる構想が書かれているというのです。ですから沖縄の旅行中に構想をある程度たてていた可能性がある。しかもその構想には沖縄体験も織り込まれているのではないか。ともかく重要なメモです。（補注1）

大正十二年の三つめの出来事は、どの年譜でもとりあげている重要な事件。沖縄から帰ってきたときに、関東大震災の噂を神戸で耳にして、横浜の港外に着いたのが九月三日。九月四日正午に上陸、徒歩で清水町まで帰る途中、増上寺門前で自警団に取り囲まれ、恐ろしい目にあったという体験。朝鮮人が井戸に毒を入れてまわるなどという流言がとばされて、朝鮮人虐殺が行われたといわれています。この徒歩で帰る途中に折口も朝鮮人に間違えられて怖ろしい目にあったと。池田彌三郎の『私説 折口信夫』などでもあつかわれていますが、これはひとつの死の体験というか、共同体に対して他者になってしまうという強烈な体験だと思います。折口はこの体験を「砂けぶり」という詩に表現しています。

吉田　これは、さまざまな意味で象徴的な体験のような気がしますね。

第一稿（大正十三年）から第四稿（昭和二年）までの展開

伊藤　「日本文学の発生」は「まれびと」論が軸になっているわけですね。しかし、折口の「まれびと」論というのは、同時に「ほかいびと」論です。そして「ほかいびと」に対する関心から折口の「まれびと」論は出発しているのではないかという点を、大正十二年以前にさかのぼって、さきほど問題にしたのですが。

兵藤　「日本文学の発生」を大正十三年の四、六、八、十月と連載していくわけですよね、本来はひとつづきのものとして書いたはずなのになぜそれを『古代研究』に入れるとき最初の第一回目を第一稿として二回目、三回目、四回目を二稿と、分けたのでしょうか。

伊藤　長谷川政春さんが『古代研究』（角川文庫）の解説で説明していますが、「第一稿」が非常にあわてて書かれたということ、武田祐吉の『神と神を祭る者との文学』でしたっけ、雑誌の「日本文学の発生その二」の序文に、「第一稿」の執筆の事情を伝えている。「あゝした筋書きめいたものになつたのには、私としてよぎない訳があつたのである。／私は、年来の宿案の発想と、材料のあんばいに悩んでゐた。此頃になつて、不徳な追随者の、疎漏な考証文に先じられて、竟に発表の機を失ひさうな虞れが、激しく感じられ出した。」この相手というのが武田祐吉なんです。すぐに仲直りしているのですがね。そのあたりは長谷川さんが詳しく考証しています。武田祐吉の『神と神を祭る者との文学』に先んじられちゃったというので、あわてて自分の構想だけ発表したということらしい。

兵藤　第一稿の副題に「呪言と叙事詩と」とあるけれども、叙事詩のことばかりで、呪言を論じているのは、むしろ第二稿の最初の「呪言の展開」という副題がついた章からですよね。だから第一稿に付けられた「呪言と叙事詩と」という副題は第一、第二稿をあわせた、全体の副題にむしろふさわしい。内容的には第一、第二と続いていくと思うのだけれど、それを『古代研究』に入れるとき二つに分けちゃった。

伊藤　ただ「呪言と叙事詩と」というのは『古代研究』に入れるときの題なんですよね。雑誌はただ「日本文学の発生」だけです。

兵藤　この第一稿、第二稿では、「呪言」と「叙事詩」がどういう関係にあるのかいまひとつはっきりしませんね。それなのに副題には……。

伊藤　第一稿で折口が言っていることを手がかりにしてその問題を考えますと、折口は、自分は叙事詩の考察と呪言系統の文芸の考察とを別々にやってきたと書いていますよね。それがある時点でくっついたと。

兵藤　それがはっきりとくっついてくるのは第四稿のいちばん最初の呪言について論じたところではないですか？

伊藤　そうです。そのくっついた様子が第一稿には詳細には書かれていないわけです。でも多少書かれている、つまり叙事詩を遡っていくと神言《かみごと》にいたると。その神言というのは巫覡のひとりごとであったということを言っている。巫覡というのはいちおう神と考えていい。その末裔が「ほかいびと」ですから、そこで呪言系統の文芸とくっつくことになるわけです。筋だけはとおしてある。

兵藤　叙事詩を呪言と並べるいい方は、のちに折口はしなくなってくるわけです。呪言のなかから語りもうたも発生するという形で、呪言と叙事詩は並立するような概念でなくなるわけでしょう。

伊藤　そうですねえ。ただここ（「第一稿」）でも必ずしも並立的にだけ考えているわけではないでしょう。つまり叙事詩が呪言から発生したということを述べていると思うのですが。非常に幅広い意味の神のことばを折口は全部呪言と言っているので、「ほかいびと」のことばも呪言ですが、叙事詩の源もやはり呪言ということになる。でもそれが確かにここではあいまいですね。

兵藤　あえて叙事詩を前面に出したというのは、当時の同時代的な文学論があったということではないのですか？

伊藤　そうだと思いますね。

兵藤　戦略的に叙事詩をとりあげるかっこうで第一稿を書いてしまった。つまり、第一稿から第二稿の全体のバランスがおかしくなっているのはなにか別の配慮があるんじゃないかという気がするのです。「まれびと」の問題にしてもふつういわれていることなんですけど、第一稿には「まれびと」はでてこないですね。第二稿には出てくるけれども「まれびと」論が論の中心になっているような体裁はとってはいないですね。「まれびと」という言葉が使用されている回数も少ないですし、第一稿、第二稿と書いていく過程でしだいに考えもまとまってくる。そこで新たに態勢をたてなおして書いたのが第三稿、第四稿になるわけですね。第三稿は「まれびと」について集中的に論じ、第四稿ではまれびとの伝えた呪言を核にして文学の発生・展開を論じている。くりかえしくりかえし発生していく仕組みの問題が、そのまま折口の文学史論なんですが、呪言的なものが時代を変えながらつぎつぎと発生して日本の和歌とか物語を形成していく。

吉田論文「さみなしにあわれ」をめぐって

兵藤　だから吉田さんに聞いてみたいことは、これはやはり文学一般の発生の問題ではなくて、吉田さんは現代詩人として現代の文学を作ろうとしているから、そうしたのに関心があるのは当然なんだけれど、同時にこれがあくまで日本の文学という枠の中でたてられている議論だという、そちらの側からぼくはむしろ折口を読んでいるものだから、たとえばぼくの『王権と物語』の論を展開しているんだけれど。どうなんでしょう。『物語』創刊号の吉田さんの論文に、

「だが、なにがその『ペルソナ』を、『もどき』を可能にし、なにが氏（入沢康夫）における『合わせ鏡』の方法論、あるいは引用論を可能にしているのか。氏はそこで近代的な『作者』の虚構性の問題をあばきたてたとしても、それはその『なにか』のための意識的な不在証明《アリバイ》にほかならない。そこには依然として、ある隠された（作為された）禁忌の問題が横たわっていると思われるのである。」

吉田さんは禁忌という言葉をこの論文でくりかえし使っているわけですけれど、ある作為された禁忌という問題、この論文の最後のほうで「この禁忌をいかに解消するか。折口の外来魂、あるいはその『うつ』なる場所の構造は、それを拘束する禁忌の空間であると同時に、それを解消する空間でもあるのではなかろうか。」吉田さんはここを言おうとしているのだと思うのです。折口論としてこの問題を考えていくかぎり、この論の続きは相当むずかしそうだなあと思う。

吉田　禁忌という言葉はほんとうはあまり適当な言葉ではないかもしれない。ある不可能性といってもいいし、なにかもっと名づけえないものの露出を言おうとしたのですけど、うまい言葉が見つからなかったんです。でもそれは不毛とはちがう。むしろそれは生きいきした禁忌、といいますか、折口のテキストは、この禁忌、名づけえないものをたえず露出させるように働

く、ということですね。ただ、ここでもともとぼくが意図したのは、折口からちょっと離れるかもしれないのだけれど、折口を使った入沢康夫論なんです。折口学をテキスト論に応用したといってもいい。彼の場合は構造でもあり、構造の廃墟でもあるものの上に、詩のシステムが載っかっている。ここで具体的に意図しているのは『わが出雲、わが鎮魂』という詩集です。入沢康夫という詩人は、自分の詩作をいろいろな意味をこめて「もどき」だと言っている。折口も日本文学の発生点を「もどき」、神、神的なものの模倣、ミメーシスに置いているわけですね。これは本質的なことだと思うのです。『わが出雲、わが鎮魂』という詩集の根底には出雲神話が横たわっている。まれびととの関係でいうと出雲は征服される側です。まれびとに制圧される側のトポス、敗者のトポスにある思いいれをしているわけです。出雲は入沢氏の故郷でもあるのですが、この詩集ではそこに帰ろうとする、入ろうとする時にいろいろなタブーが立ちあがってくる。ひとつは彼が故郷に遡行するとき、故郷が異郷であるというふうに立ちあがってくるものでもあるし、少年時代母を亡くした経験があって、それは母というものの禁忌の構造にもなっている。もうひとつは天皇族に制服された敗者の土地であるということも彼の意識のなかに入っている。

要するに制圧された国、すでに失われた場所というのが、まさにかれの場所《トポス》であって、「書くこと」はそれに対しての元なき「もどき」であるだろうし、同時に引用のレベルの問題でもあって、ここには何も本当のことがない、制圧された側に作られた「神がたり」、作為の歴史だけがある、だからここはそれを「もどく」、騙《かた》るしかない場所だというのがこの詩集のラジカルな衝迫だと思うのです。引用とはまさに、だからこの騙る場所のトポスのことです。引用、「もどき」から成り立っている詩集、それを入沢氏は「あわせ鏡の構造」と言っているのだけれど、その「合わせ鏡の構造」のなかにたえず自分のうたやことばを吸引していくような力を意識するがゆえにそこに鏡を立てあるいはそれをもどく、引用するという構造が出てくるわけで、その歌なり言葉なりを吸引していく元になるものはいったい何なのかと考えたとき、元そのものがにせなのだから、そこのところは空白化する、絶対に語らないというかたちでずっと詩作を展開してきたひとなのです。そこのところにたとえば禁忌というような言葉を置いてみたときに、もう一つはっきりする構造がでてくるのではないか、つまりもっとあからさまにいってしまうと、たとえば天皇制などの構造とパラレルなものがそこにはよこたわっていて、そこにふみこむとこの構造が反転してしまうからぜんぶ鏡の構造によって反射させるというかたちで言語をけっして中心に収斂させないという手法が入沢康夫の詩のある核心的な部分だろうと思うのです。

伊藤　入沢さんは出雲のことを「さみなしにあわれ」と歌っていますが、その出雲は日本と置き換えることができますよね。

吉田　「日本」という物語というべきでしょうか。「さみなし」というのは中味がないということだから、空虚やうつといい換えてもいいのだけれど、「さみなしゆえに『あわれ』」である。その「あわれ」も、二重の意味で、中味がないからなさけない、かなしいという意味と、その中味のなさを嘲笑し、からかう意味と、両方掛けられている。そこの一つの意味に収斂しない往還のダイナミズムのなかに引用の問題も入ってくるわけです。

伊藤　昭和十年に折口が「東京を侮辱するもの」という詩を書いています。その中に、「この国の古典は、つねに怪奇に澱んでゐる。ところが現実は軽弾みで、ぷり〳〵と跳ねかへる」という詩があるのですが、こういう感覚というのは、折口は非常に早い時期から持っていたと思うのです。古典というものに対しても、日本のことを「この国」という言い方をすることばの使い方にもみられるように、あるつきはなしをしている。古典に対するこういう覚めた認識は、日本文学を発生論的に考えようとする考え方と関係が深いのではないかと思います。

吉田　入沢康夫にこだわると、かれは出雲が故郷で、出雲に遡るわけだけれど、それは結局は私的記憶を遡ることになるのです。レミニッサンス、ここでは私的出自と国家的出自の二重の記憶を遡る、記憶というのはフィクションでもありますから、そこで物語が生じる。いわば遡行不可能な場所を遡ることで出雲に入っていく。ところでその出雲は神話的には征服された土地である。その征服譚によって出雲神話は成立する。つまりこれは天皇族による「作られた神がたり」、偽史を孕んだ構造である、いずれにしても遡行することはいつでも遡行不可能なものにぶちあたらざるをえない。そこのところで「書くこと」のモラルというのに誠実であろうとすると、詩はもどきたらざるをえない、引用になると思うのです。けれどその構造はきわめて日本的なものだと思う。なにが日本的かというと、そこで拘束されているある禁忌の構造。それに対してエクリチュールが忠実であろうとすると、モラルに耐えようとすると、かならずそこは偽りの構造を孕むわけです。構造と構造の廃墟という「日本」的物語というか、「日本」的エリクチュールのあるリミットを彼の手法は語っている。ただそれ自体ぼくには作為的なものではないかと思うのです。

ル・サンチマンを解消する回路＝物語の定型

吉田　折口がそう述べているというのではありません。折口の述べていることに照らして入沢康夫の詩について語ろうとするときにぼくに見えてくるあるリミットをここでは言おうとしたのです。けれども、このリミットは折口の「まれびと」論がたえず露出させているものでもあるのではないでしょうか。

たとえば「まれびと」はなぜ「時あって」訪れる、とされるのか。この「まれびと」の訪れに際して、折口のどの論文でも必ず常套句のように使われる形容「時あって」というのは、この「まれびと」の構造のとても本質的なことを語っているように思う。この「時あって」というのは、いかなる時なのか、だれにとっての、なににとっての「時あって」なのか。「まれびと」にとってなのか、それを迎える共同体の側にとってなのか。ここで主体は、あるいは時間の構造は分裂しているのではないでしょうか。「時あって」とは、結果からみればいつでも「時あって」なんですよね。事後的にしかいえない。要するにそれは一回性が、と同時にいつでも反復であるという構造を語っているのではないでしょうか。まさにそれは「もどき」の構造と同じだ、とぼくは思うのです。一回性がこの反復する時間によって事後的に保証されているところにぼくは法とか禁忌として現れるもの、「まれびと」というシステムの回収の構造をみるのです。たとえば折口は、モノ、言葉というのはたえざる「出現」だ、と言うわけですね。たえざる一回性。けれど、そこに「まれびと」の出現といったものを重ねたときに、この一回性がいつでも「時あって」という事後性の反復になる。一回性でもあり、反復でもあるもの。それをさきの入沢康夫に関して述べた、構造でもあり構造の廃墟でもあるもの、と言い換えてもいい。このシステムが何を呼び込んでしまうのか。そこに異議申し立てをしながら立ちどまっているというのが、ぼくの入沢康夫論です。また、たとえば、貴種流離譚などという言葉を聞くと、それは聖なるものと賤なるものをめぐる浄化の回路なんだけれども、ある意味ではル・サンチマンの構造だと思うのです。つまりあるけがれなり罪なりをひきうけて流浪する貴人に、語り手が思い入れをするという内面化の構造はル・サンチマンの構造です。そこのところで必ずしも「物語」を考えたくないというのがあって、つまりそういうふうに考えてしまうと物語はある円環のなかに解消されてしまう。この回路を無効にするようなもっとまがまがしいものが、じつはそこで生動しているわけですね。むしろその名づけえないものにいかに言葉を届かせるか、と。たとえば兵藤さんが、語り手の側に立たなければ見えてこないものがあるわけだ、というでしょ。そこのところはとても重要だと思う。そのことを踏まえて、どう先へ行けるのか——というのが物語論のはじまりなんだと思う。

伊藤　兵藤さんの問題意識とも重なりあってくるわけですね。兵藤さんの『王権と物語』は、声としての物語と、王権に吸い上げられたテキストとの対立を考えておられるわけでしょう。

兵藤　『王権と物語』では、吉田さんのいうル・サンチマンを解消する回路として物語の定型を考えたのだけれど、一方でぼくは、語り手とか語る行為の問題を考えている。東北を歩いてデロレン祭文の太夫さんを訪ねたり、九州の座頭さんのところに通ったりしています。口で語られる物語というのは、もちろんある一定のストーリーを持っていて、それを大ざっぱにパターン化したら貴種流離譚ということになる。でも実際の語りの現場に立ち会うと、パターンに還元されない、いろんな夾雑物が見えてしまう。肉声の生々しさとか芸の巧拙とか、その背後にある声のライフヒストリーとか。実際の演唱では、その夾雑物のほうが大切です。つまり語られるストーリーや話型より、語る行為の方が重要なんだという。語られた結果だけを文字に起こしたら、問題は貴種流離譚のレベルで終わってしまう。共同体の浄化儀礼、ル・サンチマンの救済の回路としての物語なんですが、でも個々の語る行為や芸の問題に注目することで、そういう水準を超えていくような、物語の定型を反転させるきっかけが見えてくるんじゃないか。つまり共同体の側から捉えた、やって来る「まれびと」＝客人という視点ではなくて、こちらから出かけて行って、銭を稼いでくる側の視点というか。たとえば、『平家物語』という琵琶法師の語り物も、作品が貴種流離譚として予定調和的に完結しているのではなくて、むしろ定型を反転させるような構造をもっている。なぜ定型が完結しないのか。結局そこに、べつの契機を持ち込まざるをえないわけで、そこのところを、パフォーマンスとか語る行為のレベルで考えてみたいと思うわけです。

伊藤　テキストを管理する人についての考察もされていたでしょう。管理者と実際にパフォーマンスをやる人との関係というのは？

兵藤　『平家物語』も罪と流離、ケガレと浄化のような物語的な定型から自由でないわけですね。じっさい筑土鈴寛などは、『平家』の成立を怨霊回向の法会と不可分に考えるわけです。比叡山あたりで企てられた国家的規模の怨霊回向は、レベルの違いはあっても、共同体（王権共同体）祭祀という点で、村落レベルの御霊鎮めと連続していると思うんです。だから文字世界を通過した『平家物語』でさえ、貴種流離などの物語的定型から自由ではない。文字世界を通過したウル『平家』の編集作業というのも、書くという行為は共同体的な祭祀の論理と不可分に存在したわけです。でもだからといって、『平家』という作品が物語的な定型に還元されてしまうとは思わない。『王権と物語』にも書いたことですが、『平家』はむしろ御霊鎮めの論理を反転させてしまうような構造をもっている。語り進めるうちに、いつのまにか共同体祭祀の論理が相対化されてしまうわけで。つまり、テクストを管理する側の意図が、予定調和的に完結されないのですが、そこに管理される側の問題というか、個々のパフォーマーの問題があると思うのです。

伊藤　管理の内側というか、内部に居ながら食い破っていくという形ですか。

兵藤　鎌倉時代の比叡山と、そこから出た法然や親鸞。日蓮、一遍などの関係を考えてもいいでしょう。法然や親鸞は、もともと山門の所領経営に使われた下級の唱導者です。つまり山門の宗教的支配の末端に位置したプロパガンダなわけで。『平家』の語り手も、たぶん似たような形で比叡山周辺に寄食していた。だからそれを鎮護国家のイデオローグとして読むことも可能なんですが、でもそれだけでは、管理者の意図というか、作品を建て前のレベルで読んだことにしかならない。

「もどき」と「よごと」の構造

伊藤　第四稿のおわりのほう、雑誌発表では最後になる箇所で折口は、「日本文学の一つの癖は、改作を重ねると言ふ事である。私は源氏物語さへも「紫の物語」と言つた、巫女などの唱導らしいもの丶、書き替へから始まつたのだと考へてゐる」と、改作を重ねることが日本文学の特徴だと述べているわけです。落窪なども偽作ではなくて改作の結果なのだと。折口の書物観、テキスト観の根本がここに出ていると思います。一つのテキストを神聖視しない態度も発生論と根底でつながっていると思う。山本健吉が『三田文学』の折口追悼号に書いているんですが、折口は「私の学問は、人が面白いと言っている文学作品を、故意に面白くなくする学問です」とよく言っていたというんです。「例えば、赤彦などが、万葉女性のひたむきな恋の表現として賞揚した、君が行く道のながてを繰り畳ね焼き亡ぼさむ天の火もがもの歌など、先生は、このような誇張的表現を取らねばならなかった鎮魂の歌としての必然性を説かれたと記憶する」と、こう山本は書いています。

山本健吉の場合は、これは面白くなくするというよりも、いっそう面白さを加える解釈ではないかと言っているのですけれども。

折口のこの、自分のは日本文学を面白くなくする学問だという風な言い方には、もちろん逆説的な表現や意味あいがあると思いますが、じっさい面白くなくしてしまう部分もあると思うんです。万葉集を神聖視し、お手本にしようというアララギ的な文学観からすれば、ぶっこわしているのではないかと思うのです。

吉田　折口の言い方は近代的自我とか内面に収斂していくある進歩史観に対する反発があると思うんです。改作というようなことをいわれたのだけれども、折口は「もどき」の姿こそが日本文学の源であり、芸術のはじまりであると言っている。「もどき」という言葉を多様に解釈すればそれにつきる。

兵藤さんに共感するところは、語り手の声やパフォーマンスの一回性が物語の定型をひっくりかえしたりくずしたりするというところ。折口的にさかのぼって、呪言とか「ことわざ」とか「寿詞」といってもいいのですけれど、ある部分を読みかえていくことによって歌のいのちは口誦されていくのだ、伝承と創作はひとつらなりの行為としてとらえられるという考え方を『王権と物語』のなかの「和歌と天皇」のところで言っていますが、それは折口的にいえば、「もどき」になるのではないでしょうか。まれびとと精霊のかけあいという二者一対の形式、これはもうすでに一人称の問題ではないわけですよ。祭りの場から文学が発生してくるという説き方、そこはある複数化した声とか振り、つまり非人称化したものの演劇化したポリフォニーです。そこから文学の発生を考えていく、そこがたいへん魅力的だしおもしろい。この複数性は従来の文学史を覆えせるのではないかと。ところで、兵藤さん、日本的な物語の枠組み、日本的なと形容する場合の、物語の定型は何なのでしょう。

兵藤　天皇制ではだめですか。（笑）

吉田　それでもいいのですが、むしろより根源的には「もどき」の構造、というべきではないでしょうか。

伊藤　いま「もどき」と言われましたが、逆にいうと「もどき」というのは「よごと」でもあるわけですよね。「国文学の発生」に前後する時期に、折口は万葉集のことをたくさんとりあげて論じています。『万葉集』というのはやはり万世を祝福するというのが大きな枠組みだと言っている。けっきょく天皇の長寿をことほぐ寿詞としての性格を持つ集であると。寿詞としての第一の意義に目をつぶったまま、万葉美学みたいなことをアララギ的にいくら主張しても、それは研究ではなく、遊戯にしかならないと思っていたに違いないんです。折口は「アララギ」にとっては万葉集が読めるということで重宝がられたけれど、やはりそうした考え方には不満で、「アララギ」と訣別した段階で自分の万葉観というものをぶつけてきたのではないかと思います。

吉田　「よごと」なのだから、やはりその服属儀礼的な構造には目をつぶることはできないと思う。和歌の制度性の問題から「うた」の問題が考えられなければ、この定型の制度性は破れないと思う。呪言、ことわざ（わざこと）、といった場合にはもっとアナーキーなものが露出しているわけですよね。「のりと」「よごと」の対応関係がそうであるように、和歌はそれ自体一つの美的装置だものね。

兵藤　いまの国文学の、特に和歌の研究なんてのはそれですよね。

伊藤　「もののあはれ」とか「わび」「さび」とかいうのも、折口からみれば擬態ということばを使っているわけです、「しな」とふりがなを振って。ポーズというか、人工的なふうに見えたのではないでしょうか。美学的というか理念的というか。

兵藤　折口は「短歌本質の成立時代」で玉葉風雅をすごくもちあげますでしょう。玉葉風雅というのは本居宣長がめちゃくちゃけなして、明治になるまでほとんど読まれなかった。折口になってはじめて読まれたのではないかと思う。「もどき」的な歌の定型を「寿詞」としてのうたのありかたにひっくりかえしてしまった。じつに異形のうたなわけでしょう。

折口は一方では和歌の問題を型とか定型とかの視点で見ながら、評価するときには玉葉風雅をもちあげる。そこはおもしろいと思う。折口は実作者でもあるから、自身にかかわってくる。そうなると、定型を裏返す個々の表現の問題が前面に出てしまう。

吉田　やはり「歌」の奇形というか、フリークに注目するわけですね。

伊藤　その見方は面白いですね。

兵藤　さきほどの「もどき」の問題なのですが、はたして共同体の祭りの論理に回収されないような「もどき」というのはありうるのかしら。祭りの構造に回収されていかずに、ひたすら「もどき」っぱなしみたいなの。『国文学の発生』の第四稿で、ほかいびとがごろつき化していく過程を論じているでしょう、このアウトローの問題。「もどき」が極限までいっちゃってアウトローになっちゃった、これおもしろいなと思う。

「ごろつき」の発生

伊藤　「ごろつき」のエネルギーの出てくる経路は、祭りの場合と同じでしょう。それは一方では権力となって、一方では「ごろつき」も発生するわけです。法律とか道徳も同じ機構から発生する。

兵藤　正確にみていけば、「ごろつき」というのはひたすら「もどき」っぱなしのアウトローではなくて、最終的には天皇制をいちばん支えている層だったりする。

吉田　兵藤さんは、最初に文学の発生と「まれびと」の発生とは不可分だと言われた。そこで想定する「まれびと」像というのはどういうものなのですか。

兵藤　「まれびと」がやって来る以前の状態というの

が、古事記や日本書紀に書かれてますね。草や木、岩、野山、河海など、あらゆる霊物がアナーキーな声を発している状態。そこに「まれびと」つまり天孫がやって来ることで、「まれびと」と土地の精霊、カミとモノという霊魂のヒエラルキーが発生する。神の発する宣詞に対して、精霊が応える寿詞という関係が成立する。アナーキーな声に寿詞という形式・定型が与えられる。折口が「まれびと」論を本格的に展開したのは「国文学の発生・第三稿」からですね。その第三稿は、文学の発生を体系だって論じ始めた最初でもあるわけです。

何故「まれびと」がやってくるか

吉田　では何故「まれびと」がやってくるのですか？　そうしたアナーキーな声が、草木がどよめいているような状態で沈黙して、そこに「まれびと」がやってくる、するとひびが入るわけですよね。「のりと」と「よごと」みたいな、あるもどき、もどかれる関係が成立する。あるヒエラルキーが発生する。アナーキーな声に秩序が与えられる。祭りとして祝祭的に回収される。それを超えて生き延びる声というのは……。

兵藤　アナーキーな声、記紀神話のいう「五月縄なす」声というのは、頭も尻尾もない声のかたまりみたいなもの。分節化されない声それ自体ということで、さっき話した語る行為の問題とオーバーラップする。文字や楽譜を使っても結局近似的にしか記述できない。こぼれ落ちる夾雑物というのがある。文字や楽譜に翻訳した時点で永久に沈黙してしまう部分。寿詞として定型化されるときにこぼれ落ちるもの。だから語りを記述する前に、まず声のライフヒストリーを考えたいと思うわけです。答えになりませんけれど。それから「まれびと（客人）」という折口用語は、それを迎え入れる共同体の側の観点ですよね。主客の二元論を前提にして、しかも迎え入れる主体＝共同体の視点を前提にしている。

伊藤　結局「まれびと」が定型を作っていくわけですが、それなら、「まれびと」がどうやって発生するのかというと、アナーキーな声の中から発生するしかないと思う。それは黒尉が白尉に昇華されるという言い方で説明してもいいし、また折口が「まれびと」と言っている神というのは、モデルは祖霊であったり、沖縄の「赤また」「黒また」であったりする。それらは第三稿の中では精霊と呼んでいるんですよね。遠所の精霊であると。「あんがまあ」は祖霊ですが、眷属の精霊をおおぜい引き連れてくる老人でもある。老人、祖霊、精霊という中から「まれびと」の発想は生まれてきている。これは発想だけでなく、実は「まれびと」自体が精霊、つまりスピリット的なものの対立、違和感から発生してくるんじゃないでしょうか。そして一度「まれびと」が成立すると、今度は「まれびと」がコードを作っていく、定型を作っていくということになる。それでもそれ以前のアナーキーな声というものは死んでいないで抑えつけられているだけ。だからもう一度新しい「まれびと」を自分たちで作って別の定型をつくる。さきほどの改作の論理も説明できると思うのです。

吉田　もののとものの対立のなかから、まれびと的なものが生まれてくるということですか？

伊藤　「まれびと」は信仰的な立場からいうと、そのように考えてはいけないわけで、逆になるわけです。ただ発生的にみるとそうではないかと。

この「まれびと」と精霊との関係は、「まれびと」の真言たる「のりと」と、精霊同士の対話の「いわいごと」との関係にもそのまま言えると思います。信仰的には神授のことばと信じられた「のりと」が最初にある。しかし発生的には逆だと考えられます。これは折口の「本質は変化する」という考え方とも関連してくるでしょう。本質というのは観念としては不変で事象に先行的なはずです。しかしそれは実際には仮象的なものだから変化するわけです。極めてニーチェ的な考え方だと思いますね。

また本質ということで言えば、ライフ・インデックスというのも、不変の原理を説明するためのタームではなく、可変を説くためのタームだったと思います。ひとつは文学の展開、テキストの展開をライフ・インデックスで説明している。言語的な核があり、それのどのような変化も許容してしまう、正当化してしまう、霊魂観として日本に存在していたから、それによってインデックスの考え方で言うと、そうした考え方がいろなものが入るということかもしれない。ライフ・天皇霊さえ継承していけばいいわけですから。吉田さんの言い方でいえば、なにもないからっぽの中にいろ質はいくらでも変化していく。制度がいくら変っても説明できる。天皇霊の装置があることによって、実クスのひとつの形態だとすると、天皇史の可変の秘密皇霊も説明するわけです。天皇霊がライフ・インデッ

もう一つ、ライフ・インデックスという考え方で天んどん生まれてくると。

開を説明しています。新しい文学がそのようにしてどインデックスということばを使って、この叙事詩の展すが、のちの『日本文学の発生 序説』では、ライフ・論じた昭和の初めころの論考でほぼできあがっていまとばができる。この考え方は歌物語の展開や枕草子をが落ちていって、また別のものがくっついて新しいこまわりに付属的にくっついていることばがある。それ

そういう説明もできてしまうと思うのです。

吉田　折口の霊魂論というのは、原理的に考えるとある装置、システムだと思う。それをもっともわかりやすく説明できるのはライフ・インデックスという言葉を核としたときだと思う。天皇霊なども説明できるし、呪言、神語《かみごと》、文学的な詞章の展開として新しいものをどんどん増殖し展開していくみたいなかたちで考えられるのですが、逆にいうと、その生成論理みたいなものはどういう変化でも許容してしまう装置でもある。そこにフィットする「日本」的物語がある。

「砂けぶり」の問題

伊藤　最初に「砂けぶり」の問題を出してそのままにしてあるので、補足をします。詩は大震災の三日後に自警団におどされた体験がベースになっている。その中に強烈な表現がたくさんでてきます。死骸をたたく子供の姿をも描写しています。この詩は大正十三年の六月と八月の『日光』に発表されて、のちに『短歌文

学全集　釈迢空篇』に収録されます。両者は異同がありますが、抜き出して『日光』のほうを読んでみます。

（前略）

憎いきらびやかさも、
繊細のもつたいなさも、
あゝ愉快と言つてのけようか。
一挙に　亡くなつちまつた

・

多田薬師の太鼓
広重の安宅《あたけ》
消えつちまへ。きえちまへ。
昔からが　夢だ

・

そこ通るのは　だれだ――。
砂の上にいつぱいの月
まつさをな風――。
焼け土がうごく

・

おん身らは、誰を殺したと思ふ
かあゆい子どもが、大道で、
びちや〱しばいて居た。
あの音。

・

神様のつかはしめだらう。
われ〱を叱つて下さる
毒を入れてまはる朝鮮人――。
井戸のなかへ

・

夜警に出るとしよう。
まつくらな町を金棒ひいて、
また　蠟燭と、流言の夜だ。
夜になつた。
（前略）

陛下のみ名において――。
おそろしい咒文だ。
陛下万歳　ばあんざあい
（後略）

（『日光』大正一三年六月）

不逞帰順民の死骸の――。

（後略）　　　　　　　　　（『日光』大正一三年八月）

また、やはり『日光』に発表された短歌「東京詠物集」の中に「増上寺山門」という題の「国びとの　心《ウラ》さぶる世に値《あ》ひしより、顔よき子らも　頼まずなりぬ」という歌があります。池田彌三郎の『私説 折口信夫』に「砂けぶり」とともに引用されています。こういう体験をして以来は、とりすましたおもての顔など信じられなくなったというような歌なのですが、戦後の「自歌自註」ではこの歌について。「自警団と称する団体の人々が、刀を抜きそばめて私をとり囲んだ。その表情を忘れない。戦争の時にも思ひ出した。戦争の後にも思ひ出した。平らかな生を楽しむ国びとだと思つてゐたが、一旦事があると、あんなにすさみ切つてしまふ」と述べています。沖縄から帰ってきた時だから、顔はまっくろ、ほこりまみれで、汗だらけでしかも船旅のあとです。そうした旅人である自分があやうく殺されそうになる体験です。折口の「日本文学の発生」における「まれびと」を考える場合、そのような異人殺し遭遇の体験から、つまり共同体に対して自分が外にいるという体験、共同体の持っている本性、その外に対する貌を見てしまったという体験から考える必要があるのではないか。「砂けぶり」体験は、どの年譜を見ても挙げてあって皆が注目しているわけですが、注目だけで折口の学問形成の内容を解くことがないのが不満です。

吉田　「朝鮮人になってしまいたい」という言葉も砂けぶりにありますが、「そこを通るのは誰だ」とか「おん身らは誰を殺したのか」とか「天皇陛下万歳ばんざい」という発語、折口におけるその心的レベルというのはどうなのでしょうか。「朝鮮人は神様のつかわしめだろう」とか、いわくいいがたいのだけれどもすごく引き裂かれたいいまわしでしょう。自分が異人であり他所者ではじかれた者という意識は、彼の漂泊芸能民に対する思いからずっとあると思うのです。それが大正十二年の体験で強烈なインパクトを与えられたということはあるのだけれど。歌を詠む時の発語のレベルみたいなのを考えたいのだけれど。

伊藤　「天皇陛下万歳」ということばを恐ろしい呪文ととらえるというのは、明らかに異人の側から共同体を見ているというか、見せつけられてしまっている。

吉田　この万歳、万歳と言っているのは誰なのですか？　自警団なのか自分の内的なものとどこかで響きあうのかどうか？

伊藤　日本人全体でしょうね。

吉田　その中には自分も入るのかしら。

伊藤　どうでしょう。でもともかくこの詩はある一つの構造みたいなものを発見してしまっていますね。

兵藤　天皇陛下万歳万歳というのはまさに寿詞のなかの寿詞ですね。

吉田　彼はその声の中では、引き裂かれて、共同体に対して異人になっているわけですね。

伊藤　だからそういう詩を詠んだ人が万葉集は寿詞であると言っているところが大事なんです。

吉田　またここに還ってきますが、この詩、やはり関東大震災の直後に横浜に上陸したときのものですが、

「横網の安田の庭

猫一匹ゐる　ひろさ。

人を焼くにほひでも　してくれ。

さびしすぎる」

というのがありますね。この詩などは、餓飢阿弥蘇生譚のようなほとんど人の形がくずれちゃって、そこから蘇ってくる乞食とかかたゐとかそういうフリークな形姿になってくるのかもしれないけれど、このどす黒く焼き尽くされてはじめて自分の感情がバランスを取れるような、ふつうのレベルのアウトサイダーではないでしょう。何か業病を背負った異形の、共同体の外を流浪する人に対する人非人のようなおもいで出てきますよね。「猫一匹ゐる　ひろさ」は、生きられる場所の狭さかもしれない。思いのレベルがはげしいわけです。単なる異人とかいう形ではなくて。自らが餓鬼阿弥になっている。

兵藤　ル・サンチマンそのものだ。（笑）

伊藤　加藤守雄が、亡くなる少し前に「異郷の生」というのを書いていて、慶応でやった講演なんですが、折口を異類と言っているのです。折口はわれわれとは

違うのだ、むこうからやってきた異類だと。「異郷の生」という題は、折口にとってこの世は異郷だという意味らしい。折口の強烈な疎外感について述べた講演なんですが。

吉田　そこには逆にだから貴種の意識も反転としてあるのではないですかね。

兵藤　村落共同体のなかで位置づけられるまれびとの問題は当然あるのだけれど、折口が「国文学の発生」でこれだけほかいびとの問題にこだわっていたということを考えると、そうした共同体に回収されていく問題ではなくて、なにかもっとほかの、特に賤民の文学にこだわる折口のル・サンチマンの問題が今の伊藤さんの話しを聞いていてわかった気がした。

吉田　そうですね。折口は暴き出しつづける言説だ、と思う。われわれが話し合ってきたのは、ル・サンチマンにしろ、「のりと」「よごと」にしろ、「まれびと」にしろ、それが法や禁忌として両義的に機能するような場所ですよね。折口の言説はたえずそのことを意識させる。彼の言説はたえずそのことを暴き出しつづけている。そこにぼくらの「いま」が接続しないと折口を読む意味はないと思う。やはり折口学それ自体の中にあるロマンチシズムから折口に接したらダメだと思う。「賤民」とか、「ごろつき」とか、そのフリークな声の挙げる場所を読みつづけていかないと、これは出口のないじつに壮大で魅力的な物語の回収装置みたいなものになっちゃう。そのことを強く実感しました。

（一九九〇年一一月一一日、四谷「長崎寮」にて）

（補注1）このメモはその後、新全集第三五巻「手帖」に収録された。

吉田文憲（よしだ・ふみのり）……一九四七年生まれ。詩人。詩集に『移動する夜』（一九九五年）、『現代詩文庫　吉田文憲詩集』（一九九三年、いずれも思潮社）などがある。『宮沢賢治――幻の郵便脚夫を求めて』（大修館書店、二〇〇九年）などの賢治研究で二〇一一年、宮沢賢治賞受賞。二〇〇〇一年に、詩集『原子野』（砂子屋書房、二〇〇一年）で晩翠賞受賞。『六月の光、九月の椅子』（思潮社、二〇〇六年）で二〇〇七年に山本健吉賞受賞。詩集『生誕』（思潮社、二〇一三年）で二〇一四年に高見順賞受賞。

兵藤裕己（ひょうどう・ひろみ）……一九五〇年生まれ。学習院大学教授。京都大学文学部卒業。東京大学大学院博士課程修了。専門は、鎌倉室町時代の文学および芸能。主な著書に『平家物語の読み方』（ちくま学芸文庫、二〇一一年）、『王権と物語』（岩波現代文庫、二〇一〇年）などがある。

第三章　霊魂論と「よりしろ」論

Ⅰ、「ライフ＝インデキス」論

1、枕のつくことば

折口信夫は、「ライフ＝インデキス」ということばを、驚くほどにその意義を広げて愛用している。これは、「ライフ＝インデキス」の思想を、折口が日本の過去の考え方の中に次々と発見していったからである。たとえば折口によれば、「まくら」という日本語は、「ライフ＝インデキス」の概念を端的に表わすものであった。

しかし折口が「まくら」と「ライフ＝インデキス」の二つのことばを結び付けるのはかなり後年のことで、最初は「まくら」の考察は、「ライフ＝インデキス」という外来の知識とは別のところでなされたものであった。この文もその最初の「まくら」の考察から始めることとしよう。

清少納言の『枕草子』の末段に、この草子の成立にまつわる次のようなエピソードが記されている。中宮定子に兄の伊周が一冊の草子（ノートブック）を奉った。「これになにを書かまし。上の御前《おまへ》には史記といふ書《ふみ》をなん書かせ給へる」（これに何を書いておいたらよかろう。主上は史記という書物をお書きとりになっておられるが）と聞かれて、清少納言が「枕にこそは・侍《(し)》らめ」（枕になさるのがようございましょう）とお答えすると、中宮は、それならばとその草子を少納言にお与えになった。それにいろいろなことを書いていったものがこの『枕草子』だというものである。

昭和五年六月発表の「枕草紙解説」（『国文学註釈叢書』一七）の中で、折口はこの話を紹介し、それに次のような説明を与えている。

この枕は、枕を書く草子にしようといふ意味に違ひない。人に依ると、枕もとに置いて、思ひつくまゝに書くに備へて置くもの、と考へてゐる。けれども、枕なる語は、さうした意味ではないやうである。いはゞ、ことのはのまくらといふ事で、この時分の通用語なる、まくらごと・まくらことばの意味である。文章の中心になつて、その生命を握つてゐる単語、或は句の意味である。多くの場合は、これを逆に、文章には、必ず置かなければならぬ生命のある語、といふ事になつてゐる。(1)

枕・枕言（まくらごと）・枕詞・歌枕・枕草子という、枕のつくこれらのことばは、折口によれば極めて隣接した意義を持っている。枕は、「我が国の信仰では、魂、殊に生魂《イキミタマ》の集中保持せらるゝ処(2)」である。あるいは「祭時に当つて、最大切な神語を託宣する者の、神霊の移るを待つ設備(3)」が枕である。ともかく、大事な魂の憑りつく所が枕であり、魂の込められた大事なことばが、枕言であり枕詞・歌枕である。「枕草紙解説」の中の説明では、そのような価値のある優れた語が、歌にある場合に多く枕詞と言い、文章について言う場合に枕言と言うことが多いとしている。歌枕は「歌まくらごと」の意味で、歌の中に入れるべき霊力豊かな語ということで、枕詞と語の意味においては差異がない。そして、そのような魂の宿ったことばを書き留めておく冊子が、本来的な意味での枕草子であると折口信夫は解説する。とすると、枕草子という語は清少納言の専用のものではなくなる。数多くの枕草子があったことが考えられる。

では、女房達は何のためにそのような冊子を書いたのかと言えば、それらの冊子を貴人に奉るためであった。『枕草子』の文章では清少納言が自分のためのノートブックを中宮から頂戴したように読めるが、本義はそうではなく、これは彼女が冊子を「中宮から、お預り申して、中宮の為にまくらごとを選択して、書きつけようと考

I、「ライフ＝インデキス」論

へたのだと見るのが正しからう[4]と折口は言う。枕言を奉ることは、そこに宿っている大事な魂を貴人に差し上げることであり、寿詞（よごと）の奏上と同じ意義を持つものであった。

2、『日本文学の発生 序説』とライフ＝インデキス

ところで、「文章の中心になって、その生命を握ってゐる単語、或は句」、逆に言って「文章には、必ず置かなければならぬ生命のある語」と「枕草紙解説」で説明していた枕詞・枕言・歌枕の類を、折口信夫は昭和二二年に出版した『日本文学の発生 序説』の中で、「ライフ＝インデキス」、ならびにその訳語の「生命の指標」または「生命標」の語をもって呼ぶこととなる。ただし、この書の中でライフ＝インデキスと呼ばれているものは、枕言（まくらごと）や枕詞・歌枕の類だけではない。地名や諺がライフ＝インデキスの名で呼ばれるし、歌自身もこの語で呼ばれる場合がある。ある意味で大切な生命を宿していると考えられることばを広くこの語で呼んでいるわけだ。そしてそれだけではなく、ライフ＝インデキスの語は『日本文学の発生 序説』において、その律文の歴史を扱った部分の全体を貫くキーワードともなっているのである。

ライフ＝インデキスの語は、もともと民俗学の用語であり、折口信夫も信仰関係の論文には、後に述べるように、長期にわたりこの語を愛用している。しかし、文学方面の説明にこの語を使っている折口の著作は、実はこの『日本文学の発生 序説』だけである。

もっとも、ライフ＝インデキスの語は使用しなくとも、「大切な生命を宿していることば」という発想は早くから見られる。大正一三年発表の「呪言の展開――日本文学の発生その二――」の中にすでに、

文章の一部分に、此神授の古い呪言（「天《アマ》つのりとの太《フト》のりと言《ゴト》」と称せられるもの―引用者）を含んだものが、忌部氏の祝詞並びに、伊勢神宮祝詞・中臣氏の天神寿詞の中にある。(5)

という文章が見られる。昭和二年発表の「国文学の発生（第四稿）」（『日本文学講座』）になると、「祝詞の精髄なる天つ祝詞」「神の真言」「呪言中の重要個所・秘密文句」等の語句が頻出し、この発想が詞章の伝承を取り扱うための中心的な観念になりつつある様子が見えてくる。ちなみに、前述の昭和五年に書かれた「枕草紙解説」は、折口信夫がこの発想で枕詞を扱った最初の論述である。

この発想は、その後何度にもわたって書かれた「日本文学の発生」を名乗るいくつかの論文の中で練りあげられ、『日本文学の発生 序説』（昭和二二年一〇月）においてその成熟を見る。従って、折口名彙としてのライフ＝インデキスの文学方面（詞章関係）の意味内容は、この『序説』を熟読することによって理解することができる。なお、この書のライフ＝インデキスにかかわる部分は、『日本評論』に昭和一七年中（八～一一月）に発表されたものである。

3、ライフ＝インデキスの二義

『日本文学の発生 序説』において、折口はライフ＝インデキスの語を、決して単なる思いつきで使ったわけではない。折口名彙としてのライフ＝インデキスは、文学方面と民俗学方面との二義に分かれるが、両者の関連は決して弱いものではない。折口信夫の文学史は、信仰伝承をその基礎に据えて、言い換えれば、民俗学との交渉を深く保ちつつ構築されている。彼の文学史の集大成とも言うべき『日本文学の発生 序説』において、ライフ

＝インデキスなる民俗学関係の用語が、キーワードのひとつとして使われていることは、折口の文学史のこの性格を象徴的に表わしているものであると言える。

事実、折口信夫の著述において、民俗学方面でライフ＝インデキスの考えが熟してくる時期と、文学方面の、枕詞をはじめとするいわゆる生命を宿したことばの考察が積極的になされてくる時期とは、ほぼ重なっている。先に引用した「枕草紙解説」の文章を見ても、ライフ＝インデキスのことばこそ使われていないが、民俗学におけるライフ＝インデキスの考え方の影響がはっきりと見受けられるのである。

さて、以下しばらく折口名彙としてのライフ＝インデキスの、民俗学方面の意味内容を検討してみることにしよう。

4、初出と出典

民俗学の用語としてのライフ＝インデキス（life-index）は、ライフ＝トークン（life-token）とも言われ、ある個人と結び付けられて、その人の生命の状態（健康・生死等）を指し示す物体のことを言う。それは道具や武器や装身具といった類の加工品であったり、または樹木や動物であったり、あるいは井戸や、さらに水などを入れる容器であったりもする。そしてこの観念をモチーフとした説話は、世界各地に見られるものである。

「ライフ＝インデキス」を「生命指標」と訳したのは、折口とも深い交流のあった岡正雄であった。岡正雄はC・S・バーン編の*The Handbook of Folklore*を昭和二年四月に『民俗学概論』の題で邦訳している。(6) その中の植物界の信仰を扱った章に次のようにある。「民譚十八番の事件は、「生命指標《ライフ・インデックス》」（life-index）である。即ち、或る人の運命が、樹木又は植物に結びつけられて居るといふ話である。若し、樹木などが凋むとそれと関係する人は病に罹かる。若しそれを切り倒すと、人は横死する。是は、西部アフリカ及び印度、太平洋諸島に於て、実際に行はれて居る信仰と行事とである。[7]」この書には巻末にベアリング・グールドの「印欧民譚型表」（Some types of Indo-European folk-tales）が付されていて、七〇項目の伝説の型が説明されている。その六・七番目がライフ＝インデキスのモチーフを持つ型で、特に六番目の型は、「パンチキン或は生命指標型（Punchkin or Life-Index type）」と名付けられている。この訳本を折口は岡から贈られており、[8]折口の著作中の「生命指標」なる訳語はこの書に従ったものと考えられる。

また中山太郎は、大正一五年六月に総葉社から出版された『日本民俗志』の中で、「生命の活力」に「ライフインデッキス」のルビを振っている。イザナギノ命が天照大神に与えた首玉は、天照の「生命の活力《ライフイデッキス》」であり、これは個人トーテムのよい例なのだとしている。

ところで、折口信夫の著作中のライフ＝インデキスの初出は、これらの書よりも幾分さかのぼる。大正一五年の一月に雑誌『民族』に発表した「餓鬼阿弥蘇生譚」の中に、この語は原語のまま次のように使われている。

> 家来は火葬で蘇生の途を失ひ、小栗は土葬の為に、復活して来た。が、此物語の中には、肝腎の部分なる屍の不揃であつた、と言ふ点を落して居るらしい。斂葬に当つて、必体のある一部を抜きとつて置いたのが、散葬によらぬ場合の秘法であつて、其がLife-indexの伝説形式を形づくる一部の原因になつたものらしい。小栗の、耳も聞かず、口も働かず、現し心もない間の「餓鬼阿弥」の生活は、此側から見ねば訣らないと思ふ。[9]

「餓鬼阿弥蘇生譚」は、説経節の「小栗判官」を扱った論文である。「小栗判官」は、武蔵・相模両国の郡代の横山に毒殺された豪傑小栗の霊魂が再び肉身を得て蘇生する話であるが、精霊が蘇生をめざす過程で完全な肉身を得ようと焦慮している段階が「餓鬼」なのだと折口は考える。復活のためにどうしても必要な肉身の肝腎な部分がある。逆に、死者の復活を防ぐためには、散葬によらぬ場合、その肝腎の部分を抜きとる秘法があったはずで、そのような葬法がライフ＝インデキスの伝説形式を形づくる一原因になったのではないかと折口は述べているのである。この伝説のこのような起源論の当否を、今日の民俗学もいまだつけられないでいるが、折口のこの考えが、ライフ＝インデキスの伝説形式をよく検討熟慮した上で述べられているものであり、しかも極めてユニークな発想であることは否むことができない。

それでは折口信夫はこの「Life-Index の伝説形式」なるものの存在をいつ頃何によって知ったのか。

「國學院雑誌」の大正一一年一二月号の「彙報」の欄に、同年一月一〇日に國學院で聞かれた「郷土研究会」で折口が「伝説形式型式 Genovevatype の解説より中将姫伝説につき巨細に考証」したという報告が載せられている（長谷川政春の教示による）。このジェノヴェヴァタイプというのは、先のベアリング・グールドの「印欧民譚型表」の第五番目のタイプのことである。当時折口がこの民譚型表を原書で熟読していたことは、「蘇生譚愚註」（「國學院雑誌」昭和二九年九月）において西角井正慶も証言しているところである。折口名彙ライフ＝インデキスの出所が、ベアリング・グールドの Some types of Indo-European folk-tales にあることは、まず間違いあるまい。

なお、昭和二四年に行われた座談会「民俗学から民族学へ」（『民族学研究』昭和二五年二月）において、折口は、柳田が大正一〇年の外遊の折に買って来たG・L・ゴム編の *The Handbook of Folklore*（一八九〇年）を読んだ由を語っている[10]。この書はバーン編の同名の書（一九一四年）の原型となった本で、これにもベアリング・グールドの表は紹介されている。折口はこの書によってライフ＝インデキスの語に出会ったものと考えられる。

5、外来魂の考え方

昭和三年度の慶應義塾の芸能史の講義で、折口はトーテミズムとマナ（外来魂）とライフ＝インデキスの三者の関係を、次のように説明している。

一体とうてみずむといふのは、人間と或点生活状態が平行してゐる人間以外のものである。何か其処に因縁を考へてゐるものである。（中略）とうてみずむは何処に根拠があるかといふと、我々人間の身体にまな（外来魂）がやつて来てくつゝく。それが人間の身体にくつゝいて来るのが普通であるが、仮りの宿りとして他のものに這入ることもある。その品物がその人間の部落にとつてとうてむといふものになる。ともかく特定の植物なら植物に、人間に這入る筈の魂が這入ることがあるのだ。
其考へがだん〳〵育つて来ると、人間と共通してゐる点がある為に特別な関係を生ずることになる。さうなるとらいふ・いんできすといふものになる。人間の魂の源が他の動・植物の中に這入つてゐる。その品物をらいふ・いんできす（Life-index）といふ。つまり英雄とか妖怪とかいふものゝ生命の源は、或特定の動・植物の中に這入つてゐるから、其者自身を傷けてもその魂の預け処を絶やしてしまはねばならぬと考へた。これはあゝりやん民族に行き亙つた信仰で、日本にもある。其元が次第に変化してとうてむの考へが出て来たのである。(11)

折口がライフ＝インデキスをトーテミズムやマナ（外来魂）に結び付けているのは、『折口信夫 日本芸能史ノート』所収の講義では、これが一番早い時期のものである。ただし、波多郁太郎の日記によれば、昭和二年二月の講義で折口はライフ＝インデキスの話をしており（波多はヒューマン・インデックスの話と記している）[12]、右の考えがその時点ですでに発想されていた可能性も十分にある。

トーテミズムとマナ（外来魂）とライフ＝インデキスとを右のように結び付ける発想は、実はかなり特異なものと言える。フレイザーはトーテミズムの起源を、氏族の成員の生命が一個の動物または植物と結び付けられているという信仰（明らかにライフ＝インデキスの信仰である）に求めようとした（『金枝篇』六七章）。（補注1）デュルケムはトーテミズムをマナの原理で説明している（『宗教生活の原初形態』第二編）。（補注2）折口がこの二人の所説の影響をこうむっていることは十分に考えられるのである。しかし、それにもかかわらず、右の発想は折口独自のものである。

その独自性は何よりも、折口がマナの外来性を強く主張した点にある。折口はマナに「外来魂」の字をあてているが、それは外の世界からやって来る霊魂を意味している。折口は、トーテムならびにライフ＝インデキスの根拠を強く他界に求めているわけだ。この考えは、昭和六年九月発表の「原始信仰」（『郷土科学講座』Ⅰ）において、さらに次のような形で主張されてくる。

> 他の国の学者達は、別種無関係の二つの事実と見るかも知れない、外来魂とたましひの常在所との問題が、我々の国では一続きの事実であり、原因・結果の関係を持って居たのだとも見られる。即、此世界の人間に来り宿るたましひは、実は、他の世界に棲息する動植物其他のものに内在して居るたましひと、同じものであるといふ考へであつた。[13]

とにかく、所謂生命の指標（Life Index）と謂はれて居るものは、我が国の原始信仰に於ては、とうてむで

あり、同時に、外来魂の常在所といふ事になるのである。(14)

わかりにくい表現であるが、ともかく〔ライフ＝インデキス＝トーテム＝外来魂の常在所〕という等式が考えられていて、それらは動植物その他の形をとるものであり、それらの本来の居場所は他界であるということを言おうとしているのである。折口自身も言うように、確かにこのような形でライフ＝インデキスやトーテムの他界性を主張する学者は外国にもいなかったことであろう。

6、「まれびと」の観念とのつながり

さて、折口の考えるこのようなトーテム、あるいはライフ＝インデキスの観念と、「まれびと」の観念との間には、どのような関係があるのだろうか。

昭和一〇年の「地方に居て試みた民俗研究の方法」という講演の中で、折口は「赤また・黒また」をトーテミズムとの関連で次のように捉えている。「赤また・黒また」とは、折口信夫が『古代研究』所収の「国文学の発生（第三稿）」の中で「まれびと」の具体的な民俗例として提出している沖縄の代表的な来訪神の名前である。

（沖縄の離島では—引用者）ある村と非常に親密な関係を持して外在し、違った生活様式ながら、並行して生きてゐると思ふ動物——又、植物・鉱物——を崇拝する。それ故に、両者の感情が共通してゐると思はれてゐる動物等がある。（中略）とてむ崇拝を研究するに生きた材料があると言ふべきである。研究は届いてゐないにしても、材料の豊富がまづ感じられる。殊に、この島々では、ある祭の時期、多く清明祭・粟祭り・孟蘭

盆等、季の交替期に人間以外の「もの」が、村々を訪問してくる。その代表的なのは、八重山石垣島の宮良《ミヤラ》といふところでは、赤また・黒またといふ怪物が出現する。[15]

この記述により、折口が、トーテム崇拝と「まれびと」信仰とを、深く関連させて捉えようとしていたことがわかる。そして、この両者の関係は、昭和二七年の「民族史観における他界観念」においては、さらに次のような対比で捉えられることとなる。

（沖縄のトーテムは―引用者）日本人の持つ訪れ人が、他界身と人界身とを持つに対して唯一つの「人外身」を以て、彼等に応接する。白鳥と処女との両身を現ずることがなく白鳥ばかりでゐる様に、海豚・儒艮の他界身を示すばかりのものも、稀に或は週期に人界を訪れる。この世における彼は、人間身を持つ我等であり、往いて他界にある白分の身はたとへば儒艮身であらうも知れぬ――さう言ふ空想すら起るほどに、深い感情交渉を互に持つ。唯、彼らは人間身を以て我等の前に現れることの出来ないばかりが、常世人・訪れ人と違ふ所である。／（中略）其を無生物の上におしひろめると、植物・鉱物のとてむ観が生じる。一面から言へば、此観念はらいふ・いんでくすの信仰の根元となつてゐる。遠処にある動物・植物・鉱物が、人の霊魂を保有してゐる。其人を左右するには、現身に手を加へることは無意味である。そのらいふ・いんでくすなる獣・鳥・石・木などに内在する霊魂を自由にする外はない。此外存物と霊魂と、人間現身との関繋が、生命指標の信仰ととてむとを繫いでゐると言はねばならぬ。[16]

本来他界のものであること、しかもそれが我等と深い感情交渉を持つものである点において、「まれびと」(訪れ人)とトーテム、ライフ=インデキスとは近い関係にあることを、右の記述で折口は強調している。両者は、ただ次の点において相違しているに過ぎない。

まれびと——他界身と人界身とを持つ
トーテム、ライフ=インデキス——人外身のみを持つ

折口民俗学の集大成とも言うべき「民族史観における他界観念」にいたって、トーテムとかライフ=インデキスとかいった外来の観念が、折口独自の観念としても十分な発酵をみて、それらがかつての「まれびと」論を逆照射していると、右に見た関係を捉えてみることができよう。ただし、折口のトーテムやライフ=インデキスについての考え方の基礎の部分は、先に見たように、昭和三年から六年までの時点ですでにできあがっていたものであった。

7、諺と歌にこもる国魂

このように、折口民俗学において、ライフ=インデキスの観念は重要な役目を果たすものであった。同様に、折口信夫の国文学史においても、この名辞の持つ意味は決して軽いものではない。単に『枕草子』の解説にとどまらず、ライフ=インデキスとしての語句という考え方は、折口の詞章の伝承論の、まさに文字通り要部となっているものであった。

「枕草紙解説」と同じ昭和五年に活字化された「歌及び歌物語」[17]で、詞章の伝承の仕組みを、折口は次のような論理で説明している。

（1）日本文学の発生を、自分は神のことばなる呪詞に据えている。

（2）神の語として、長い詞（ことば）がある。その中に、肝腎の部分ができてくる。すなわち、この部分のみ唱えることで全体の詞を唱えたと同じ効果を発するようなエッセンスの部分が出てくる。これが諺の始めである。

（3）一方、神の詞なる呪詞が歴史的意味を持ってきたものが叙事詩（物語と言ってもよい）である。その中に神の本当の詞（ことば）の部分があると同様に、長い叙事詩の中に抒情的部分が出てくる。その部分が歌である。

（4）この抒情的部分のみを唱えることによって、叙事詩全体の効果を感じてきた。こうして、歌の部分が叙事詩から独立してくる。

「全体の詞を唱えたと同じ効果を発するエッセンスの部分」、これが『日本文学の発生 序説』で「ライフ＝インデキス」と呼ばれるものである。それは諺であり、叙事詩（物語）の中の抒情的部分すなわち歌である。長い詞章や叙事詩に対して、その中のエッセンスの部分が「ライフ＝インデキス」である。

その部分をライフ＝インデキスと呼ぶのは、そこには外来的な霊魂が込められていると考えられるからである。たとえば、風俗諺（くにぶりのことわざ）や風俗歌（くにぶりうた）には、その土地の霊威力なる国魂（くにたま）が宿っている。特に地名は、その土地の歴史を伝えた古い詞章の極端に圧縮されたもので、風俗諺の一種と考えることができる。歌枕は歌に詠み込まれた地名であるが、これは、歌の中に諺が入っているようなものである。このように、歌の中にさらにライフ＝インデキスの含まれている形も考えることができる。

大嘗祭に風俗歌が謡われるのは、新しい天皇に諸国の国魂を奉っていることになるのである。新天皇は、諸国の伝承の全部を聞くかわりに、そのライフ＝インデキスの部分を耳にされるわけである。大嘗祭の屏風歌もそのような信仰からできてきたものである。『日本文学の発生 序説』の中の次の部分には、このような考え方を明快にうかがうことができる。

語らずとも、詞章の内容は、其『生命の指標（らいふ・いんできす）』とも言ふべき地名を聞くと共に、具体化して胸にひろがつたのである。だから、之が歌によみこまれてゐると言ふことは、生命の指標をそのまゝ、其歌の中に、活してゐることになるのである。大嘗会の屏風歌が、さう言ふ信仰から出たものであり、さう固定して後も、尚昔どほりに、風俗歌として謡はれてゐた。歌の中に活かされたらいふ・いんできすが――或はらいふ・いんできすとしての歌自身が――、聖躬に入り申すもの、と考へて居たのである。悠紀・主基の風俗歌によつて、考へられた神秘は、同時に、その両国の代表する国々の国魂の悉くが、聖躬に入ることゝ、古代人には信じられたのである。(18)

8、替え歌の論理

ライフ＝インデキスの観念によって、折口信夫は信仰的な詞章伝承の構造そのものを説明しようとしたのであって、従って、この名辞の指し示す対象は、ほとんど無限定に広がってゆく。諺・歌・歌枕・地名・枕詞・序歌（折口は諺が断片化して序歌となり、さらに短くなって枕詞となったと考える）等、すべてライフ＝インデキスとして伝承されてゆくものである。ライフ＝インデキスは、さらに、言語詞章であることを超えて、重要な曲節を指し示す場合もある。

ところで、日本文学の詞章の伝承において、「替え歌」の構造が広く問題になってくる。とりあえず「替え歌」と呼んだが、この問題は散文の歴史にもかかわってくるものである。

大嘗祭に謡われた風俗歌には、新旧二通りの詞章群があった。一つは、国々に古くから伝わる古歌、もう一つは当代のために新しく作られたらしい詞章の歌。新しい歌は、先代以前に用いられたことのない詞章の、その新鮮な力によって、新代《あらたよ》を寿ぐものであった。右に見てきた折口の理論からすると、この新しい歌には、古歌のライフ＝インデキスの要素（詞章でなく、曲節であってもよい）が、必ず含まれていなくてはならない。

古い詞章の一部をとり入れて新しい歌を作る。しかもそこには新しいものの持つ威力が加味される。平安朝以後盛んに行われた「本歌どり」の技巧は、歌謡におけるこのような古くからの替え歌の論理を受け継いだものであると折口は言う。本歌どり・替え歌の論理とは、古歌のライフ＝インデキスを新作に込めるという信仰である。

この関係は、新旧の叙事詩の間にもある。旧叙事詩のエッセンスの部分が歌として独立する。その歌に新たな説明や解釈が施されて新しい叙事詩となる。現在残されている歌物語は、このような転換を何度か経た後のものである。歌物語を解釈することが我々にとって難しいのは、新しく施された説明と、それ以前からあったものと考えられる歌との間に、齟齬があるからである。歌物語の解釈はこの伝承関係をよく理解した上でなされねばならぬことを、折口信夫は「伊勢物語私記[19]」で実践してみせた。

9、歌の本・言の本・本縁譚

「歌及び歌物語」の中で折口信夫は、「歌物語は、国風から考へねばならぬ」と述べている。「国風」（くにぶり）とは国魂の宿った歌や諺のことであるが、前述したように、これを謡うことによって国々の首長あるいは天皇の身体に国魂をとり付けることができる。ところで、その作用を完全に発揮させるために、それらの歌や諺を単独に諷誦するのではなく、その本縁をともに語ることが行われた。これが旧叙事詩から独立した歌・諺を核として新叙事詩の発生する信仰的な理由である。そう折口は説くのである。そしてそのような歌と諺の本縁譚を、それぞれ「歌の本《もと》」・「言《こと》の本」と呼んだ。

この二つの用語は、歌と物語との伝承の仕組みを考察してゆく上で、折口文学史にとり大切な名辞と言えよう。ところが、実はこの用語、特に「歌の本」の語には、以下に述べるような問題点が存しているのである。

この用語の初出は「国文学の発生（第四稿）」（『日本文学講座』昭和二年一二月）においてで、次のように見えている。

> 語部の職掌は、一方かういふ分科もあった。語部が鎮魂の「歌《ウタ》ノ本《モト》」を語る事が見え、又「事ノ本」を告るなど言ふ事も見えてゐる。うたやことわざ・神事の本縁なる叙事詩を物語つた様子が思はれる。[20]

語部が歌や諺の本縁の叙事詩たる「歌の本」や「言の本」を語ることがあったのだとはっきり述べているのだが、それがいかなる機会に行われたものであったのかはここでは言っていない。直前の文で鎮魂祭に触れているので、ここも何かそのような儀式の記録に基づいているらしいと読む者が感ずるだけである。

ところが昭和三年八月に「國學院雜誌」に「談」と断わって載せられた「大嘗祭の本義ならびに風俗歌と真床

襲裳」（全集未収録）には、

> 七箇国の語部が、大嘗祭に臨んだといふ古儀は、単に国々の古い叙事詩を語つたものでなく、歌本即、風俗歌の本縁を語つて、その歌の由来正しいものなることを証明したものと信じてゐる。

とあり、少なくともこの時点で折口が、大嘗祭に際して地方より参向した語部が「歌の本、すなわち風俗歌の本縁」を語ることがあったものと確信していたことがわかる。（補注3）『延喜式』や「貞観儀式」には、大嘗祭に七箇国の語部が臨み、悠紀の歌人が「国風」を奏したあとに「古詞」を奏したことが見え、右の内容はそれに近い。恐らく折口は、語部の奏したこの「古詞」を、風俗歌の本縁を語ったものと解釈しているのであろう。だが「歌の本」の語の使用はここでも唐突の感を免れない。

その後「歌の本」の用語は昭和八年から一一年の折口の叙述の中に集中して使われてくるが、「大和時代の文学」（岩波講座『日本文学』昭和八年一月）と「口承文学と文書文学と」（「日本精神文化」昭和一〇年一月）では、その出典を次のように示している。

> 国造本紀の伝へる所を信じれば、語部の語るのは「歌ノ本《ウタノモト》」であつた。[21]

> 「旧事紀《クジキ》」の記述は、信用せられないにしても、其用語の一部は、古伝のものと見る事の出来るものが多い。さうしたものゝ中に、大嘗祭に参列する諸旧国の語部《カタリベ》の分担した儀礼に、「歌本《ウタノモト》を語《カタ》る」事がある。[22]

「国造本紀」とは言うまでもなく『旧事紀』（先代旧事本紀）のそれであり、右のように折口は「歌の本」の出典をそれと指摘している。ところが「国造本紀」には、「歌の本」なる語も、また折口の文章の指し示す内容に関した記事もないのである。『旧事紀』全体にわたっても「歌の本」という用語はないようである。ただ内容的には「天皇本紀」の鎮魂祭に関する記事に次のものがある。

其ノ鎮魂祭ノ日者ハ、猨女ノ君等率ニキテ百歌女ヲ一挙ニゲテ其言ノ本ヲ一而神楽歌儛ヲナス。

ここには「言の本」の語が出ている。「折口名彙と言うべきもの」の中で「歌の本」の考察を行い、その出典が結果的に架空の出典になっていることを最初に指摘した西村亨も、最終的にこの記事に行き着いている。氏はこの記事を「猿女の君が、みずからの氏人である女性の歌い手たち多数を率いて、祭りのにわにおいて、自分たちの鎮魂の詞章の本縁を語って神楽を奏する」意に解釈している。[23]内容的には、ここの「言の本」は折口の言う「歌の本」にあたるものと解することができよう。

ともあれ、「言の本」に関してはそれが諺の本縁譚を言うことばであることが右の記事のほか、記紀等の用例からも言い得るのに対し、「歌の本」の方は、折口の出典明示にもかかわらず、その用例が見つからないのである。しかしそのことでこの語の折口名彙としての意義が消滅してしまうわけではない。諺に対し「言（諺《コト》）の本」があるなら、歌に対し「歌の本」があっても決して不思議ではなく、たとえその用例が文献に見えないにしても、それで折口の「本縁譚」の論理が崩れてしまうわけのものではないからである。

さて、折口によればこの「本縁譚」たる物語には「正の物語」と「否の物語」とがあった。「否の物語」とは

「おう」とあどを打つかわりに「いな」と答えながら聴く極端なこじつけ話で、「誣語り」（しひがたり）と呼ばれた。この系統の物語はかなり古いところからあるが、平安朝ではたとえば『竹取物語』の五人の貴公子の求婚物語がそれぞれ諺の「誣語り」の形をとっている。『竹取物語』をこのような物語として捉えるだけでも極めてユニークな視座であるが、折口はさらに『平中物語』は言うに及ばず、『伊勢物語』『大和物語』といった真面目とされる物語にも、実はこの「否の物語」の、ある一つの達成が含まれていることを、「口承文学と文書文学と」の中で説こうとしている。折口の本縁譚の発想の一つの展開を、このようなところにも見ることができる。

ライフ＝インデキスとしての歌や諺の効果をさらに発揮させるために本縁譚たる「歌の本」や「言の本」は語られたのであったが、そのことによって歌や諺は、物語の多様な展開を促す契機としての役目を担ったのであった。

10、言霊と詞霊

本来、枕言（まくらごと）の記された「枕草子」を奉ることは、その枕言（ライフ＝インデキス）に宿った外来の霊魂を貴人に取り憑けることであった。枕言を聞かせることによって、貴人の魂が成長する。これは本縁譚に関しても同様で、ライフ＝インデキスたる歌または諺にまつわる物語を奏することによって、物語に籠っている大事な魂が貴人に付く。そこにはおのずから教育的意義も生れてくる。そのような方法による貴人の教育を、折口は感染教育と呼んだ。臣下は貴人に、現代的な意味でものを教えることはできなかった。そんな時代の一つの教育法は、呪詞による魂ふりの形をとることであった。

詞章に魂が宿るという考えは、普通、言霊信仰と呼ばれる。しかし折口は、言霊という語はある意味で紛らわしいとする。折口によれば、言霊は一般に考えられるように一語一語に宿っているわけではないからだ。すなわち、言霊はすべての語に宿るわけではなく、呪詞に宿るものである。そして、「呪詞が断片化した諺にも、又叙事詩の一部分なる「歌」にも、言霊がは入つてゐると信じたのである。つまり、完結した意味をもつた文章でなければ、言霊はないことになる。[24]」だから、「言霊は詞霊と書き改めた方が、わかり易いかも知れぬ。[25]」と折口は言うのである。そのような霊魂の宿った詞章が、ライフ＝インデキスである。

言霊は日常の言語に宿るものではなく、呪詞に宿るものであった。そして、折口によれば、呪詞は本来他界からやって来た神の唱えたものであった。こうして、第二義の（文学方面の）「ライフ＝インデキス」もまた、その根拠を他界に持っているのであった。

注

（1）「枕草紙解説」、全集第一五巻、一五二頁。
（2）同前、全集第一五巻、一五五頁。
（3）『日本文学の発生 序説』、全集第四巻、一四八頁。
（4）「枕草紙解説」、全集第一五巻、一五三頁。
（5）「国文学の発生（第二稿）」、全集第一巻、八九頁。
（6）バーン編著、岡正雄訳『民俗学概論』、岡書院、一九二七年。本書は、一八九〇年に刊行されたローレンス・ゴンム（Laurence Gomme）の *The Handbook of Folklore* を、一九一四年にチャーロット・ソフィア・バーン（Charlotte Sophia Burne）が新たに増訂して同タイトルで出版したものの翻訳である。
（7）同書、五二頁。
（8）長谷川政春によれば、國學院大學に保管されている折口の蔵書の中には、訳者の岡正雄が折口に贈ったバーン編の『民俗学概論』があり、折口の筆跡で書き入れや傍線が加えられ精読の様子が伺えるという。長谷川は、「その訳語を折口が後年好んで用いたことを考えると、あるいはその訳語に折口の示唆があったか」と推測してもいる。
(9)「餓鬼阿弥蘇生譚」、全集第二巻、三三〇頁。
(10)「民俗学から民族学へ」、全集別巻三、六〇八頁参照。
(11)『折口信夫 日本芸能史ノート』、中央公論社、一九五七年、三七頁。
(12)波多郁太郎の日記は公刊されていないが、そのうち折口信夫に関連する部分が、池田彌三郎『わが幻の歌びとたち――折口信夫とその周辺』（角川書店、一九七八年）に抜粋され、池田による考察が加えられている。
(13)「原始信仰」、全集第一九巻、一三頁。
(14)同前、全集第一九巻、一四頁。
(15)「地方に居て試みた民俗研究の方法」、全集第一九巻、二五六～二五七頁。
(16)「民族史観における他界観念」（『古典の新研究』第一輯 一九五二年一〇月）、全集第二〇巻、七〇～七一頁。
(17)「歌及び歌物語」（『国文学註釈叢書』一五、一九三〇年三月）、全集第第一五巻所収。
(18)『日本文学の発生 序説』、全集第四巻、一三八頁。
(19)「伊勢物語私記」（『国文学註釈叢書』一五、一九三〇年三月）、全集第第一五巻所収。
(20)「国文学の発生（第四稿）」、全集第一巻、一六五頁。
(21)「大和時代の文学」、全集第五巻、二七頁。
(22)「口承文学と文書文学と」、全集第五巻、一六六頁。
(23)西村亨「折口名彙と言うべきもの」（『現代詩手帖』、一九七三年六月臨時増刊、同『折口名彙と折口学』、桜楓社、一九八五年）参照。
(24)「日本文学の発生――その基礎論――」（『岩波講座日本文学』一九三二年四月）、全集第四巻、三八頁。
(25)「日本文学の発生」（『人間』一九四七年一～四月）、全集第四巻、三七五頁。
(補注1)簡約本『金枝篇』六七章から、「氏族的トーテム」について述べた部分を引いておく。「ある氏族が動物または植物（氏族のトーテムは植物であることもあるから）のある特定の種族を尊敬する理由は、その氏族の各成員の生命が、その動物類または植物類のある一個の動物または植物と結びつけられているという信仰と、彼または彼女の死がその特定の動物の屠殺あるいはある特定の植物の破壊の結果にほかならないという信仰だと考えられる。」（永橋卓介訳『金枝篇』岩波書店、一九五二年）

（補注2）『宗教生活の原初形態』においてデュルケムは、コドリントンが与えた「マナ」の定義、「メラネシア人はあらゆる物質的な力から判然と区別された力の存在を信じている。」「それはマナである。」「それは、力、非物質的で、ある意味では超自然的な感化力である。」「マナは一定の事物に固着しているのではなく、あらゆる種類の事物に導きよせることができる。」を引き、「これは、われわれが今しもその萌芽をオーストラリアのトーテミズムに発見した無名の弘布した力の観念ではあるまいか。」と述べる。（古野清人訳『宗教生活の原初形態（上）』岩波書店、一九四一年、三五〇頁）

（補注3）昭和三年一一月の『國學院雑誌』（大嘗祭特集号）に掲載された「大嘗祭の本義ならびに風俗歌と真床襲衾」は、旧全集に未収録で、新全集にも粗い談話筆記という理由で収載されなかったが、同年八月の『國學院雑誌』掲載の「大嘗祭の風俗歌」を受けて大嘗祭と「歌に籠る魂」の関連を扱った論考で、「ライフ＝インデキス」の考察にとって重要な内容を含むものである。新全集刊行後、本論考は、折口信夫著・安藤礼二編『初稿・死者の書』（国書刊行会、二〇〇四年）に「大嘗祭をめぐる『國學院雑誌』掲載論文」の一つとして収載された。

II、「よりしろ」論

1、「よりしろ」「をぎしろ」「しめやま」——三つの新語——

折口信夫は、その学問の初期において、次のような一連の「よりしろ」（依代）論を発表している。折口民俗学は「よりしろ」の問題から出発したのであった。

「髯籠の話」（『郷土研究』、大正四年四月）
「髯籠の話（つゞき）」（同、大正四年五月）
「盆踊りと祭屋台と」（『大阪朝日新聞』、大正四年八月二九日）
「依代から「だし」へ（髯籠の話の三）」（『郷土研究』、大正五年一二月）
「幣束から旗さし物へ」（『土俗と伝説』、大正七年八月）
「だいがくの研究」（同、大正七年八月）
「幣束から旗さし物へ（下）」（同誌、大正九年七月）
「まといの話」（同、大正七年一〇月）
「だいがくの研究（その二）」（同、大正七年一〇月）

「髯籠の話」は『郷土研究』に三回に分載されているが、そのうち大正四年分の二回はもと一続きの原稿で、これは、折口が全文候文の書簡体で書いて柳田國男の許に送ったものを、編者の柳田が「である」調の口語体に改めて同誌に掲載したものである。この論文を契機に、折口信夫の学問は柳田國男の常に注目するところとなり、二人の生涯にわたる学究的な交わりもこの時点で始まった。この論文はまた、日本の民俗学がこれによって初めて「依代」ということばと、その明確な観念とを得たという意味でも、記念的な論文であった。

折口信夫は「髯籠の話」を書くに際して、三つの新語を造った。「よりしろ」（依代）と「をぎしろ」（招代）と「しめやま」（標山）の三語である。これらの造語によって、「髯籠の話」は思考の自在を得たのである。

神が降臨するための目じるしが「よりしろ」で、それを神を呼び迎える人間の側から呼んだ名が「をぎしろ」である。この二語が折口の造った語であったことは、後年（昭和二四年五月の慶應義塾大学における研究会で）折口自身も明言しており（「初期民俗学研究の回顧」[1]参照）、間違いあるまい。もっとも、神の依り付く物体を指し示す言葉はこれ以前にもあった。古くから使われている「霊代」（れいだい・たましろ）の語がそれであるし、近代では柳田國男が「巫女考」（『郷土研究』大正二年三月〜三年二月）や「片葉蘆考」（『郷土研究』大正三年六月）において、神霊の宿りとしての梓や薄などの植物に対して「よりまし」（依坐）・「かみしろ」（神代）といったことばを使っている。その時点における柳田の「よりまし」「かみしろ」の語義は、折口の「よりしろ」「をぎしろ」の持つ「神の目じるし」という視座を含んでいるものではないが、神の宿りという意味では両者同一のものを指している。しかし、折口の使用した「よりしろ」「をぎしろ」の語は、そののち民俗学者の間に急速に浸透していったのである。早くも大正四年六月の『郷土研究』において、平瀬麦雨と遠藤冬花の二人が、それぞれ折口の名を挙げて「招代」の語を使っているし、後年には柳田もこれらの語を使うようになる。特に「よりしろ」は、折口名彙の中でも最もポピュラーな語となったものの一つであろう。だがそれだけに、まずこれらの語の発足点である「髯籠の話」において、それらがどのような意味で使われているのかを、正確に見ておく必要がある。

この「神の目じるし」としての依代・招代を、折口はまず「しめやま」（標山）との関連で説明してゆく。この「しめやま」もまた折口の造語と言う他ないことばなのである。

「髯籠の話」には二種類の「標山」が扱われている。一つは神の天降《あも》りのために選定された実際の土地、いま一つは大嘗祭の時に北野の斎場から引き出される「標（ひょう）の山」である。この両者を折口は「標山」と記して「しめやま」とルビを振っている（雑誌掲載時）。しかし、文献的には、大嘗祭の「標山」は平安朝以来「へうのやま」と読まれてきたし、また実際の土地に「標野」（しめの）はあっても、「標山」（しめやま）の名で呼ばれたものはない。神の天降りのための土地という意味の「しめやま」は、折口が大嘗祭の「標（ひょう）の山」や「標野」などの語からそう呼ばれた土地があったはずだと推測した名に過ぎない。同様に大嘗祭の「標（ひょう）の山」も、折口は古くは「しめやま」と呼んだものと推定しているのである。いずれの推定も文献的には確かめ得ないという意味では、「髯籠の話」の「標山」（しめやま）は、「よりしろ」「をぎしろ」と同様に、折口の造語であると規定せざるを得ないのである（「初期民俗学研究の回顧」において折口は、「「標の山」もヒョウノヤマと訓むことを知らずに、シメヤマと訓んでいた。もと占め山から出たのであろうが、平安朝から誤解でヒョウノヤマと訓んでいる。それも私は知らぬ頃で、学問の浅い頃だ。」と述べている）[2]。ともあれ、大嘗祭の「標（ひょう）の山」を「標山」（しめやま）とも呼ぶべき実際の土地（山）のミニチュアであると考えたところに、この論文における折口の第一の発見があった。

> 神の標山には必神の依るべき喬木があつて、而も其喬木には更に或よりしろのあるのが必須の条件であるらしい。[3]

神の標山と、その標山の中の神の依るべき喬木と、さらにその喬木に高く掲げられた依代と、この三者よりなる形態が折口の考えた「標山」の基本モデルである。標山・喬木も、それぞれ神の依る山・樹木という意味で言えば依代である。「標山」は依代の三重構造を持っているものと言えよう。ただし、「髯籠の話」において折口が「依代」という時、それは最も狭義の依代について言っているのである。

2、髯籠の意味

大正四年八月二九日に「大阪朝日新聞」の日曜附録に載せられた折口の「盆踊りと祭屋台と」は、柳田國男が『郷土研究』（大正四年一〇月）で「趣旨は本誌の「髯籠の話」と同じで、最も平易に説明がしてある。雲煙過眼の新聞に措《ママ》しい種である。」と紹介したとおり、「髯籠の話」の平易な（とは言え論理は相変わらず複雑であるが）解説となっている。この論文を併読しながら、「髯籠の話」の論旨の先を追っていってみよう。

さて、「神の標山には、必神の寄るべき喬木があって、其喬木には更にある依代《ヨリシロ》の附いているのが必須の条件」（「盆踊りと祭屋台と」[4]）であったが、その依代は、

たゞ何がなしに、神の目をさへ惹けばよいといふ訣ではなく、神の肖像ともいふべきものを据ゑる必要があつたであらう。（「盆踊りと祭屋台と」[5]）

そう折口は考え、さらに、この「神の肖像」は、古代においては「寧描写を避け、象徴に進んだ事と思ふ。」（「髯籠の話」[6]）という考えを示す。そのような依代の代表として折口の取り上げたものが髯籠である。

「髯籠の話」の冒頭には、「十三四年前」（中学校時代）の旅行の途次、紀州粉河《こかわ》寺の門前で巨大な髯籠に出くわした筆者の体験が語られている。

其日はちようど、祭りのごえん（後宴か御縁か）と言うて、まだ戸を閉ぢた家の多い町に、曳き捨てられただんじりの車の上に、大きな髯籠《ヒゲコ》が仰向けに据ゑられてある。長い髯の車にあまり地上に靡いてゐるのを、此は何かと道行く人に聞けば、祭りのだんじりの竿の尖きに附ける飾りと言ふ事であつた。(7)

髯籠というのは、竹で籠を編み、その編み余りを髯のように長く残したもので、古来贈答品などを容れるのに使った。また端午の幟の頭などにも用いるが、粉河ではその大きなものが祭りの時にだんじり（地車）の竿の先に取り付けられた。折口はその祭りの名残りに出合ったのであった。右の描写から見て、この髯籠の印象はかなり強烈なものだったようである。

「髯籠の話」の中で依代として論じられている髯籠は、この髯籠と、もう一つだいがく（台額）の「ひげこ」がある。

折口の生地の木津をはじめ、大阪の町に近接した村々では、日露戦争以前、祭りの時にだいがくという高い柱を立てた大きな担ぎ物が出た。そのだいがくの柱の上部の円錐形の山形の袋の下に、「ひげこ」と称するよく目だつ装飾が取り付けてあった。折口は子供時代によく見たこの「ひげこ」という装飾を、その形態と名称から髯籠の変化したものに違いないと考えた。さらにだいがくの原形を、木枠に立てた柱に髯籠を取り付けたものであったろうと類推する。この推定には粉河寺で見たあの髯籠の体験が強く働きかけていたはずである。

図9　粉河祭の髯籠　撮影：芳賀日出男

それではこのような立て物の上部に取りつけられた髯籠の意義は何なのか。折口はこの髯籠を、天神の代表たる太陽神の形代であり、太陽神の依代であると推論するのである。「籠は日神を象り、髯は即後光を意味する」（「髯籠の話」[8]）。

太陽神の象徴としての髯籠は、折口の考える依代の原形であった。様々な依代が何らかの髯籠の要素を所有しており、それはそれらの依代が髯籠から転化したものであるからだということを、折口は次々と例証してゆく。

折口によれば、御会式などの万灯の竿頭を飾る御祖師花、葬式の時お捻り銭を揺りこぼしてゆく花籠、目籠に金銀の紙を張って作った国旗の竿の先の球、修験道の梵天等、すべて太陽神の依代たる髯籠から転化したものである。さらに、神ならぬ精霊を招くための盂蘭盆の切籠灯籠の形態さえ、単にその起源を外国に求めただけでは完全な理解には及ばないものとして、「切籠の籰《わく》は髯籠の目を表し、垂れた紙は其髯の符号化したものである。」（「髯籠の話」[9]）という見解を示す。この種の類推は「髯籠の話」の中だけでも、さらに薬玉、宮の咩祭りの絹笠、餅花繭玉等の多数の枝を要素とする作り物（枝が髯籠の髯である）その他、数多くのものに及び、「盆踊りと祭屋台と」「幣束から旗さし物へ」に到っては、際限もないくらいに髯籠類似の依代の例が次々と追加される。これこそ、『古代研究』の「追ひ書き」に言う類似の物事をすばやく認める折口の「類化性能」が、遺憾なく発揮された例と言えよう。原形の発見と、その分化の過程の緻密な追跡という折口の学の基本的な発想は、このように、すでにその処女論文において示されているのであり、その発想はすぐれた「類化性能」によって支えられていたのであった。

3、曳き出される標山

標山系統のだし・だんじり又はだいがくの類には、必中央に経棒《タテボウ》があつて、其末梢には更に何かの依代《ヨリシロ》を附けるのが本体かと思ふ。（「髯籠の話」[10]）

折口はこのように、祭りに出る移動屋台の類の源流に大嘗祭の時の標（ひょう）の山を据え、それらを「標山系統」の立て物（あるいは練り物・飾り物）と呼んでいる。髯籠の考察は、これらの「立て物」の末梢に取り付ける神の肖像たる「依代」の考察であった。ところで、「髯籠の話」のもう一つの論点は、「標山」（しめやま）の考察にある。すなわち、「標山」の観念の発見とその観念の様々な形象化の追求、そしてその意義についての考察である。

前に述べたように、大嘗祭の「標の山」を標山（しめやま）と呼ばれたであろう神降臨の地（山）のミニチュアであろうと考えたところに、「標山」に関する折口の第一の発見があった。第二の発見は、その「標の山」のような「標山」のミニチュアが、「標の山」以外にも多く存在することの発見である。だし・だんじり・だいがく等は、形態においても機能においても、「標の山」と共通のものを持っている。諏訪の御舟祭りの屋台も、その類に付け加えてよかろう。さらに洲浜・島台の例が挙げられているが、これらは「標の山」がさらにミニチュア化したものである。ちなみに、この第二の発見には、平田篤胤の『古史伝』の標の山の考察が大きなヒントを与えていると思われることを言い添えておこう（『古史伝』二十九の下）（補注1）。

「標山系統」の立て物についてもう一つ注意すべきことは、その移動性である。たとえば大嘗祭の標の山は北野の斎場から曳き出されて宮中の祭りの庭に入るが、折口は移動屋台の類もこの形が本来であったはずだと考えた。そしてそのことから次のような重大な結論を導き出したのである。

> 標山系統の練り物の類を通じて考へて見るに、天神は決して常住社殿の中に鎮坐在すものではなく、祭りの際には一旦他処に降臨あつて、其処よりそれ〴〵の社へ入り給ふもので、戻りも此と同様に、標山に乗つて一旦天降《アモ》りの場《ニハ》に帰られ、其処より天馳《アマカケ》り給ふものと言はねばならぬ。(11)

天つ神はこの地上の社に常住してはいない。祭りの時に限って呼び迎えるのであり、そのための装置が標山（しめやま）である。これは日本の神の性格を考究してゆく上で、画期的な発見であった。そして、くしくも折口がこの「標山」論を展開した『郷土研究』の同じ号（大正四年五月）に、柳田國男は「一時的の移動自由な神の坐所」としての「秀倉」（ほくら）の成立に関する論を発表し（「柱祭と子供」）、折口とは別の角度から神の一時居住性の問題を取り扱おうとしているのである。ただ観念によるのではなく、具体的な事物から出発して神の性格を探ってゆくという方法を、日本の民俗学は『郷土研究』誌上において、この時期、確立しつつあったと言えよう。

4、続髯籠論——供物容れ・さずき・だし——

「髯籠の話」の続稿の「依代から「だし」へ」は、この論考の最初の掲載から二十か月後に発表されている。この間に多くの資料が集められ、それらを生かしてこの続稿は、「依代」についてのさらに新しいいくつかの論の発展を見せている。ここではそのうち、供物容れに関する論と、「だし」の話とを紹介しておこう。

平安時代の日記・物語類に見える髯籠は、もと依代の髯籠が、その用途を忘れられて供物容れとなり、さらに贈答の容れ物に転じたものである。葬式の時の花籠は、装飾であると同時に容れ物を兼ねている。そもそも依代と供物容れ（と供物）とは、密接な関係にあったものではないかというのが、折口の主張である。

供物入れに三方《さんぽう》の類を使うようになったのは比較的新しいことで、古くは正式には籠を用いたものではなかったか。延喜式に見える輿籠《こしこ》などの例から、折口はそう想像する。また、「火袁理《ホヲリ》ノ命の目無堅間《マナシカタマ》・熊野大神の八《ヤツ》目荒籠《メノアラコ》・秋山下冰壮大《アキヤマノシタビヲトコ》の形代《カタシロ》を容れたといふ川島のいくみ竹の荒籠など」(12)の例は、神の在処が供物容れと近い関係にあることを暗示したものではないか。こう論を進めて折口は、髯籠はもと、移動神座であると同時に供物容れとしての性格を持つものであったろうと結論する。この推論の根底には、神と供物との原初的な一元論が想像されているのである。

このように、「依代から「だし」へ」の中の供物容れに関する論は、その論理に幾分の飛躍はあるものの、「依代」の性格の大事な側面を指摘したものであった。ところで、折口は後に「桟敷の古い形」（『土俗と伝説』大正七年九月）・「たなばたと盆祭りと」（『民俗学』昭和四年七月）などで、「さずき」「やぐら」「たな」の論を展開させてゆく。さずき（桟敷）・やぐら（矢倉）・たな（棚）は原義的には同種のもので、それらは地上から隔離した所に設けられた神座＝依代であり、また供物の捧げ場所でもあるという論である。芸能史的には、この「さずき」の類が、舞台および観客席の一つに源流であるという見方がなされる。供物容れの論は、後年のこれらの論の基礎論の部分を受け持つ結果にもなっているのである。

「依代から「だし」へ」のもう一つの眼目は「だし」である。折口は様々な「だし」の用語例から、その本義を探ってゆく。

江戸で言う「だし」（山車）は、祭りの時に曳く屋台全体を指すが、京都・長崎・大阪木津などでは、「だし」はなお、部分の名称として使われている。それらの地方では、山鉾・傘鉾・だいがくなどの柱頭の飾りを「だし」と呼んでいる。こちらの使い方がより原義に近いことは明らかだ。「江戸の山車は旗竿の頭の飾り物が非常な発達をした為に、其儘全体の名となつたのであらう」(13)。また、平安朝の「いだし車」には、「だし」についての深い暗示が含まれている。車から「いだし衣」をするのは、祭りの時にするので、信仰的な理由によっているのである。武家の時代になると旗さし物を立てて歩くようになるが、その竿頭のしるしを「だし」と言っている。さらに「徳島の端午に作るやねこじき又は、だしと言はれてゐる作り物は、江戸の顔見世《カホミセ》のとうろうなる屋根飾りと同様に、屋上に出すもので」(14)、これらは、竿頭の「だし」が屋根まで降りてきた段階を示すものである。これらの例から折口は、「だし」は本来、神の目じるしのために目立つように出したものを指した語であったことを結論するのである。

「だし」の発見は、折口の「依代」の観念を一層明確にした。「標山系統」の練り物は、台の上に柱を立ててその頭部に髯籠に代表されるような「依代」を付けるのが基本の形であった。この狭義の依代を指し示すことばが「だし」であったわけだ。さらに折口は、柱の部分を指すことばが「ほこ」であったことも指摘している。これも部分の名であったものが、屋台全体の名となった例である。

しかし、「だし」はいつまでも柱頭に固着してばかりもいなかった。「やねこじき」や「とうろう」のように屋根まで降りてきた「だし」もあれば、田楽師の藺笠《いがさ》の飾り物や獅子舞・手古舞の花笠となった「だし」もあった。だが取り付ける場所がどこに変わろうと、神を迎えるための「だし」は、祭りに必須の品物であった。

そゝり立つ柱なり竿なりの先の依代なるだしは、いくら柱が小さくなつても、或は終に柱を失うて、とゞのつまり人の頭に載る様になつても、振り落されなかつたのである。(15)

5、「稲むらの蔭にて」——にほ——

この「依代から「だし」へ」で、「髯籠の話」は一応打ち切りとなる。ここで大筋のできあがった折口の「依代」論は、そのあと、『土俗の伝説』誌上に発表の「幣束から旗さし物へ」「だしがくの研究」「まといの話」といった各論に受け継がれてさらに展開してゆく。ところで、大正五年六月に折口は、この系列とはやや趣を異にするもう一つの「依代」論を『郷土研究』に発表している。「稲むらの蔭にて」である。この論考は、「依代」論として「髯籠の話」と関連を保ちながらも、それと並んで折口の学説のもう一つの出発点ともなっている重要な論文である。しばらくその内容を見てみよう。

この論文は、刈り上げののち田の畦に藁を高く積み上げて作られる「稲むら」が、もと田の神の依る標山（しめやま）＝祭壇ではなかったかという説を述べたものである。この稲むら祭壇説は当初は突飛なものに思われたが、後に琉球の「シラ」など多くの材料が集められてくるにつれ、柳田國男をはじめ民俗学者の広く認めるところとなっていった。特に柳田は、「稲の産屋」という晩年の論文（『新嘗の研究』第一輯、昭和二八年一一月）において、折口のこの説を受けて、それをより大きな問題に発展させていっている。ちなみに『新嘗の研究』の同輯には、「稲むらの蔭にて」再説とも言うべき折口信夫の遺稿「新嘗と東歌」[16]が一緒に掲載されていて、折口が同主題を生涯閑却していなかったことが知られる。

「稲むらの蔭にて」において折口は、稲むらの方言を次の三つの系統に分けて考えてゆく。

（1）nih の語根を含むもの及びその類（にえ・にお・にご・のう）
（2）sus の語根を含むもの及びその類（すすき・すずし・すずしぐろ・すずぐろ・すずみ）
（3）hot の語根を含むもの及びその類（ぼと・ぼうど・ぼっち等）

その他、ほづみ、こづみ、くま、ぐろ等の方言がある。

折口はまず nih 一類の語から丹生（にふ）を連想している。山中の神に丹生神が多いのは、その地が神降臨の場所であったからではないか。そして、稲むらの「にほ」（ニオ）も、それが神降臨の「標山」の一種であることを示す名ではあるまいか。この丹生神についての考えは、後に水の信仰の研究へと発展してゆき、それはまたこの説の一つに裏付けともなるが、「にへ」（ニエ）に関し折口は、贄説をも同時に提出している。稲むらと、田の神のための供物との関連を、「にへ」・「くま」（糞米《くましね》の略と考える）の語は暗示していはすまいかと。

次に、sus の系統の語は、「田の畔の稲塚（稲むら）に樹てた招代《ヲギシロ》」としての薄（すすき）から転化した呼び名ではないか。

折口のこの考えには、柳田國男の「片葉蘆考」（『郷土研究』大正三年六月）からの示唆があろう。同論文で、片葉の蘆が「直接に神の出現を意味する神聖なる物体」、すなわち後に折口の言う依代であることをのべた柳田は、薄もまた「神代」（かみしろ）であることの説明として、諏訪の穂屋野の神事に立てる一本薄（ひともとすすき）の例をあげている。それに本来「すすき」は、蘆なども含めて、禾本科の穂のある植物の総称でもあった。稲の神を迎えるのにそれはまことにふさわしい象徴ではないか。ともあれ、依代論の着想を得つつあった若き折口にとり、柳田の「片葉蘆考」は極めて感銘深い論文であったはずなのである。

hotの系統の語については、折口はそほど（案山子）説とぼんてん（梵天）説とを出している。どちらにしても「標山には招代を樹てねばならぬ」との観点から、「招代」としての案山子・梵天を考えているのであろう。このあたり、折口の「招代」「依代」の用語は、「髯籠の話」におけるような狭義のそれに限定されてはいない。

かくして折口は、稲むらが秋の収穫の後に田の神を迎えるための家ごとの標山であったろうという説を、言語方面から固めてゆく。大嘗祭の標（ひょう）の山や木津のだいがくのような動く「標山」に対し、これは仮設された「標山」であると考えることができよう。そして稲むらがはたして標山であったとすれば、田の神といえども、もとは地上に常住するものではなく、祭りごとに田の祭壇に依り付く存在であったことが想定せられよう。実際、後年の「年中行事」（『民俗学』昭和五年一〇月）の中で折口は、この考えを明確に打ち出してくるのである。なお、田の神が刈り上げの後に山の神となるとする信仰が原初からのものではなく、標山の信仰を媒介として生じてきたものであることは、この「稲むらの蔭にて」ですでに主張されている。

さて、「稲むらの蔭にて」に関連の深い論文としては、「髯籠の話」の他に、折口の後年の論文「大嘗祭の本義」（『古代研究 民俗学編二』昭和五年六月）と、折口の恩師三矢重松の「民間の新嘗（遺風の調査を望む）」（「國學院雑誌」大正四年八月）とを挙げなければなるまい。三矢の論文は、宮廷の大嘗・新嘗の祭りに対して民間における新嘗の遺風を、万葉集の東歌や地方の民俗を通して探ろうとしたもので、折口の「稲むらの蔭にて」の考察は、その刺激によっていると思われる部分も多い。もちろん「にふなみ」の語源解釈等、各事例に関しては師と説を異にしてはいるものの、折口の稲むら論自体、師の望んだ、「民間の新嘗の遺風」の、神を迎える装置の視点からの「調査」であった。このような出発点を持っていたからこそ、後に「大嘗祭の本義」に結実する折口の大嘗・新嘗の論は、決して単に宮廷の祭りを論じた故実考証的なものとはならなかったのである。「大嘗祭の本義」のもとの演題は、「民俗学より見たる大嘗祭」であった。

6、柱松と髯籠——柳田と折口——

次に、折口の依代論を当時の学会の情勢の中で見ておこう。

折口信夫が「髯籠の話」「稲むらの蔭にて」を『郷土研究』に発表した大正四・五年、柳田國男は尾芝古樟の筆名で、八篇の神樹論とも言うべき論文を同誌に発表している。「柱松考」（大正四年三月）「柱祭と子供」（大正四年五月）「竜灯松伝説」（大正四年六月）「旗鉾のこと」（大正四年八月）「大柱直」（大正四年九月）「諏訪の御柱」（大正四年一〇月）「勧請の木」（大正四年一一月）「腰掛石」（大正五年三月）である。これらは神の宿りとしての天然の樹木および柱を論じたもので、折口の依代論と極めて近い主題を扱っている。

「柱松考」は、折口の「髯籠の話」の第一稿より一号前に掲載されているが、その時点では「髯籠の話」の原稿（最初の二回分）はすでに折口の手元を離れていたはずで、前者の直接的影響は後者には全く見られない（「髯籠の話」の最初に「柱松考」の名が出てくるが、この部分は編者（柳田）の書き足した部分である）[17]。

「髯籠の話」の先行論文としては、むしろ出口米吉の「鬼の来る夜」（『東京人類学会雑誌』明治三八年三月）や南方熊楠の目籠に関するもの（「出口君の「小児と魔除」を読む」、同誌、明治四二年五月、および『郷土研究』大正三年五月の「紙上問答〈答六五〉」等）、そして柳田國男のものでは、大正二年三月から三年二月にかけて『郷土研究』に連載された「巫女考」を挙げるべきであろう。

柳田國男の「神樹」論の本格的な展開は、もちろん右記の「柱松考」より始まるものである。しかし、それ以前のものにも柳田の「神樹」への関心は窺うことができる。

明治四四年一〇月付の南方熊楠宛の書簡で、柳田は柱松の行事のことを語っている。また大正二年一二月の東洋協会講演会で柳田が「柱松考」と題する話をしたことが、『郷土研究』（大正三年一月）の「雑報」に報告されている。柱を立てるこのような行事に対する関心と並行して、柳田は「巫女考」において、よりましとしての巫女と巫女が神を招くために持つ手草について考えをめぐらしていた。さらに手草の思想の根底をなす「神霊が樹木に宿ると云ふ信仰」（『郷土研究』大正二年七月）についても考えをめぐらしていた。「柱松考」以下の「神樹」論は、これらの論考を基盤として生まれてきたものであった。折口もまた、『郷土研究』に載せられた柳田のこれらの論考（「巫女考」は一二回にわたる）によって、自らの思考を鍛えたに違いないのである。

折口の「髯籠の話」は、その文中に編者（柳田）が書き足したとおり、「柱松考」以下何度かにわたって展開された柳田の「神樹」論と、濃密な主題的関連を有するものであった。しかも折口の論法は演繹的であったから、柳田としては結論を先取りされている部分もあって、多少やりにくい面もあったかも知れない。だが、やはり柳田にとっては、たのもしい同学を得た思いのほうが強かったのではないか。それに折口と柳田とでは、同類の主題を扱っても、その材料も扱い方も全く異なっていたのである。連載中お互いに影響を与え合った面はあったが、結果から見ると、柳田の「神樹」論は「髯籠の話」とは別の目的を開いてゆくものであったし、八編のそれらの

「神樹」論の後に書かれた折口の続稿（「依代から「だし」へ」）も、柳田の展開とは全く別の角度から神の宿りを論じたものであった。

両者の論の違いを傾向的に言えば、柳田が主に柱および樹木に関心を示したのに対し、折口の関心はむしろ、柱の先の「だし」に向いている。柱松や旗鉾について、柳田は次のように、柱そのものの重要性を強調している。

> 柱の頂点に於て火を燃すことは、火の光を高く掲げる為に柱を要としたのでは無く、柱の所在を夜来る神に知らしむる為であつたことは、日中の柱に旗を附することを思合せるとほゞ疑が無い。(18)

柳田はさらに、この柱も天然の神樹の代用であることをも主張している（「竜灯松伝説」）が、要するに、髯籠等の「だし」を一つの軸とした折口の依代論が、傾向としては人工的な象徴に神の宿りを強く求めているのに対し、柳田の「神樹」論は、樹木というより自然的な宿りに神を招こうとしていると言えよう。また人工的ということに関連して言えば、折口の依代論のもう一つの柳田との相違は、都市の民俗を材料としている点にある。柳田は後年まで、都会の生活を民俗学の対象としては認めなかった。大阪生れの折口には、最初からそのようなこだわりはなかったものと思われるのである。

7、異郷論と依代

本節の最後に、折口における異郷論と依代の観念との関連性について考えておこう。

われ〳〵の祖先は、われ〳〵が今日も尚あるやうに、二元的世界観の中に住んでゐたことは、ほゞ疑ひがない。(19)

「二元的世界観」とは、此土と彼土、人間界と幽冥界との対立の観念である。大正五年一一月に『アララギ』に発表した「異郷意識の進展」において、折口はすでにこのような二世界の対立を、明確に構造化して捉えていた。この論文には、古代人のそれに託して、折口の強い異郷憧憬の念が語られている。折口の神の依代に対する執拗な関心の背景には、この異郷憧憬の感情が存しているものと思われるのである。

この最初の異郷論の発表の時点では、まだ、「髯籠の話」は完結していない。また「異郷意識の進展」と題する口頭発表を、折口は大正四年三月の國學院大學国文学会例会で行なっている(『國學院雜誌』大正四年四月彙報欄、高橋広満の教示による)。折口の異郷論と依代論とは、ほぼ同時期の出発であったと言えよう。しかも両者は、相補的な関係にある論であった。

「単に海外或は天上に、神の居住地としての異郷を考へてゐたばかりでなく、同じ地上にも、神の所在地を思うてゐた事は、想像するに難くない。」ということばが、「異郷意識の進展」の中に見られる。(20) 地上における「神の所在地」とは、依代論からすれば、「標山」であり「標(ひょう)の山」であり「だし」であろう。つまり、折口にとり「依代」は、「神の所在地」としての異郷であったことになるが、これは単なることばの遊びではない。粉河寺におけるあの髯籠体験は、折口にとって、強烈な異郷体験とも言えるものではなかっただろうか。そのような意味で言えば、「依代」はこの世に現れた異郷であった。

この異郷論と依代論とは、後の「まれびと」の発想の出発点でもあった。というよりむしろ、異郷論と依代論のうちに、すでに「まれびと」の観念は胚胎していたと言ったほうがよいかもしれない。なぜなら、「依代」はこの世に目に見える形で現れた異郷もしくは神性であり、「まれびと」もまたこの性格を持つものだからである。

注

（1）「初期民俗学研究の回顧」、全集ノート編追補第三巻。
（2）同書、二四四頁。
（3）「髯籠の話」、全集第二巻、一七八頁。
（4）同前、全集第二巻、二三七頁。
（5）同前、全集第二巻、二三七頁。
（6）同前、全集第二巻、一七九頁。
（7）同前、全集第二巻、一七六頁。
（8）同前、全集第二巻、一八三頁。
（9）同前、全集第二巻、一八八頁。
（10）同前、全集第二巻、一八〇～一八一頁。
（11）同前、全集第二巻、一八九頁。
（12）同前、全集第二巻、一九二頁。
（13）同前、全集第二巻、二〇〇頁。
（14）同前、全集第二巻、一九八頁。
（15）同前、全集第二巻、二〇二頁。
（16）「新嘗と東歌」、全集第一八巻所収。
（17）「髯籠の話」の成立事情については、池田彌三郎「「ひげこの話」の成立秘考――柳田・折口両巨人の交流――」、『わが師・わが学』（桜楓社、一九六七年）一八七～一九三頁、ならびに、『折口信夫――まれびと論』（講談社、昭和五三年）一四六～一五三頁に詳しい考証がある。

(18) 柳田國男「旗鉾のこと」、『神樹篇』、『柳田國男全集』第一九巻、筑摩書房、一九九九年、四五九頁。
(19)「異郷意識の進展」、全集第二〇巻、一二頁。
(20) 同前、全集第二〇巻、一四頁。

(補注1) たとえば、『古史伝』「二十九之巻下」(矢野玄道による続攷部分)の大嘗祭悠記主基の「標」に関する記事に、以下の割注がある。「爰に井上氏説に、古事記なる玉垣宮ノ段に、飾ニ青葉山ニ而云々、と云ふ事あれば、いと古くよりさる物有ッけむ、と云へる寀にさるべし。さては此レぞかの洲浜、庭つくり、仮山などの起源《ハジメ》とや云ッべからむ。」(『新修 平田篤胤全集』第四巻、名著出版、一九七七年、五五頁)

第四章　折口学の諸相

Ⅰ、古代研究

1、『古代研究』の刊行

昭和四年から五年にかけて、東京大岡山書店から、折口信夫の『古代研究』全三巻が刊行された。これは、大正三年から昭和五年までの、いわば折口の学問の形成期に書かれた論文七〇篇余りを集めたもので、折口が自己の学問の輪郭をはじめて世に示した書物であった。各巻の発刊年月日は次のとおりである。

第一部	民俗学篇第一冊	昭和四年四月一〇日
	民俗学篇第二冊	昭和五年六月二〇日
第二部	国文学篇	昭和四年四月二〇日

『古代研究』は右に見るように、「民俗学篇」と「国文学篇」とから成っている。このことは折口の学の二分を意味するものではなく、むしろ「古代研究」と汎称されている彼の学問の性格を、積極的に示しているものである。折口の「古代研究」は、この二つの学問をその方法的基礎とするものであったと考えてよい。折口は「古代研究」の語に特に深い意味を持たせている。その意味でこの語は大事な折口名彙の一つである。

さて、『古代研究』の発刊をもってこの名辞の成立の時期とするべきであると考えるが、そうだとすれば、この語は厖大な具体的な内容を同時に伴って成立したものと言えよう。また「古代研究」の名辞は、当初、斬新な語と受け取られたようだ。西角井正慶は、『古代研究』の書名が当時非常にセンセイショナルな感じのものであったことを、後年の座談会で証言している（旧全集再版本第一巻月報）。折口自身、この書名には大いに自負するところがあったのではあるまいか。この項ではこの名辞の成立の過程とその内容とを追ってゆくこととする。

2、柳田民俗学との出会い

『古代研究 民俗学篇第二冊』には、七〇頁にも及ぶ著者の「追ひ書き」が付せられている。『古代研究』の解説としてのこの長大な「追ひ書き」の中で、折口は自己の学問の道程とその性格とを子細に語ろうとしている。折口信夫の「古代」とは何か。古代研究とは何を目指した学問なのか。このことの理解のためには、折口のこの「追ひ書き」を熟読するにしくはあるまい。

さて、その「追ひ書き」の中の次の箇所は、折口の「古代研究」の出発点を語るものとして、やはり第一に注目すべきものであろう。

> 私の学問に、若し万が一、新鮮と芳烈とを具へてゐる処があるとしたら、其は、先生の口うつしに過ぎないのである。又、私の学問に、独自の境地・発見があると見えるものがあつたなら、其も亦、先生の『石神問答』前後から引き続いた、長い研究から受けた暗示の、具体化したに過ぎないのである。（中略）使徒の中、最愚鈍な者の伝へた教義が、私の持する民俗学態度かも知れない。併しながら、私は先生の学問に触れて、初めは疑ひ、漸くにして会得し、遂には、我が生くべき道に出たと感じた歓びを、今も忘れないでゐる。この感謝は、私一己のものである。(1)

「先生」とあるのは、もちろん柳田國男である。折口は柳田に対する学恩を、すでに、大正五年に刊行の『口訳万葉集 上巻』に付した「口訳万葉集のはじめに」の中で、「この口訳が、多少、先達《センタツ》諸家の註釈書と、類を異にした点があれば、其は、万葉びとの生活についての直観力と、語部が物語り・権威者の記録の上に、高等批評を下す態度とを授けられた、柳田国男先生の賚物だ、といはねばならぬ。(2)」と述べていた。また、『現代短歌全集釈迢空集』(昭和五年九月)に付した「自撰年譜」の大正二年の項には、「三月、柳田国男先生により、雑誌「郷土研究」創刊せられ、己の学問の行く所を確認する。(3)」ともある。折口信夫は、このようにごく早い時期、己れの学問のまさに出発の時期に、柳田國男の学問と出会い、自身をその学統に列なるものと強く意識したのであった。

『石神問答』前後から引き続いた」柳田の研究とは、言うまでもなくその民俗学的研究を指す。『石神問答』・『遠野物語』の二著は、明治四三年に出版されている。続いて、「考古学雑誌」に「十三塚」(明治四三年一二月)・「地蔵木」(明治四四年六月)、「人類学雑誌」に「「イタカ」及び「サンカ」」(明治四四年九月~明治四五年二月)等を発表している。ただし、それらの研究は、当時はまだ柳田自身はっきり「民俗学」と意識したものではなかったようだ。「先生の学問」(昭和二二年一〇月)の中で折口も述べているように、柳田は自らの学問を自らの表現で暗中模索しているうちに「フォークロア」に行き逢ったのであって、その学問の枠組みが最初に存していたわけではなかったのである。

西洋に「フォークロア」という学問があったことと、日本に民俗学という学問が成立してくることとは、一応別問題のことと考えるべきだろう。しかも、日本の民俗学誕生のための陣痛期は極めて長かった。少なくとも柳田の右の著述の年代頃から、大正二年から同六年まで続いた第一次の『郷土研究』刊行の時期くらいまでをそれとしてよかろう。折口はその時期の柳田の「民俗学」に惹かれ、同時にこの日本の民俗学の陣痛を他の多くの仲間とともに体験したのであった。そして、その中から折口独自の民俗学を彼なりに成立させていったのである。「追ひ書き」に折口があれほど柳田に対する感謝と出会いの喜びを語るのは、柳田の学問に出会うことによって、折口が彼自身の学問の端緒をつかんだからである。その意味で折口の柳田への感謝は「彼一己」のものであった。折口の「古代研究」の方法の基礎には、折口が折口なりに受け継いだ、柳田に発する「民俗学態度」が、堅固なものとして横たわっていることをまず確認しておこう。

『古代研究』「追ひ書き」は、柳田の学に触れて折口の会得したこの新しい道に関し、さらに次のように述べている。

其は、新しい国学を興す事である。合理化・近世化せられた古代信仰の、元の姿を見る事である。(4)

折口は民俗学の態度による自己の新しい学問を、「新しい国学」と位置づけている。そもそも、折口の国学に対する思い入れには、なみなみならぬものがあった。「国学とは何か」（昭和一二年一月）の中で、折口は、先師三矢重松を国学最後の人と考えてきたが、今日になって思うと自分などがむしろその位置にあるものではないかという気がすると書いている。国学者としての自負を、折口は終生持ち続けている。しかし、折口のこの学に対する態度は決して保守的なものではなかったのである。旧来の国学に対して、折口は愛惜の念とともに何か飽き足らぬものを感じていた。それは、国学の対象とされる古代の実態に、従来の国学・古学が、はたしてどの程度に迫り得ているかとする疑問であった。しかも明治以後の開化思想は、折口の指向する「古代」からますます掛け離れたところに人々を運び去ろうとしていた。「新しい国学」のまさに待望されていた時に、折口の目の前に現れたのが、柳田の新しい学問であった。

折口は、近世の国学には存外に儒学の型による古代文献の処理の多いことをあちこちで語っている。彼等は理想としての古代を儒学者流に「経国済民」というところへ持ってゆこうとすると折口は言う。そういう「合理化・近世化せられた」古代ではなく、もっと「元の姿」の古代を見る学問を打ち立てねばならない。柳田國男の民俗学の態度こそは、折口には、そのような新しい国学を興す為の支柱とすべき方法であると思われたのであった。大正九年一〇・一一月に「國學院雑誌」に掲載された彼の「異訳国学ひとり案内」は、この意味の「新しい国学」樹立の宣言の書であった。

要するに、部分よりは全体である。本質の改造、否寧ろ、本質の確立に向はねばならぬ。此闘諍の上に、恩寵《サキハヘ》あれ。(5)

最初同誌の五月号――同窓会号――に掲載の予定で書かれたこの論述はまた、折口信夫の「古代研究」を宣言する文章でもあった。そこには次のような記述が見えている。

万葉びとの生活を体得せないでは、万葉を読んだ処で、何になる。万葉びとの魂を吸ひこむことをしないでは、言語意義変遷史・文学思想推移の沿革をひき出すに止るのである。単なる語学者・文学思想史の研究者としてなら、其以上の註文は無理である。けれども私は、今そんな人々に対して、物を言うて居るのではない。古代人の生活を全体として体験した下地に立つて、大昔の文化を研究しようと言ふ意味なる、あなた方国学院の若い学者たちを、あひてにして居るのである。[6]

万葉びとの生活を体得してこそ、真の万葉の読みが可能となる。同書はさらに、「我々は、人麻呂をものり越えて、直に記・紀の心を握らねばならぬ」とも述べている。[7] 新しい学問は「古代人の生活を全体として体験した下地に立つて」古代を見直さねばならない。その万葉びと＝古代びとの生活についての直観力を授けてくれたものとして、折口は柳田の民俗学に対する感謝を語っていたわけだ。折口の「古代研究」とは、このように古代人の生活を実感的に体得することを必須の条件とするものであった。それはまた折口によれば、国学の目指すべき第一の目標でもあったのである。

3、古代研究と古代学――その用語例――

用語にこだわれば、「異訳国学ひとり案内」では、まだ「古代研究」の語は使われていない。折口におけるこの語の初出は、大正一四年四月に『改造』に掲載された「古代生活の研究――常世の国」においてである。次のように使われている。

私は、今門松の事を多く言うた縁から、元旦大晦日に亘るしきたりの最初の俤を考へて、古代研究の発足地をつくる。[8]

海のあなたの寂《シツ》かな国の消息を常に聞き得た祖先の生活から、私の古代研究の話は、語りはじめるであらう。[9]

記録の上では、新暦の時代に入つてゐても、古代研究の立場からは逆にまた、新旧暦雑多の時代と見ねばならぬことも多い(10)。

この他にもこの論考では、「古代研究」の語がさらに二か所、「古代研究家」の語が一か所使用されている。この時点で、折口が「古代生活」を研究する一個の学問の必要性を感じ、それを「古代研究」の名で呼ぼうとしていたことは明白である。「古代生活」の研究は「国学」の目標であり、その名でこの研究を呼ぶこともできるが、「古代」を対象とする学であることを主張する語がやはりほしい。この時期に折口はそういう気持を強く持ちはじめ、その後昭和三年の「上代文化研究法」(『氷川学報』第一五号)では、この語とともに「古代学」の名を併用するが、結局昭和四年の『古代研究』の発刊が、折口自身の学問のための術語として「古代研究」の語を定着させることとなる。

「古代学」の名辞は『古代研究』の背後に隠れてしまった形になったが、この語は「上代文化研究法」の後も、折口の著作において、昭和一四年の「訓詁の新意義――相磯君の新著の序として――」、昭和一七年の「日本文学の発生」(『日本評論』)の「序説」、昭和二四年の対談「民俗学から民族学へ」等で用いられている。ただし、対談における用例は「民族古代学」というものである。

これらの用語例を見るに、折口において「古代研究」と「古代学」との間に意味の差は認められない。このことは、西欧の「古代学」と呼ばれる学問(例えばドイツのAltertumskunde等)と折口の「古代研究」とを対置してみる観方の有効性を示唆してくれるものではなかろうか。

折口が自著の書名を『古代研究』としたのは、その学の鍛錬場であった雑誌『郷土研究』の響きに対する愛着によるとも思われるし、またその『郷土研究』があえて「学」を名乗らなかったその謙譲に倣ったものとも解釈できる。ともあれ、「古代研究」にせよ「古代学」にせよ、これらの語が、折口の新しい知の枠組みの要求した新しい名辞であったことだけは間違いあるまい。

4、生活の古典としての民俗

今少し用語に関して言えば、実は折口信夫が「古代研究」の語を用いる以前に、折口を指して「古代研究者」と呼んだ人がいた。柳田國男である。柳田の主宰した『郷土研究』が大正六年三月に四巻一二号で休刊した後を受け継ぐ形で、折口は大正七年八月から翌八年一月にかけて、雑誌『土俗と伝説』を編集刊行している。その創刊号に柳田國男は「雑誌は採集者の栞」という一文を寄せて、編者らを激励した。その冒頭に次のように述べている。

本紙の編輯者が始めて唱へられ、また好んで唱へられる所謂「万葉びとの生活」は、単に廿巻の万葉集を百遍読み、続日本紀や令の解類や姓氏録、残つて居る風土記や霊異記の類を繰返して見た処で、到底其片端をも明かにし得るべきもので無いことが、存じの外に早く承認せらるゝに至つたのは時運である。我々の知る限に於て最真面目なる古代研究者の一群が、今や其当然為すべき事業に向つて発足せらるゝ事は、且は斯邦の文献の未だ大に衰へざる徴として、我々が手を額にして怡び望む所である。

「古代研究者の一群」となっているが、このことばは特に折口を意識してのものであることは明白である。またこの語は、柳田がすでに早くより、折口の学問の特性を的確に見抜いていたことをも示すものであろう。

ところで、この柳田の言説は、単なる用語の問題以上のものを含んでいる。「民俗学」と「古代研究」との係わり合いの問題である。

すなわち、この文章は古代人の生活を知るのに古代の文献のみからすることの不足を述べたもので、「民俗学」の方法による「古代研究」の正当性を認めようとするものである。折口自身の発言を検証しながら、この問題をもう少し考えてみよう。

(1) 私どもはまづ、古代文献から出発するであらう。(2) さうして其註釈としては、なるべく後代までながらへてゐた、或は今も纔かに遺つてゐる「生活の古典」を利用してゆきたい。(3) 時としては、私どももと血族関係があり、或は長い隣人生活を続けて来たと見える民族のしきたり、又は現実生活と比べて、意義を知らうと思ふ。(4) 稀には「等しい境遇が、等しい生活及び伝承を生む」と言ふ信ずべき仮説の下《モト》に、かけ離れた国々の人の生活・しきたりを孕んだ心持ちから、暗示を受けようと考へてゐる。

(「古代生活の研究――常世の国」[11])

便宜的に(1)~(4)の番号を振ったが、(1)はいわゆる古典研究、(2)は民俗学の知識、(3)(4)は民族学的知識のことと言い換えてよいだろう。折口によれば、古代生活の研究はこの三者の有機的な協働によって行われるべきものであった。そしてこのような「古代研究」によって、古典(古代文献)への理解も一層深まるわけでもあった。

古代生活の解明に現代の民俗の研究が役立つのは、民俗が常に前代を残存させているからである。しかもこの前代の要素は、単なる残存に過ぎぬのではなく、後代の生活の生きた一部となっているものである。古代の生活はこうして現代の生活に連続している。昭和九年八月に『古典風俗』に書いた「生活の古典としての民俗」の中で、折口は次のようにも言っている。

> 我々の生活は、常に二つのものを持つてゐる。今の生活に切実なものと、一見何の関係もないもの――くらしつくな方面――とを持つてゐる。さうして、此が共に、等しく今の生活なのである。くらしつくな方面は、直接関係はないが、やはり生活の要素に入つてくるものである。即、我々の生活は、現在だけでなく、過去との繋りをもつてゐる。比喩が説明描写を超越してはつきり人の心に印象されるのは、此過去の生活が背景になつてゐるからである。我々は、此過去の生活を思ふ事によつて慰めを感じる場合が多い。又、かういふしきたりがなぜ起つたかを調べたい気持ちになつて過去に遡り、さうして、成程と合点の行く事がある。此意味で、過去の生活が、現実の其に切実な関係を持つ事になる。[12]

民俗は過去との繋がりを本質としている。民俗とは現実の生活に「切実な関係を持つ」過去の生活である。「現代」は従って、いつの時代の「現代」も、この民俗を媒介として「前代」と繋がっている。民俗学はこの「前代」を遡ることによって、「古代」に到るのである。

折口の言う「生活の古典」の語は、このような民俗の伝承性に関わることばであった。この語が初めて使われたのは、大正一四年四月の「古代生活の研究――常世の国」（『改造』）の、先に引いた箇所においてである。我々は一見今の生活と無関係に見える古典によって自らの生活への反省や慰めを得ることが多いが、それと同様の気持を、しきたりとして残っている過去の生活に触れることによっても持つことができる。そのしきたり、すなわち民俗を折口は「生活の古典」と呼ぶのである。古典は折口にとって決して現代から遊離した遺物などではなかった。「生活の古典」としての民俗も折口においては、「今の生活」の一部としての「過去の生活」を意味しているのである。

5、史前研究・史外研究

折口の「古代研究」は、時代的にはすべての時代を扱っている。それは、どの時代にも「古代的要素」が残存しているからである。各時代の文芸や民俗に存する「古代的要素」を考究することによって「古代」を捉えてゆこうとするのが、「古代研究」の基礎的な方法であった。

このような遡源的な方法をとるかぎり、結論された事実に確固たる年代を与えることはできない。この年代的な非限定性は、折口の「古代研究」の一つの特徴と言えよう。

（1）万葉集辞典を作ることは、とりも直さず、奈良朝の百科辞書をこしらへる訣である。わが国の書史が、到底、奈良朝以前に溯ることの出来ぬものとすれば、時代辞書を分担する人々の中、万葉集の時期を受け持つ者が、一番損な役にまはつたことになる。なぜなら、勝手ながら此書物で、平安の王朝に対して、前期王朝と呼びならして来た奈良朝以前、即、殆まだ、「青空のふるさと」や「海のあなたの妣《ハヽ》が国」を夢みてゐた空漠たる時代迄も、背負ひ込まされねばならぬからである。[13]

（2）概算する事も出来ないが、祖先が、日本人としての文明を持ち出した事は、今の懐疑式の高等批評家

の空想してゐる所よりも、ずつと古代にあると考へねばならない多くの事実を見てゐる。(14)

（3）私は大体見当を、大昔と言ふ処に据ゑて話してゆきたい。そこには既に、明らかに国家意識を持つた民もあれば、まだ村々の生活にさへ落ちつかなかつた人々もあつたものと、見て置いて頂きたい。強ひて問はれゝば、飛鳥の都以前を中心にしてゐるのだが、時としては飛鳥は勿論、藤原の都の世にも、同様の生活様式を見出す事もあり、更にさがつて奈良の時代にも、古代生活の俤を見る事があらう。私の言ひ慣れた言ひ方かうすれば、即、万葉びと以前及び万葉びとの生活に通じて、古い種を択り分けながらお話する次第である。(15)

右の（1）は「万葉集辞典のまへに」（大正八年一月）から、（2）（3）は「古代生活の研究」（大正一四年四月）から引用した。これらによって、強いて時代的に折口の「古代」を規定しようとすれば、「奈良朝以前、即、殆、まだ「青空のふるさと」や「海のあなたの妣《はゝ》が国」を夢みてゐた空漠たる時代」、「祖先が、日本人としての文明を持ち出した」古い時代、「明らかに国家意識を持つた民もあれば、まだ村々の生活にさへ落ちつかなかつた人々もあつた」そんな時代ということになろう。

そのような時代は、いわば文献以前の時代である。折口の方法では、そのような「古代」に万葉集や記・紀などの文献や後世の民俗から遡源してゆくわけだが、そのような時代に焦点をあてる限り、またそのような方法をとる限り、絶対年代の測定は不可能なことと言えよう。

しかし、折口の「古代」が実年代を規定しないことには、それとは別のもう一つの意味がある。それは折口の「発生」の概念とも関わる大事な問題である。

「国文学の発生」「翁の発生」等と使われる折口の「発生」は、古代における文学・芸能の一度限りの発生を意味しているのではなかった。「一度発生した原因は、ある状態の発生した後も、終熄するものではない。[16]」と折口は言う。実はこのことは、折口の「古代」に関しても言い得ることなのである。折口の想定した空漠たる古代は、確かにある時期に存したはずの古代ではあったが、同時にそれは時代を超越した「古代」でもあった。折口が問題とするのは、決してある時期限りで消失してしまうような「古代」ではなかった。「発生」が一回限りのものでなかったように、折口の「古代」も、一度だけの「古代」を意味するものではなかったのである。

池田彌三郎によれば、『古代研究』を英訳するにあたって、折口は、日本の精神文化における「古代的要素の研究」と訳出したと言う（「幻影の古代[17]」）。池田はまた、折口が昭和二一年頃『古代研究』の続篇の刊行を企画した時、彼がその書名として「史前研究」か、もしくは「史外研究」を考えていたことも証言している（「折口先生の学問[18]」）。折口の「古代」が、単に歴史年代としての古代を意味するだけのことばでないことは明白である。

言い換えれば、折口の「古代」はすべての時代に遍在するものであった。そして「古代」がこのような形で遍在するからこそ、「発生」も何度も起り得るのではないか。折口の発生論は個々の文学・芸能を生み出す源の力を探ろうとするものであった。折口の「古代」は、その根元の力の存する場所を指すものと思われるのである。このような意味において、折口の「古代」は、「歴史の外なる」存在なのであった。

6、古代の顕現

（主）私どもの庭にも、古代がある――さう思つては楽しんで来たのです。そこに極めて自然に発育して来た旧日本の人事観が見えるのです。[19]

（主）昔を忘れない為に、古風が残るのか、古風が何時までも残つてゐる為に昔を忘れないのか、それは簡単に言へませんが、新しい文化形態にばかり信頼し過ぎない頑丈な精神を、日本人は持つてゐるのですね。新文化に飛びつきたがる傾向があるから、其に備へる為に、逆に又、さうした強靭な精神が用意せられてゐるわけだと思ひますが、どうでせうか。[20]

これらは、昭和一五年に折口が『都新聞』に掲載した「古代の顕現」という主客の対話形式による評論中の主人役のことばである。古代・古風が現代にも強靱に残存しているものであることを、主人は主張している。だが実は、その題名のとおり、古代は「顕現」するのだと言った方が、より折口の真意に近かろう。民俗学では民俗の中に前代が残存しているのだと考えている。この「残存」の概念を折口流にもう一歩押し進めたものが、「古代の顕現」という考え方だと言ってよい。「古代」は歴史を飛び越えて、人々の記憶の中に「再現」してくるものだということを、折口は随所で述べている。たとえば次のように言う。

（主）山茶花の花の知識が玉椿の事に翻案せられて、又色々な話があります。かう言ふ知識が常に記憶の下積みになつてゐるのです。其が冬になり、昔つばきの花をとりかざした頃が来ると、漠然とした形で、古い〳〵文化を持つてゐる農山漁村の人々の記憶の幕の上に現れて来るのです。（「古代の顕現」）[21]

過去の知識は、時代の経つに従つて段々意識を失ふ。併し、或点までは、時代々々の合理解で意義を見出して行かうとするので、次の時代には、また、別の解釈が下されるやうにもなる。（中略）さうして、意義の附け方がなくなると、単に大切なものだとだけ思ふ様になり、その中、忘却が来るのである。ところが、さうした事が、どうかすると、人の心にひよつこり再現する事がある。此説明はしばらく控へるが、民俗の間に一度印象したものは、必再現すると言つていゝ様だ。（「生活の古典としての民俗」[22]）

そして次の「妣が国へ・常世へ」（大正九年・五月）の有名な一節は、「古代」が折口自身の心に再現した事実を語ったものである。

十年前、熊野に旅して、光り充つ真昼の海に突き出た大王ケ崎の尽端に立つた時、遥かな波路の果に、わが魂のふるさとのある様な気がしてならなかつた。此をはかない詩人気どりの感傷と卑下する気には、今以てなれない。此は是、曾《カツ》ては祖々の胸を煽り立てた懐郷心（のすたるぢい）の、間歇遺伝（あたゐずむ）として、現れたものではなからうか。[23]

このように見てくると、折口の「古代」は、民俗学の対象である民族の普遍の心意といったものに非常に近いものであることがわかる。折口の言う「古代」は、民族の心意の中に間歇的にもせよ永遠に生き続けるあるものであり、その意味で歴史を越えた存在だったのである。

7、実感による人類史学

それでは折口は、そのような「古代」をどのように研究しようとしたのか。

『古代研究』の「追ひ書き」の中で、折口は、人類学・言語学・社会学系統の学問に、「実感」をもってする「新実証学風」を、次のように提唱している。

哲学と科学との間に、別に、実感と事象との融合に立脚する新実証学風があるはずである。一方は固定した知識であり、片方は生きた生活である。時としては、両方ともに、生命ある場合もある。此二つを結合するものが、実感である。[24]

「実感」とは、事象の中に、生活の中に、観察者自身が入り込むことである。その「実感」を旅や読書によって、「鋭敏に、痛切に起す素地」を得てはじめて、真の実証的比較研究が可能となる。その際「実証」とは、決して哲学的思索を排除するものではない。経験を基調とし、正しい実感によって蓋然を立て、その蓋然をさらに資料と推論によって必然化してゆくという方法が、「方法論を以て窮竟地と考へない」折口の、唯一の基本的な学問方法であった。

「翁の発生」(昭和三年一月)の中で、折口は、自己の学問を「実感による人類史学」であると語っている。歴史を超越した「古代」の研究が、いかなる意味において「史学」なのであろうか。それは、「古代」が常に、歴史の上の具体的な生活として顕現し、その生活を観察者が実感することによって、折口の「古代研究」は成り立つからであると考えることができる。

折口の「古代」はあくまで具体的に実感し得る「古代」、生活としての「古代」でなければならなかった。その実感された生活の記述が、折口の「史学」であり「史論」であった。そして、その記述もできる限り具体的・実感的になされることを理想とした。

自分は歴史と歴史小説とは極致において一つでなければならぬと信じてゐる。[25]

という発言が、すでに大正三年三月一一日付けの『不二新聞』の「文芸時評」の中でなされている。同六年発表の小説「身毒丸」の「附言」においても、折口は同様の考えを次のように披瀝している。

史論の効果は当然具体的に現れて来なければならぬもので、小説か或は更に進んで劇の形を採らねばならぬと考へます。(26)

歴史叙述の極致を小説あるいは劇の形に見るのは、その時代の「生活」が実感され、具体化されてはじめて、真の「実証的」な研究は達成されるのだと、折口が考えたからである。

ある時代の文学や感情を、ある一つの観念で規定してゆこうとすることは間違いである。たとえば、「私どもは平安朝の文学をも、「もの丶あはれ」だけで見ようとは思はない。」と、折口は言う。この文は次のように続いている。

前代からひき続いたものが、平安朝にもある。いや、平安の「いろごのみ」と謂はれてゐるものにこそ、却て正しい倫理性が見出すことが出来るのでなければ、そんな日本文学の研究などは、ほんたうの末梢的なものである。趣向や、技巧や又生活様式の現れ方などを、掌にのせて眺めて居るやうな態度ではならないのである。

(「寿詞をたてまつる心々」(27))

平安朝の生活は、かつての国学者や一般の史家が考えるような、いわゆる「平安朝的」な要素のみで成り立っているのではない。そこには「前代からひき続いた」生活が必ずある。それらを総合して彼等の生活を考えねばならない。歴史研究や文学研究は、まずそういう「生活」を彷彿とさせるようなものでなければならない。このような研究を心掛けた折口の理想が史論と史劇の一致にあったことは、極めて理解しやすいことであろう。そして、実際折口は、「身毒丸」「神の嫁」「死者の書」のような小説や、「月しろの旗」その他の詩において、史論としての創作を実践してもいるのである。

私どもは実証には、生活の裏打ちがなくては問題にならないと考へてゐる。殊に史学系統の学問では、此が唯一生命と謂つてよいのだと思ふ。[28]

これも「寿詞をたてまつる心々」の中の折口の言である。本節のはじめに紹介した「追ひ書き」のことばとともに、折口の「新実証学風」を端的に説明している文と言えよう。

8、古代的論理の探究

折口の求めた「古代」は、あらゆる時代に遍在するものであった。しかし、時代時代の実際の文献ないし民俗に残存している「古代的要素」は、例外なくある潤色を施されているはずであるというのが、折口の考えであった。その混合・合理化されたものから原形を引き放して、元の古代の論理を探ってゆくこと、これが折口の「古代研究」の目的であった。

私としては、日本民族の思考の法則が、どんな所から発生し、展開し、変化して、今日に及んだかに注目して、其方向から探りを入れて見たい。[29]
明治以後、安直な学問が栄えたが、もつと本式に腰を据ゑて、根本的に、古代精神の起つて来るところを研究して、古代の論理を尋ねて来る必要がある。[30]
出来れば、古代の研究をするからは、出来るだけ古い「古代」を知りたい。中途半端な形をとらへて、此が今日我々の溯れる限りの極限だと言ふのならばまだい丶が、此が我々のもとの姿だと、さう決められてはたまりません。[31]

それぞれ順に、「神道に現れた民族論理」（昭和二年の講演）「古代人の思考の基礎」（昭和四年の講演）「神々と民俗」（昭和二五年の講演）よりの引用である。この他にも折口は、同様の発言を到る所でしている。折口の「古代研究」とは、このような意味の、限りなき古代への溯源であった。その溯源のはてに折口は、後世の我々の思考とは全く異質の、古代的論理を想定していたのである。

古代人の論理に溯る方法として、折口が民俗と古代文献を利用することはすでに述べたが、折口の学の特異な点として、それらの資料を扱う際の言語の分析・考察の非常な深さを挙げねばなるまい。

折口は、古代文献に見える言語も、民俗として伝承されている言語も、ともに何度かの合理化を経た後の形のものであると考え、語のそれ以前の変遷をたえず考慮するよう努めた。従って、折口の研究には、語源を巡っての事象の考察が極めて多い。それらはいうまでもなく言語研究自体を目的としたものではなく、「古代」に溯るための手段であった。この言語研究の方法に折口は相当の自信を得ていたと見えて、『古代研究』の「追ひ書き」

では、「私の国語研究を疑ふ人は、私だけの方法を持たない人だ、と考へてもよい様に思ふのである。」とまで述べている。

この語源の解釈をも含めて、折口が「古代」に行き着くためにとった方法は、緻密な比較研究であったと言ってよい。

> 比較研究は、事象・物品を一つ位置に据ゑて、見比べる事だけではない。其幾種の事物の間の関係を、正しく通観する心の活動がなければならぬ。此比較能力の程度が、人々の、学究的価値を定めるものである。[32]

と、『古代研究』の「追ひ書き」で折口自身、比較研究の重要性について述べているのである。

この「追ひ書き」はさらに、比較の能力にも差異点を捉える「別化性能」と、類似点を直観する「類化性能」との二者があること、折口自身は後者を得意とするものであることを記している。

「類化性能」は、特に「古代」の探究に不可欠の能力であろう。なぜなら、それは、すでに年月によって覆い隠されてしまっている複数のものの関係――古いコード――を発見する能力であるから。しかし、この能力は、単に年代的に古いコードを発見するばかりではない。民族の心意の深層のコードを発見することによっても、それは「古代研究」に寄与するのである。もっとも、この二種の「古代」コードは、結局は同一のコードだと言ってよいものなのであるが。この恵まれた「類化性能」が、折口を「古代研究」に誘い込んだのだと考えることもできよう。

最後に、では我々にとって折口の「古代研究」とは何であり、いかなる意義を持つものなのか。私は、「古代」

と特殊な形で向き合わざるを得ない「近代」という時代が、折口のこの研究を要請したものだと見たいのである。「山越しの阿弥陀像の画因」（昭和一九年七月）の中で、自己の小説『死者の書』を解説して、折口は次のように述べている。

私共の書いた物は、歴史に若干関係あるやうに見えようが、謂はゞ近代小説である。併し、舞台を歴史にとつたゞけの、近代小説といふのでもない。近代観に映じた、ある時期の古代生活とでもいふものであらう。(33)

『死者の書』は、小説の形式をとった折口の「古代研究」と言ってよい書である。この書に関し折口の言っていることが、折口の「古代研究」一般についても言い得るものであるとしたら、折口の「古代研究」は、「近代観に映じた」それであったと言うことができる。少なくとも、折口自身そのように意識しての研究であったということになろう。そしてその自覚のある分だけ、彼自身、古代を「研究」することの必要性とその障害とを痛感していたはずであったろうし、またそれだけ的確な方法で「古代」と対峙することもできたのではなかったろうか。結局、折口にとって「古代研究」とは、自己の内なる「近代」と「古代」との、緊迫した対話であったと結論することができよう。しかもこのような対話は、われわれ近代人の心が、たえず要求しているものでもあったのである。

注

（1）『古代研究』「追ひ書き」、全集第三巻、四六五〜四六六頁。

（2）「口訳万葉集のはじめに」、全集第九巻、八〜九頁。

（3）「自撰年譜一」、全集第三六巻、一四頁。
（4）『古代研究』「追ひ書き」、全集第三巻、四六六頁。
（5）「異訳国学ひとり案内」、全集第二〇巻、三六六頁。
（6）同前、全集第二〇巻、三六九頁。
（7）同前、全集第二〇巻、三六九頁。
（8）「古代生活の研究――常世の国」、全集二巻、二八頁。
（9）同前、全集第二巻、二八頁。
（10）同前、全集第二巻、二九頁。
（11）「古代生活の研究――常世の国」、全集第二巻、二八頁。
（12）「生活の古典としての民俗」、全集第一九巻、一七九～一八〇頁。
（13）「万葉集辞典のまへに」、全集第一一巻、七頁。
（14）「古代生活の研究」、全集第二巻、二九頁。
（15）同前、全集第二巻、三〇頁。
（16）『日本文学の発生序説』、全集第四巻、一八二頁。
（17）池田彌三郎「幻影の古代」、『国文学』一九七三年一月。『池田彌三郎著作集』（角川書店、一九七九年）第一巻に収録。
（18）池田彌三郎「折口先生の学問」、『文学』、一九五五年一一月。『池田彌三郎著作集』第七巻に収録。
（19）「古代の顕現――民族の精神伝統のことなど――」、全集第一九巻、一九八頁。
（20）同前、全集第一九巻、二〇一頁。
（21）同前、全集第一九巻、二〇二頁。
（22）「生活の古典としての民俗」、全集第一九巻、一八四～一八五頁。
（23）「妣が国へ・常世へ」、全集第二巻、一五
（24）『古代研究』「追ひ書き」、全集第三巻、四七六頁。
（25）「文芸時評（二）」、全集第三二巻、九四頁。

(26)「身毒丸」、全集第二七巻、九七頁。
(27)「寿詞をたてまつる心々」、全集第一七巻、四二五頁。
(28)同前、全集第一七巻、四二八頁。
(29)「神道に現れた民族論理」、全集第三巻、一四二～一四三頁。
(30)「古代人の思考の基礎」、全集第三巻、四一二頁。
(31)「神々と民俗」、全集第二〇巻、三二〇頁。
(32)『古代研究』「追ひ書き」、全集第三巻、四七〇頁。
(33)「山越しの阿弥陀像の画因」、全集第三二巻、二一頁。

Ⅱ、国学

1、国学の伝統

老いらくの来ると言ふ道は、くもでに走つて居る。渋々乍らも、竟には、此気味わるいまれびとを迎へねばならぬのが、我々の持つた宿世である。此を塞《サ》へることは、如何なくなどの力にも、適《アタ》はぬ所である。我々の心身限りのことは、あきらめてもすむ。あきらめきれぬは、伝統あるもの〻、古り行くことである。いかいいぬしの命が、あまた度の死にの試みから、立ち直り〳〵せられたのを見れば、我々の国にも、よみがへりの信仰はあつたのである。冬死んで春に甦る草木の、一年は一年と、たち勝つてゆくのを見ると、死んで復生れるもの〻、力強さを思はずには居られない。[1]

これは、折口信夫が大正九年の一〇・一二月、「國學院雜誌」に書いた「異訳国学ひとり案内——河野省三足下にさゝぐ——」の中の一節である。この論説は表題のとおり折口の国学に関する考えを述べたもので、右はその枕の部分であるが、ここには折口の国学に対する根本の気持がよく表わされている。折口にとって国学とは、古りゆくにまかせるには忍び難い価値ある伝統であり、その甦りを信ぜずにはいられぬ、学的情熱の支柱であった。折口は自分の学問が国学の伝統に立つものであり、新しい国学を目指すものであることを、あちこちで述べている。その中でそのことを最も強く表明しているものは、『古代研究』の「追ひ書き」(昭和五年六月)であろう。

私は、柳田先生の追随者として、ひたぶるに、国学の新しい建て直しに努めた。爾来十五年、稍、組織らしいものも立つて来た。今度の「古代研究」一部三冊は、新しい国学の筋立てを摸索した痕である。[2]

「追ひ書き」は柳田國男の学問に折口がどれほど深く傾倒していったか、その道筋を詳しく語っているが、ここでは、その柳田の方法に折口が「新しい国学」を筋立てるための新しい精神を発見していった、そのことのほうに注目しておこう。この時点では、柳田國男自身は、まだ自分の学問を「新しい国学」というふうにはとらえていない。

一体、折口は国学の伝統をどのように把握していたのか。そしてその伝統と自身どう関わってゆこうとしたのか。折口の「国学」に関する発言を主として追いながら、この問題を考えていってみよう。

2、国学への関心

折口は、自己の幼年時の国学体験を、「国文学以外」（昭和一一年五月）の中で次のように語っている。

私の方向の厄介なのは、文学でなく、国文学でなく、更に其外の「国学」であつたことです。中学で譴責せられても、も一つすつと来なかつたのは、わからないながら「国学」を恃むと謂つた心持ちがあつたからではないかと思ひます。つまり国学の立つ所以の倫理観です。薄々之を感じて其を摑むことに、悃悃らしいものを抱いて居たのだと思ひます。

何しろ高山彦九郎の伝記かを読んで、直に泉州百舌鳥耳原まで出向いて、土の上に額をつきました、胸の張り裂ける様な感激に満足したのは、高等小学校の時分でしたもの。此には姉の影響とも言ふべきものがあるのでせう。と言ふよりは、姉をとほして、ある精神を感じたからではないかと思ひます。つまり、明治の国学の先輩よりは、も一つ前代を作る敷田年治翁が、早く江戸を逃れて、久しく大阪に住みついて居られたのです、この先生に、姉が歌や和文・国文を習ひに通ひました。姉から聞いた歌の話、又この先生についての話、皆一つに筋立つて来て、私の心を最初に引き廻す事になつたのではないでせうか。だから、文学よりも、国文学よりも、も一つ前に私を硬化させるものが、心の底に据つて居たのです。(3)

引用が長くなったが、ここには折口の「国学」意識の発生点が語られている。ここに姉とあるのは、長姉あゐのことである。またその師の敷田年治とは、折口は中学に入学後、新たな縁を加えることとなる。

少年の折口がこのように国学を恃む気持を強く持つようになるのには、いろいろな原因が考えられよう。家におけるある種の疎外感、それを埋めようとする意識、男性的なものへの憧れ、学問を愛好する大阪の町家の雰囲気、姉あゐへの感情等々、これらのものが渾然となって、折口の国学への嗜好を育んでいったものと思われるのである。

中学で折口は、国語教師亀島三千丸の影響を強く受けた。彼によって折口は、古典の世界に深く入り込んでゆくことになる。その亀島が、やはり敷田年治の子飼いの弟子だったのである。折口は亀島を通して敷田を深く尊敬するようになってゆく。敷田に入門しようとして、亀島の訓戒を受けたこともあった（自撰年譜）。

敷田の学識・学風については、高梨光司の『敷田年治翁伝』(4)に頼るよりないが、それによれば敷田は、非常な学識を持ちながら不遇な境涯に甘んじた人であったようで、定まった師はなく、伴信友の学風を慕い、考証を学の生命とし、また近年の学者では鈴木重胤に深く傾倒していたという。折口の国学を考える上で、この未見の師との間接的な出会いは、少なからぬ意味を持つ事柄であると言えよう。

次に、「国学」にある精神を感じた折口が、その後どう国学に関わってゆくかを見てゆこう。

3、国学関係の論文

折口信夫が国学について述べている主な論文を挙げると、次のものがある。年代順に並べてみよう。

大正九年一〇・一一月　「異訳国学ひとり案内──河野省三足下にさゝぐ──」（『國學院雑誌』）
大正一四年四月　「古代生活の研究──常世の国」（『改造』）
昭和五年六月　『古代研究　民俗学篇第二冊』所収の「追ひ書き」
昭和一一年五月　「国文学以外」（『文芸懇話会』）
昭和一一年九月　「三矢先生の学風」（『国語教室』）
昭和一二年一月　「国学とは何か」（『大阪朝日新聞』）
昭和一二年三月　「国学と国文学と」（『國學院雑誌』）
昭和一八年四・五月　「国学の幸福」（『國學院大學新聞』）
昭和一八年　「平田国学の伝統」（講演筆記）
昭和二二年九月　「新国学としての民俗学」（『國學院大學新聞』）

このほか折口には神道に関して述べた論考が多数あり、それらも折口の国学観を検討するには大事な資料であるが、それらは個々の問題に即して紹介してゆこう。

右にあげた論文を読んでみると、折口の国学に対する考え方が、時代を越えていかに一貫したものであったかがわかる。その骨子はおよそ次のように整理できよう。（1）国学が草創の精神を忘れて、固定的な倫理の学となることにより、飛躍力を失ってしまったことへの批判、（2）古代研究を中軸とする新国学の提唱、（3）柳田國男の学問を国学として捉え返す視座の提出、（4）国学は神道と表裏の関係にあるという主張、（5）国学は気概と情熱の学であるという主張、以上である。大筋を一応このように想定した上で、具体的な考察に入ってゆこう。

4、「異訳国学ひとり案内」の主張――文芸復興――

「異訳国学ひとり案内」は、折口の最初の国学論である。これを書いた時、折口は三四才、この年彼は國學院大學の専任講師になっている。国学についての定見を持ってしかるべき年齢と地位とである。

まず、この論考を書くに至るまでの、国学少年折口のその後の道程を、年譜的に概観しておこう。

明治三八年に天王寺中学を出て國學院大學に進む。同大学で、彼が真の国学者として終生尊敬した三矢重松と出会い恩顧を受ける。明治三九年、宗派神道の教義研究団体であった「神風会」に参加、街頭布教などを行う。明治四一年、國學院大學の同窓会誌『同窓』を『新国学』と改称してその編集に当り、創刊号に「われらが主張」という論説を発表、次のような意見を書く。「吾人は国学の主義を以て最も大なる、最も理想的なるものと考へて居る。然るに従来の国学者は口こそ喧しく国学の主義とする所を喋々するけれども、之を体現せうとした人が案外尠い。」すでにこの時点で国学に関して一家言を持ちつつあることがわかる。(5) 大正四年、「髯籠の話」が雑誌『郷土研究』に載る。柳田國男の知遇を得、以後、あとで『古代研究』に収められることになる論文を次々に発表。そして「異訳国学ひとり案内」を発表した大正九年頃は、折しも、折口が自己の学問の方法を確立しつつある時期であった。この時期に「国学」を標榜する論説を発表していることの意義は、決して小さくはあるまい。ところで、折口が「異訳国学ひとり案内」で主張したことは、われわれは、われわれの時代の国学を打ち立てなければならぬということであった。

四大人並びに、其居まはりの方々ばかりが、国学の本質を組みあげることが出来て、我々の代には何の問題も残つて居ないとすれば、我々の為事程、無意味なものはない。(6)

要するに、部分よりは全体である。本質の改造、否寧ろ、本質の確立に向はねばならぬ。(7)

この論文ですでに、折口は「新しい国学」の主張を開始しているのである。それは「脆い開化生活におとしてのけた魂をとり戻す、謂はゞ、一つの鎮魂法《タマフリ》(8)」の意義を持つ学でなければならなかった。

橿原の御代に還ると思ひしはあらぬ夢にてありけるものを

この矢野玄道の歌の裏に、折口は「作者すら考へなかつた」次のような心を読んでいる。

政治の上に、今も、橿原の宮を実現しよう、とする運動が時々、ある一部の人々の間に起つて来る。又、其熱を煽りたてゝ、おのれの都合に合せようとする悪ごすいてあひも、出たり、ひつこんだりする。けれども、其は明らかに時代錯誤である。其こそ却て、白檮《カシ》の尾の上の、稜威《いつ》の大御夢をおどろかし奉るものである。

さやうな夜目のいすゝぎは、とこしへに封じたいものである。

が、心の上だけでは、橿原の代も、寧良の代も、尚一度実現出来ぬはずはない。きつと出来る、と信じて居る。[9]

政治の上に橿原の御代を実現しようとする国学者の夢は、近代の現実によってみごとに打ち砕かれた。しかし、その「あらぬ夢」としての現実を見据えた上になお、われわれは古代を実現する方途を失ってはいない。心の上での再現である。

芸術の上の古代は、どこの国でも、寧ろ驚くべき黄金時代を現じて居る。ある点では、近代よりも、更に近代風である。[10]

このような「古代」を心の上に実現させることが、国学の新しい目的となる。いや、国学の本質は、むしろ政治などよりも、このような意味の「文芸復興」にこそあったのではないか。矢野玄道の歌は裏でそのことを主張しているように、折口には感じられたのであった。

この論文の中で折口は「文芸復興」の語を二度使っているが、折口の言う「文芸復興」とは、単に文芸のためのみの文芸復興ではなかった。もちろん文芸や芸術を軽んずるものでは決してない。しかし、それらの芸術を通して、同時にその基盤となった古代人の「生活意力」に触れ、その意力を現在の生活の上に持ちきたすこと、そういう広い意味の文芸復興を、折口はこの論文中で主張したのであった。折口自身、「国民生活の為の文芸復興」という言い方でこれを呼んでもいる。

5、柳田・折口の神道批判

折口信夫の「異訳国学ひとり案内」は、その序に述べられているように、河野省三が國學院大學の教務課長の任を終え、教授専任になるに際して、そのはなむけとして氏にささげられたものである。とは言え、この原稿は本来「國學院雑誌」の同窓会号のために書かれたもので、河野に献じられたのは、たまたまその内容が氏に献じるにふさわしいものであったからにほかならない。

しかし、この論文の執筆に当たって、折口が河野を意識していなかったと言うことはできない。実は河野省三と柳田國男との間に、この二年前の大正七年、神道に関して誌上で論争があり、「異訳国学ひとり案内」は、その論争に対する折口の間接的な批評という性格を持つものであるからである。

「神道私見論争」と呼ばれるこの論争に関しては、内野吾郎が『国文学』の昭和六〇年一月号に簡潔にまとめているので、それを参照されたいが[11]、要するに、当時の神社神道や神祇院中心の神道を批判した「神道私見」と題する柳田の講演筆記が大正七年一月と二月の『丁酉倫理講演集』に載ったのに対し、河野が反論を書き（『丁酉倫理講演集』『國學院雑誌』）、柳田がさらにまたその反論を書いた（『國學院雑誌』）というものである。柳田が、今日の神道は「仮定と神代巻ばかりに基いた神道」であって賛成できない、それらは古代人の生活を真剣に研究しようという姿勢に乏しく、また「国民の精神生活に対する観察から出発した」論理を持つものでもないと、民俗学的立場から、神道・国学を批判しているのに対して、河野はその論の精神には「少からず共鳴を感」じつつも、神道人としての立場から、その批判の過激性を指摘して現神道を擁護している。

柳田とともに日本民俗学の土台固めに専心していた折口が、神道・国学の問題を、大筋において河野よりも柳田に近い捉え方で考えていただろうことは、容易に察せられよう。実際、以下に見てゆくように、以後の折口の国学論・神道論は、この時の柳田の観点をかなり忠実に継承している。しかし折口は国学の伝統の上に立つ人間である。この論文で折口は、柳田が批判した国学を、その批判を受けて民俗学を基軸とした新しい学問として再生させようとしているのである。

折口はこの論文で、国学は何よりも自由な精神をその伝統とするものであることを主張している。そして今日の国学を、「国民の歴史的生活の総ての過程を、倫理観の犠牲にして了ふ」態度があり、そんな窮屈なことでは「国学の前途も、早此迄と、我々覚悟をきめてかゝらねばならぬ」と批判している。これは同時に道徳に偏りがちな神社神道に対する批判でもある。折口はこの論文を、当時の神社界を代表する新進の国学者河野省三にささげることによって、内部からの神道および国学の革新を呼びかけたのであった。

6、国学と神道との関係

昭和五年六月刊行の『古代研究』「追ひ書き」は、「新しい国学」について次の三点を主張している。

（1）新しい国学の目的は、「合理化・近世化せられた古代信仰の、元の姿を見る事」であること。
（2）新しい国学は、「個々の知識の訂正よりは、体系の改造」を目指すものであること。
（3）「新しい国学は、古代信仰から派生した、社会人事の研究から、出直さねば」ならないこと。

一方、折口は神道に関し、「古代人の思考の基礎」（國學院長野県人会講演、昭和四年八月）の中で、次のような発言をしている。

今の神道は、余りに急拵へに過ぎる。江戸時代に、急に組織したものを、明治政府が、方便的に利用したものので、半熟である。今の中に、まう一度、訂正することなしに、捨てゝ置いたならば、古代精神を閃めかしてゐる、国中の古い民俗が、次第に亡びて行つて了ふに違ひない。(12)

この二つの主張は、結局同じ主張の両面である。折口は国学と神道とを、次のように表裏の関係でとらえているからである。

(神道の―引用者)素朴な意義は、神の意思の存在を古代生活の個々の様式に認めて言ふのであった。併し、畢竟は、其等古代生活を規定する統一原理と言ふ事に落ちつく様である。其を対象とする学問が、私どもの伝統を襲いで来てゐる「国学」である。だから、神道の帰する所は、日本本来の宗教及び古代生活の規範であり、国学は神道の為の神学、言ひ換へれば、古代生活研究の一分科を受け持つものなのである。

(「古代生活の研究――常世の国」大正一四年四月)(13)

さて、ここに述べられた内容を見ると、折口の神道観は、概ね近世国学の神道観、すなわち復古神道の観念を受け継いでいるものであることがわかる。それ故に国学は神道と表裏の関係を持つわけであるし、またその伝統を受けて、折口は国学の目的を、古代生活の規範の追求に置いているのである。

しかし、折口によれば、近世の国学あるいは神道は、成立の中途でにわかに完了してしまったような感があるという。そのために思いのほか理念が先行している。古代を追求しているように見えながら、その古代と神とは、多分に近世の理念によって合理化されてしまっている。また、明治以後の神道・国学は、さらに急拵えのものであって、近世の神道・国学を「方便的に利用したもの」に過ぎない。右に挙げた論文の中で、折口は、このような近世・近代の神道・国学を、一度すべて解体して、新しい体系を作り直すべきことを主張しているのである。

さらに折口は、この新しい国学は「古代信仰から派生した、社会人事の研究」、すなわち民俗学を基礎に据えた学問であるべきことを主張している。そのような新しい方法で「古代精神」を見出し、神道もそこから再出発させようというのである。いわば新しい学問の導入による新しい復古の試みであった。

7、昭和一〇年代の国学論――気概・情熱・信仰――

先に掲げたリストを見てもわかるように、折口は昭和一〇年代に、恐らく時代の要請もあってであろう、国学についての多くの論考を発表している。と言っても、これらは講演の筆記が多く、従って『古代研究』の「追ひ書き」や「異訳国学ひとり案内」のような気負いは見られない。それだけにそこには自在な語りが見られる。「追ひ書き」以前のものが、折口の国学論のいわば基礎篇であるとすれば、昭和一〇年代の論考はその応用篇であると言える。そして、これらの論考を見て驚くことは、時代の要請したテーマを語っていながら、折口が少しも時代に媚びていないことである。それは決して時代を超越しているということではない。時代に即して国学を語りながら、時代に媚びず、逆に時代に教えようとする姿勢が見えている。

これらの論考のそれぞれの主旨を、次に簡単に記しておこう。

「国文学以外」は、前にも見たように、国文学の範疇に入り切らないある精神、それを恃むところから自分の学問が出発していることを述べたものである。

「三矢先生の学風」は、折口の師三矢重松の学風を回顧しながら、三矢がいかに国学者であったか、また、国学者とはどのような存在かを語っている。その中で折口は「国学は一面、気概の学問である」と述べている。すなわち国学は「一種の主義」、あるいは「道徳的な興奮を持つてゐる」と言うのである。[14] この興奮は、折口のしばしば用いた他の語をもって言えば、「いきどほり」の感情である。折口によれば「いきどほり」なる語の意義は、もと「胸がどき〳〵する程感動することで、それが多くの場合、怒りによつて心が強くをどることの表現に、使はれて」きたものだと言う。[15] 国学は、精神の底にそういう「いきどほり」とも言うべきある興奮を持っているものだというのが、折口の考えであった。もっとも一方で折口は、二・二六事件などの例を引いて、国学は「気概」ばかりでも困るとも述べている。

「国学とは何か」では、右の「気概」の意義をもっと広げて説明してゆく。「気概といふ語は、「ちゆうつ腹」を意味しない。常に怒り易い気分で人に対する、あゝいつた喧嘩腰（二・二六事件を指す―引用者）を持して、世の中を白眼してゐる人などに、気概といふべきものも、また固より「学問」も望まれないのである。[16]」として、国学とはもっと胸の寛い生活を築こうとする学風であり、国学の気概とは、狭い観念に囚はれない、民族的な道念を内に持った「古典的」な気概なのだと主張する。そして、この寛大な精神は、国学が文学に基礎を置いているところから出ているのだと述べる。折口のこのような国学観・国学者観が多分に三矢重松に接したところから出てきているものであろうことは、想像するに難くあるまい。また当時、二・二六事件に対してこのような批評をなし得たこと自体、折口の国学者としての気概を自ら示しているものでもあろう。

「国学と国文学と」も、右とほぼ同様の問題を論じている。今までの国学は、非常時ばかりを目的としていた。そのために余裕をなくし、不自由なものになってしまった。もう一度文学に対する理解をとり戻して、平時の国学・平穏時の国学というものに目覚めなければならない。そういう論旨である。ここで折口は国学の伝統に即した正論を述べるに過ぎない。しかしそれはこの時代が最も忘れがちな正論だったのである。

「国学の幸福」も同様に時代に対するある物言いになっている。この論考では、国学には知識に加えて情熱と信仰とが必要であることを説いている。「国学は、静止した知識だけでは足りない。」「情熱を持つた学問でなければならぬ。」[17]つまり、知識を情熱で運用する、これが国学だと言うのである。どういうことか。結局、ここで折口は、次のように言いたいのである。過去に関する知識を過去に閉じ込めたままでいたのでは、それは国学ではない。国学は過去についての知識を現在の情熱で運用し、しかも現在の問題の解決にそれを生かし得る学問でなければならない。これが「文芸復興」の真の意義なのであると。文中に、「国学は常に或情熱を持つて生み直しをする」[18]とあるのは、この意味の「文芸復興」を指しているのである。この時、時代は急迫していた。だからこそ情熱の必要がより強く説かれているのであるが、一方折口は、このような時代にどうしても必要なのは、情熱とともに信仰であると述べている。この「信仰」の質を今検討することはできないが、折口の「国学」が極限の状況において、「信仰」と深く結び付く性質のものであったことだけは、この叙述によって確認されるのである。

「平田国学の伝統」は、平田篤胤の人と学問に、折口が、従来の見方とは違ったもっと広い気風を見出だそうとした論考である。特に、篤胤の学問の中の民俗学的側面を指摘し、それを高く評価しようとしている。篤胤に託して、民俗学が国学の伝統に繋がるものであることを主張した論考でもある。

さて、以上のように、昭和一〇年代の国学に関する論考において、折口の国学観はより実際的な深まりを見せてきている。気概・情熱・信仰、これらの語で折口が言おうとしていることは、国学は現在の学だということである。切迫した時世の中で、そのことがより明確に主張されているのである。

8、新国学の運動

昭和二二年の九月に『國學院大學新聞』に発表した「新国学としての民俗学」の中で、折口は「新国学」について、次のように述べている。

国学は今正に、新国学を名のつて、鮮やかに出直す時が来た。新国学と言ふ名にも歴史があり動機を別にした三次の運動があつた。今のは三度目で、柳田国男先生の為事に対して久松潜一さんが与へた名称かと思ふ。民俗学の方法によつて、古代存続の近代生活様式の所由を知らうとするのである。過去の国学が当然到達しようと仰望してゐた目的もそれである。第二次のは文学的な方法をとつた。近代様式から古代生活を解明しようとする運動でこれは及ばずながら私どもの著手しかけてゐたもので、明治四十年度にわづかに二冊の同人雑誌を出してゐるが、暫時燃え立つてたちまちにして消えた。初度のは、三十年度国学院出身の先輩が唱導したもので、新時代の国学をうち立てゝ指導力を挽回しようとしたもので、倫理運動よりも寧、国語運動などから、社会問題の実際方面に情熱を持つてゐたらしい。(19)

柳田國男は、昭和二一年から二二年にかけて、『新国学談』を名乗る三冊の書物を出版した。『祭日考（新国学談1）』（昭和二一年一二月）『山宮考（新国学談2）』（昭和二二年六月）『氏神と氏子（新国学談3）』（昭和二二年一一月）の三冊である。右の折口の文中の第三次の「新国学」の運動とは、柳田のこれらの書物の刊行を中心としたものを言う。

ちなみに、「新国学」の第一次の運動というのは、明治二九年に発刊（しばらくして休刊）された國學院の同窓会誌『新国学』を中心とした活動を指している。また、第二次の「同人雑誌」というのは、明治四一年一二月創刊の同大学同窓会誌『新国学』のことで、これは前にも述べたように、折口自身がその編集に当っているものである。

さて、先の文章の中で折口は、今次の「新国学」が、「民俗学の方法によつて、古代存続の近代生活様式の所由を知」ることを目的とするものであることを述べている。しかし、これまで見てきたように、この考え方は別に戦後になってはじめて出てきたものではない。これは折口の、「異訳国学ひとり案内」以来の、一貫した基本的な国学観であった。すなわち、折口はここで以前からの主張を、新時代に当たって再度主張しているに過ぎないのである。ただし、今回は柳田國男自身が、「新国学としての民俗学」という考え方をはっきりと打ち出しており、それだけ折口の発言も調子が高くなってはいる。

柳田が民俗学に対して「新国学」の語を使ったことは、それ以前に少なくとも二度ある。昭和九年八月刊行の『民間伝承論』の中でと、昭和一〇年八月刊行の『郷土生活の研究法』の中の見出し語として（「新たなる国学」）の使用とである。柳田が自らの学問を「新国学」と意識するようになってゆくのが、折口の影響によるものなのかどうか、それは不明とするよりない。しかし、折口が極めて早く、この「新国学としての民俗学」の路線を打ち出したこと、そしてこの主張が戦後において、今度は師柳田と声を合わせる形で再度なされていること、この点を思うとき、やはりわれわれは、折口のもののとらえ方の俊敏さというものに驚かざるを得ないのである。この折口の国学観は、その後も修正されてはいない。

9、戦後の神道論

「国学」を名乗る折口の戦後の論考は、「新国学としての民俗学」のみである。その代りに「神道」を名乗る論文が多く書かれている。前に見たように、折口において国学と神道とは特に別のものではない。戦後の折口の国学論は、多く神道論の形をとったものと見ることができる。

戦後の折口の神道論には（理論的な主張に限ると）次のものがある。

昭和二一年六月二三日　「神道の新しい方向」（NHKの依頼でこの日録音したが、なぜか放送されなかった。二四年六月発行の『民俗学の話』の中に収録）

昭和二一年八月二一日　「神道宗教化の意義」（関東地区神職講習会講演、二二年一〇月、神社新報社）

昭和二二年一月六日　「神道の友人よ」（『神社新報』）

昭和二三年二月一〇日　「民族教より人類教へ」（『神社新報』）

昭和二六年一二月　「神道」（『宗教研究』）

昭和二一年五月、折口は國學院大學において「神道概論」を開講している。これは折口が「戦後最も心を注いだ講義」（全集「年譜」）で、没年まで続けられた。右の諸論考の多くは、恐らくこの講義と相補的な関係を持つものであろう。

右の神道論のうち、昭和二一、二年中の四編は、その論旨からして一連のものと捉えることができる。それらの論考で、折口は神道の宗教化を強く主張してゆく。これまでの神道は、あまりに道徳的にのみ理解され過ぎてきた。そして神道自体、何ら宗教的情熱を持たずに来てしまった。その結果が今度の敗戦である。今こそ神道を真の宗教として復活させねばならない。われわれはそのための神学を組織すべく努力しよう。およそ以上のような主張である。

この「新しい神道」論は敗戦という極めて特殊な状況において、尋常でない苦しみの中から生み出された、折口の一種の思想であった。だから、確かにそれらは時代的な限定の中で評価してゆかねばならぬ面も持っていよう。だが、この神道宗教化の主張が、戦後の折口の神道論の基盤となり、中軸であり続けたことも、また事実である。そしてさらに、終戦前の折口の神道・国学論との関連で言えば、この主張は決してそれまでの折口の神道観から孤立しているものではない。むしろ内攻していた思考が、特殊な情勢のもとで一気に表面化してきたという感さえある。明治期以後のいわゆる「国家神道」に対して、絶えず不満足な気持ちを抱いてきた折口であったことは、すでに今まで見てきたとおりである。ただし、今回の主張が、それまでの神道観から見てもかなりの飛躍を遂げているものであることも、また確かなのである。ともかく、この一連の神道宗教化を主張した論考に関しては、今なおその評価が定まっておらず、これを折口の国学論の中にどう位置付けるべきかということも今後の課題であろう。

最後に、昭和二六年の「神道」を考察して、この節の結びとしよう。

この論文は、一口で言えば、神道の範囲を論じたものである。すなわち、神道の範囲をこれまでのように狭く限定しないで、日本古代の民俗というところまで広げて考えるべきだと述べたものである。

簡単に言つてしまへば、神道は、日本古代の民俗であるといふことになる。それがいろ〳〵な要素を備へてゐるために、――道徳的であつたり、宗教的であつたり、政治・法律的な表現をとつたり、民俗的な領域においてて、範囲を広めてきて、まるで各最初から意識してうち立てられた、別々の文化現象のやうに考へられるやうになつたのです。[20]

これは昭和二二年の「新国学としての民俗学」において、「国学」の名で主張したことを、「神道」の名でもう一度繰り返したものである。

「新しい国学」は、「民俗学の方法によつて、古代存続の近代生活様式の所由を知らうとする」学問であった。ここで説明されている「神道」とは、その「新しい国学」の対象とすべき、「日本古代の民俗」そのものを指す。これはすでに、大正一四年の「古代生活の研究」で、ほぼ確立されていた考えである。折口の国学観・神道観が、いかに一貫したものであったかが、このことではっきりわかるのである。

新しい国学の主張は、国学を観念の軛から解放しようとすることであった。神道に関しても、これまでの理念中心の神道からの脱皮という同様の主張を、折口は時代を通して行なっているのであった。

注

（1）「異訳国学ひとり案内――河野省三足下にさゝぐ――」、全集第二〇巻、三六三頁。
（2）『古代研究』「追ひ書き」、全集第三巻、四六七頁。
（3）「国文学以外」、全集第三三巻、二八五～二八六頁。
（4）高梨光司『敷田年治翁伝』、播仁文庫、一九二六年。

（5）『新国学』創刊号は、一九〇八（明治四一）年一二月二八日の発行、編集委員は折口信夫と野々口精一の二名。加藤守雄は、「ことばの遣いぐせ」「常識に反撥する姿勢」などから、「われらが主張」が折口の筆になるものであることを推測し、その論旨を次のように纏めている。「国学の研究を、過去に向ってとじこめてはいけない。過去を研究することの大切であることは認めるが、未来考察の方便であることを忘れてはならぬ。また思弁にのみ頼る研究法も正しくない。複雑な個々の場合は、決して思弁ばかりに頼ることは出来ぬ。ここに実質的研究の必要が生じる。国学の上においても、思弁によって獲た結果は、結果論の陥りやすい欠点を伴うものだ。新しい意味の国学者が採るべき方針は、部分的に研究することも大切だが、それが全体の一面であることを始終忘れぬように気をつけねばならぬ。」加藤守雄『折口信夫伝』（角川書店、一九七九年）、一二五〜一二六頁参照。

（6）「異訳国学ひとり案内――河野省三足下にさゝぐ」、全集第二〇巻、三六五頁。

（7）同前、全集第二〇巻、三六六頁。

（8）同前、全集第二〇巻、三七〇頁。

（9）同前、全集第二〇巻、三六八頁。

（10）同前、全集第二〇巻、三六八頁。

（11）内野吾郎「新国学への視線――戦後折口学の原点」、『国文学』、一九八五年一月。

（12）「古代人の思考の基礎」、全集第三巻、四一一頁。

（13）「古代生活の研究――常世の国」、全集第二巻、二七頁。

（14）「三矢先生の学風」、全集第二〇巻、四五六頁。

（15）「自歌自註」、全集第三一巻、二二九頁。

（16）「国学とは何か」、全集第二〇巻、三七八頁。

（17）「国学の幸福」、全集第二〇巻、四一六頁。

（18）同前、全集第二〇巻、四一五頁。

（19）「新国学としての民俗学」、全集第一九巻、二〇六頁。

（20）「神道」、全集第二〇巻、三五九頁。

Ⅲ、比較言語学

1、言語研究の志望

折口信夫の最初の論文集『古代研究』全三巻には、著者のそれまでの学問の立脚点を綴った長文の「追ひ書き」が付せられている。その中で折口は、自身の外国語学習について次のように述べている。

私は、国学院在学中、四年間、朝鮮語を習ひとほした。手ほどきから見て貰うた本田存先生の後は、金沢庄三郎先生の特別な心いれを頂いた。朝鮮語に就いては、相当の自信もあつた。卒業間際になつて、ほんの暫らくではあつたが、外国語学校の蒙古語科の夜学にも通うた。金沢先生の刺激から、東洋言語の比較よりする国語の研究に、情熱を持つた為であつた。まだお若かつた金田一京助先生には、あいぬ文法の手ほどきを承つたが、この方はなぜか、ものにならなかつた。恐らく短期の演習として、過ぎたからであろう。あいぬ語の練習を後廻しにしてゐるうちに、外国語に対する私の頑冥な偏癖が、これ等の東洋語の記憶をすら妨げて居る事が、段々訣つて来た。それで、あいぬ語までは、手が届かないで了うた。でも、この先生の新鮮な感覚によつて蘇らされたあいぬの文法の講義や、座談には、衝動に堪へぬほど、多くの暗示が籠つてゐた。(1)

これまで、折口信夫の学問形成について考える際、彼の外国語学習の体験はあまり問題にされてこなかった。しかし実は、折口信夫にとっての外国語学習という問題は、決して等閑に付してよいような小さな問題ではないのである。

まず、学生時代の彼の関心が「言語」に向けられている。長大な卒業論文「言語情調論」は、言語とは何かという問題を正面から扱おうとしたもので、特に言語の間接性を強く主張している。われわれは、現在においてもなお新鮮な問題を提起し続けているこの論文の主張、すなわち彼の言語観と、「相当の自信」を持ち得るまでに没頭した外国語学習との間に、目に見えない関係を想定することができよう。事実、外国語学習ほどわれわれに言語の間接性を感じさせてくれるものもないのである。

今ここで問題にしている折口にとっての「外国語」とは、具体的には次のものである。（補注1）

朝鮮語、蒙古語、アイヌ語、琉球語、英語

英語をここに入れたのは、彼に「穀物の神を殺す行事」[2]「独楽の話」[3]というフレイザーならびにハッドンの書からの、僅少ではあるが高度なレベルの抄訳があるからである。

琉球語に対する折口の関与の程度とその理解の仕方とについては、われわれは『古代研究』の「追ひ書き」の先に引いた箇所の前段に次のようにあることによって知ることができる。

私は、沖縄に二度渡つた。さうして、島の伝承に、実感を催されて、古代日本の姿を見出した喜びを、幾度か論文に書き綴つた。其大部分は、此本に収められてゐる。私のよい同行の友人の中にも、既に、南島研究に執する私の態度に飽いて、忠告と嘲笑とを、交々する人さへある。相違といへば、其間に、私は唯一つ、沖縄語と日本語との本質的な差異を、見出したばかりであつた。文法や語彙の類似にも、内外学者の言語学上の定説ほどの一致はない、といふ事である。二つの言語は、あまりに早く別れて居た。その後発達した特殊な組織が、複雑化した中央日本語との間には、相違があり過ぎる。言語の同系は事実に違ひないが、意外に距離のある事が、私だけには証明出来だして来た。語根の品詞化する方法が、第一に違ふ。殊に親近なるを思はせた用言形式の類似が、実は、分離後の発達であることを示すものだ、と知れた。両者の近代語に、類似したものゝ多いことは、記録・文学や上流用語として、日本語の利用せられたものが、組織等しい文法の中に入りこんで、自由に変化させられたからである。私はかう言う風に、日琉分離の時代を、極めて古く考へてゐる。単に、言語の上からばかりで、同族論を主張することを危み出した。(4)

最後の「単に、言語の上からばかりで」は、意味が取りにくいが、続く文脈からみると、「危み出した」にかかり、「ただ言語の上からだけの判断で」の意味ととれる。なぜなら、このあとに「民間伝承、殊に、信仰生活については、我々の古代生活様式の、遺存して居ることを疑ふだけの別化性能の活動は、まだ起らない」と続いているからである。沖縄と「やまと」との比較における、言語と民俗との齟齬に戸惑っている折口がここにいる。少なくともこの時点で、この齟齬は折口に未解決のまま残されているのであるが、このような齟齬にそのまま堪えていること自体、彼が比較という作業における「別化」(差異の認識)と「類化」(類似の認識)とに、どれほど敏感であったかを示すものであろう。ともあれ折口はここで、言語上の考察から同族論を危ぶんでいる。

ところで、沖縄研究に関する「追ひ書き」のこの叙述からも窺えるように、折口の学問において、民俗の考察はつねに言語の考察から分離して行われることはなかった。なぜなら、「私の学問は、最初、言語に対する深い愛情から起つたものである」(同「追ひ書き」)と自身語っているように、折口の民俗学は、それに先行して(その学の成立以前に)、言語の学を持っていたからである。

折口は自身の学問を、民俗学であるとも国文学であるとも、また国学であるとも考えていたが、最初の論文集を出版する段階で選ばれた名称が「古代研究」であった。「古代研究」は折口の学の別名でもある。言うまでもなく芸能学も「古代研究」の中に含まれる。右に述べたことは、その「古代研究」の根底に言語の学があるのだということである。そして、折口において民俗学や芸能学が、国文学に密接に関与してくる理由もこのことに見出すことができよう。以下われわれはこの立場に立って折口の学問の再読を試みよう。特に折口の朝鮮語学習の体験を重視して論を進めてゆきたい。

折口信夫にとって、金澤庄三郎は、単に大学時代の一教師という以上の深い関係を有する師であった。「去七尺状」(昭和一三年)の中で、折口は次のように書いている。

私どもの出ました国学院の大学部と申すところは、予科二年、本科三年の間に、百数十人の先生がお見え下さつたことです。其でつくぐ〵、昔の寺子屋風に、一人の先生に、学も行も見て頂きたいと思ひ歎じたことが、幾度だつたか知れません。其中でも、三矢重松先生から授かつたことは、一生感謝しつゞけても御礼が申しきれません。まづ人間にして貰ひました。私は学者であり、又歌人であることよりも、人間らしい考へや行ひが、少しでも出来るやうになつたことを喜んでゐます。次は金沢庄三郎先生です。学問の上において、三矢先生と、金沢先生との感化は、今考へても恐しいまでに、私に印象してゐます。(5)

三矢重松は国文学者であり、金澤庄三郎は言語学者であったが、また二人ともに優れた国語学者でもあった。

折口はこの二人から幅広く国語研究の方法を学んだのである。私は、金澤からの朝鮮語も含めて、この時期にこの二人の師から学んだ言語の学が、後の折口の学の形成に生かされて来ないはずはないと考えるものである。(補注2) そしてさらに言えば、この二人のうち、折口が国語研究の方法を探求する上でより大きな影響を受けたのは、三矢よりもむしろ金澤庄三郎の方であったろうと思われるのである。

池田彌三郎は、「私製・折口年譜」(『まれびとの座』所収) で、晩年の折口の漏らしたことばを次のように書き記している。

> 昭和二十二年十一月十二日 金沢庄三郎博士の特別講義があり、先生と一緒に出席。帰り道で、「私は文法は、三矢先生よりも、むしろ金沢先生の影響をうけたんだが、それは人には言わない。あんたはおしゃべりだから、人には言いなさんなよ」[6]。(補注3)

なぜ折口が自分の国語学が金澤の影響を強く受けていることを人には言わないようにしていたのか、それにはおそらく二人の人間関係をも含む複雑な事情が絡んでいたに違いない。その詮索は今は置くが、ともかくこの池田の記述によって、われわれは、折口の国語研究に金澤の強い影響があったことを確認することができよう。ところで、折口が自身の国語研究の方法において、三矢のそれよりもむしろ金澤のそれを選んだとは、どういうことを意味するのであろう。

「三矢先生の学風」という文章の中で、折口は、明治という新しい時代に入った段階で、国学者たちに「もし、言語学の素養があつたら言語学に行つたでありませう。言語学の知識で国文学に対したでありませう。が併し、国学者には悲しいかな、其素養がなかつた。又言語学者には、かういう学問があると教へるやうな親切もなかつた。城壁を固くすることにのみ一所懸命であつたのであります。」と語っている。[7] これは、明治初期の国学者に仮託して、可能性としての自己の方法を語っているのである。彼が金澤を選んだとは、この意味の、つまり国学者の末裔としての折口が、国文学に対するに、言語学をもってするという意味の選択ではなかったろうか。とすれば、それはある時期の折口の「新しい国学」のビジョンに関わる選択であったのである。

ここで、折口と金澤との関係をより具体的に捉えるために、両者の年譜を突き合わせてみよう。

両者ともに大阪生まれ。金澤は、第三高等学校を経て、東京帝国大学校博言学科に入学、在学中にアイヌ語を研究、卒業後は文部省の留学生として韓国に留学、三年間朝鮮語の研究を行う。その後文部省国語調査会委員として沖縄に派遣され、琉球語を研究。大正三年には朝鮮総督府の命を受けて、シベリア、満州、蒙古を歴訪、ロシア語、満州語、蒙古語を研修している。金澤の著作のうち主なものを挙げると次のとおりである。（補注4）

「郡村の語源に就きて」（明治三五年一一月、『史学雑誌』）、『辞林』（明治四〇年）、「日韓の古地名に就て」（明治四三年一月、『史学雑誌』）、『日韓両国語同系論』（明治四三年）、『日本文法新論』（大正一二年）、『日鮮同組論』（昭和四年）

折口が金澤庄三郎に出会ったのは、明治三九〜四〇年頃であろう。「自撰年譜」にはその出会いの記述はない。金澤は当時國學院大學の講師をしていた。明治四〇年に折口は國學院の本科国文科に進むが、この年には、小倉進平・金田一京助・後藤朝太郎・岩橋小彌太等と金澤の『辞林』の編纂の手伝いをしている。先に引いた「追ひ書き」に、朝鮮語の学習に関し、「金沢庄三郎先生の特別な心いれを頂いた」とあるのはこの頃のことである。

明治四三年七月、大学を卒業した折口は大阪に戻り、翌年一〇月から今宮中学に嘱託教員として勤務する。その勤務のかたわら、宮武外骨主幹の『不二新聞』に、短歌、評論、小説などを精力的に発表してその文学的才能を示す。その折口が再び東京に出ることになるのは大正三年のことである。その年の「自撰年譜」には次のように記されている。

三月、生徒六十六人卒業。即日辞職。東上。金沢庄三郎先生の「中学校用国語教科書」編纂の為である。本郷赤門前昌平館に下宿。(8)

すなわち、折口の再度の上京には金澤庄三郎が関係しているのである。この年いっぱいと翌年の三月頃まで、折口は東京で金澤のこの教科書編纂の仕事に心血を注ぐことになる。

ところで、この時の折口の上京は当人にとっては、単にそこに教科書編纂という収入の道があるからというだけの気楽なものではなかったはずである。またその仕事にしても、金澤の仕事であるところに意味があったろう。私がそう推測するのは、同年三月一〇日付けの『不二新聞』に次の記事があるからである。

釈迢空の名を以て知られてゐる折口信夫君は四月上旬今宮中学を辞して言語学研究のため上京せられるさうだ。

もちろん、この記事のみで再上京時の折口の志望を言語学的研究と断定するわけにはゆかない。この前年の大正二年にはすでに柳田國男と高木敏雄とによって日本民俗学の最も初期の雑誌『郷土研究』も創刊されていたし、自身その雑誌に「三郷巷談」を投稿してもいた。さらに、この時期の折口が語部の歴史に強い関心と優れた見解とをもっていたことも確認することができる。しかしそれにもかかわらず、私はやはり、上京時の折口の志望は「言語学研究」ではなかったかと思う。たとえ折口の側からだけの希望に過ぎないものであったとしても、金澤との接触を通しての自身の「言語学研究」の発展を期しての東京行きの可能性は充分に考えられるところなのである。柳田の民俗学に行くのは上京後しばらくしてからのことであろう。

上京した折口が、國學院の国文学会研究懇話会で最初に行なった研究発表は、「用言の語根について」であった。また、これは果さずに終ったが、上京の翌年の三月頃には、長兄静・叔母えいらの希望を叶えるため「日本品詞論」の題で学位論文の執筆を考えている（全集「年譜」による）。このことからも折口の上京の目的の一つが「言語学研究」にあったことは認め得よう。

しかし、金澤の国語教科書編纂の仕事は、あまりにも折口の神経を擦り減らすものであった。その頃の武田祐吉への手紙には、この仕事のための苦しみが何度も訴えられている。そして、上京の翌年（大正四年）の三月、教科書十冊の教師用の参考書の一部が出来た段階で、折口はこの仕事を辞することとなる。「神経衰弱の甚しくなつた為である」と「自撰年譜」にはある。[9]（補注5）

ところで、この上京後一年の間に、折口は急速に柳田國男の民俗学に近づいていったように思われる。教科書編纂の苦しい仕事の中で折口は、民俗学的論文「髯籠の話」を伊勢清志に口述筆記させて、大正三年中に『郷土研究』に送っている。それが雑誌に載ったのは大正四年四月であった。この論文を契機に折口は初めて柳田と会い、「郷土研究例会」に出席するようになる。柳田との最初の出会いは大正四年六月のことと推定されている。

つまり、この一年の間に「言語学研究」から「民俗学」への、金澤から柳田への折口の転向があったというのが私の考えである。そして、この転向を記念するかのように、折口は後年次のような「遠野物語」と題する詩を作っている。

大正の三とせの冬の
凩のふく日なりけむ――。
（中略）
我はもよ　見いでたりけり。
これの世の珍宝《ウヅタカラ》
我が為の道別《チワ》きのふみ――。
（中略）
喜びは渦汐《ウヅシホ》なして　うつそみの　心ゆすりぬ――。
風の音の　遠野物語。(10)

大正三年の冬、神田の露店で柳田國男の『遠野物語』を入手したとする詩である。この本の実際の入手の時期がいつであったかは別として、この詩によって、折口が自身の新しい学との出会いをどの時期に設定していたかははっきり知ることができよう。この「冬」は、折口が心身ともに最も疲労困憊していた時期であった。

さて、こうして大正四年以後、折口は柳田とその民俗学との接触を通して、自身の民俗学的国文学、古代研究の方法を見出してゆくこととなる。そして、金澤との関係は、その教科書編纂の仕事を辞した時点から、次第に年譜の上では希薄なものとなってゆく。そうわれわれに印象されるのは、新しい学問の刺激による折口の学的活動が、その時点から急速に活発化してくるためでもあろう。

しかし、先にも述べたとおり、折口の「言語学研究」はそこで停滞してしまうものでは決してなかったであろう。むしろ、「民俗学」という新たな方法と結び付くことによって、それは、より新しい可能性を見出していったのではないだろうか。この時点で転向と見える学的屈曲はあったとしても、金澤との接触によって醸成せられた折口の「言語学研究」は、必ずや国文学や芸能学を内包した「古代研究」の中に再生しているに違いないのである。

後年のことであるが、折口自身が自分の「古代研究」の中には「言語学研究」の分野が含まれると強く考えていた一つの証拠がある。

先生は『古代研究』の次を出すときに言語学編というのを出したいといって、ご自分で編集なさったくらい語に対する、言語に対する興味を非常に持っておられたんです。(11)

これは「面影を偲ぶ――折口信夫」の中での池田彌三郎の発言である。『古代研究』は現在「民俗学篇」二冊、「国文学篇」一冊の計三冊からなっているが、それにもう一冊「言語学篇」を加えて出版したいという希望が折口にあったと言うのである。もしこのことが実現されていたら、その内容はどのようなものとなったろう。おそらく全集第一二巻（言語論）に近いものになったであろう。そう考えると全集中のこの巻はずっと重みを増して感じられてくるのであるが、それはともあれ、『古代研究』の「民俗学篇」と「国文学篇」とが有機的な関係にあったように、この可能性としての「言語学篇」が、やはりその有機体に組み込まれるべきものであったことは間違いあるまい。

この可能性としての「言語学篇」それ自体の本格的な考察は今は置くとして、実際に折口の「言語研究」は、『古代研究』の「民俗学篇」や「国文学篇」に対しどのように作用したのであったろう。以下では、それを具体的に探ってみたい。

2、「まつり」論

折口の代表的な学的著作と言えば、やはり『古代研究』全三巻である。昭和四年から五年にかけて刊行されている。この『古代研究』に収録された論文を中心に、右に述べた観点から考察を加えてみよう。中でも、その骨子とも言える「祭り論」「まれびと論」「鎮魂論」を取り上げたい。

もちろん、「祭り」「まれびと」「鎮魂」の三者は有機的な繋がりを持つものである。「祭り」の時に神としての「まれびと」がやって来る。その「まれびと」の最も重要な仕事が「鎮魂」である。以下は、この有機性をまず確認した上での各論である。

折口の「まつり」論は、『古代研究』の中でも特に次の四篇の論文において集中的に論じられている。

「ほうとする話（祭りの発生 その一）」（昭和二年頃草稿）、「神道に現れた民族論理」（同年講演）、「村々の祭り（祭りの発生 その二）」（昭和三年）、「大嘗祭の本義」（同年講演）

これらの論考の中で、折口は「まつり」とは何なのかということをその発生に遡って考えようとしている。この「まつり」論を例として折口の論理の進め方の特徴を考えてみると、次の三点が挙げられよう。

a、民俗学の知識がさかんに活用されていること。

b、「まつり」という語の解析が論の一つの重要な柱となっていること。

c、宮廷の祭りと民間の祭りとが繋がりの深いものとして論じられていること。

aは民俗学的な観点である。「まつり」の考察が民俗学的観点からなされることは、当然と言えば当然であるが、ただ折口の考察しようとする「まつり」は、現代における民間の祭りに限定されるものではなく、もっと広く、時間的には古代まで、対象としては宮廷の秘議までを範囲とするものである。これはcの事項とも関連する事柄である。

bは国語学的な観点である。この「語の解析」ということも、実は「まつり」論に限らず、折口の論考の目立った特徴の一つである。折口の「古代研究」の第一の特徴は、この国語学的視座が民俗学的視座と緊密に結び付いているところにある。そのことは、折口自身の次のことばによっても窺うことができよう。

私の学問は、最初、言語に対する深い愛情から起こつたものであるから、自然言語の分解を以て、民俗を律しようとする傾きが見えぬでもない。一時は、大変危い処に臨んで居た。併し、語源探求と、民俗の発生・展開との、正しい関係を知る様になつた。だから、言語の分解を以て、民俗の考察の比較の準備に用ゐ、言語の展開の順序を、民俗も履んで居るかを見る様になつて来た。唯、古代生活は、言語伝承のみに保存せられ、其が後代の規範として、実生活に入りこんだから、古代における俗間語原観を考へる語原研究が、民俗の考察に棄てられない方法である事がやつと訣つて来てゐるのである。

（『古代研究』「追ひ書き」[12]）

この折口の発言は、金澤の影響のもとで出発した折口の初期の言語研究が、柳田の民俗学と出会ってから後の彼の学問の中に有機的に統合されているとする筆者の主張を、直接裏付けてくれるものでもある。

cに関しては若干の説明が必要であろう。あえて呼べば、国家論的観点とも呼び得る視座である。折口は、民間の信仰と宮廷の信仰とが全く別種のものだとは考えていない。祭りに関しても同様である。だから大嘗祭を民俗学的に分析しようとする視座が可能なわけだが、それは折口が、「民間で神道と称してゐるものも、実は尊貴族の信仰の、一般に及んだものだ[13]」と考えているからである。すなわち、「尊貴族と、同じ様な生活をしてゐた、国々或は村々に於ても、其と、大同小異の信仰が、行はれてゐた。又その間、かなり違つた信仰もあつたであらうが、其等は、事代主義から、おのづから、尊貴族の信仰に従うて来た。中には、意識して変へた事実もある。」（「古代人の思考の基礎[14]」）とする考え方である。逆に、地方の信仰が宮廷の信仰として取り入れられるそのシステムについては、独自の「くにたま（国魂）」の論がある。ともあれ、折口は、村々の信仰・祭りと、国家的な信仰・祭りとを、相互連関的に捉えようとしていたのであって、しかもその視座は常に歴史的である。この観点もやはり、「まつり」論のみならず、「まれびと」論・「たまふり」論でも貫かれているものである。

さて、以上のことをふまえて、「まつり」の論に折口の言語学的観点がいかに表わされているかを見てゆこう。bに関する具体論である。

まつを原義のまゝで、語根として変化させると、まつる・またすと言ふ二つの語が出来た。まつるは神意を宣る事である。そして、神自身宣するのでなく、伝宣する意義であつたらしい。（「ほうとする話」[15]）

折口の「まつり」の語に関する独自の見解は、すでにこの段階（昭和二年頃）で明確に打ち出されている。すなわち、神意の代宣が「まつり」の原義だとする考え方である。「村々の祭り」ではこの考えがより詳しく説かれている。

み言の内容を具体化して来ると言ふ意義が、まつるの古い用語例にあつたらしい。それは、またす・まつるの対立を見れば知れる。語根まつをるとすとで変化させてゐる。使・遣と言ふ字が、日本紀の古訓には、またすと始終訓まれてゐる。まつりだす・まつだすなどゝは、成立を別に考へねばならぬ語であつた。意訳すれば、命を完了せしめると言ふ様にも説けよう。み言を具体化してやる。かう言つた意義が、まつを中にして、通じてゐる。其実現した状態を言ふ語が、また（全）しなのである。[16]

普通「まつり」の語源は、「たてまつる」「おきまつる」などの「まつる」、すなわち供物を立てたり置いたりして神に献ずることに求められることが多い。この説は、折口の師の三矢重松が説いたものである。折口もこの説を、それまでの説の中で最も優れたものとして、自説の出発点にしている。その上で、さらにその先を考えたものが右の「神の代宣」説である。われわれはこの「代宣」説の出て来る経路について考えてみたいと思うが、その具体的な考察の前に、折口の言語分析の手口といったことをまず問題にしておこう。「まつる」の語の解析に限らず、折口は必ず語を語根に遡って考えるという方法をとっている。語根とは折口自身の説明によれば、「言語を時間的に溯つて研究」した場合に到達する「大体これ以上進んで行くことが出来ないと言つた形」（『国語学』[17]）であるが、そのような語根をまず探り当て、さらにその語根から派生したであろうことばを品詞を越えて比較検討することによって、その語群の原義を探ろうとするものである。「まつり」の語の考察においても、この方法は極めて顕著である。

高橋直治は、折口のこのような語分析の方法が、学生時代に執筆の「わかしとおゆと」（明治四一年）においてすでに見られるものであることを指摘している。[18] また高橋は、「わかしとおゆと」の冒頭に、金澤庄三郎などが唱えていた「動詞形容詞一元論」への言及と、その援用に関わる批判があることをも指摘している。[19] これらは重要な指摘と言える。折口国語学の起源の一つを、われわれはこの論文に見出すことができるのである。（補注6）

語根に遡って語の歴史を考えるという方法は、元来ヨーロッパにおける比較言語学の常套手段である。折口がこの方法を、学生時代に比較言語学者金澤庄三郎の影響下で体得していったであろうことはほぼ間違いあるまい。ちなみに、折口が品詞論を展開するとき絶えず気にしている金澤の「動詞形容詞一元論」なる説も、日本語と朝鮮語との比較研究から導かれて来たものである。折口の国語研究には、金澤の影響下で獲得した、このような近隣言語との比較を根底に据えるヨーロッパ流の比較言語学の感覚が存することを、まずわれわれは銘記しなければならない。

さて、折口の「まつり」の語の解釈の具体的考察に入ろう。いったい「まつり」の原義を「神意の代宣」だとする特異な解釈は、どのような経路で考え出されたのであろうか。

まず、折口が探ったこの語の語根は「まつ」であった。この語根が「またす」「まつる」「またし」と展開する。ただし、この語根は仮名で書いたから「まつ」となったが、正確には「mat」でなければならない。当然折口はそのつもりで書いている。ちなみに、折口は他の箇所で昔の日本語の語根は子音で終わっている場合が多いことを指摘している。[20] この、「まつり」の語根を「mat」とするところまでは、当時の学者の共通見解であったようである。

折口が「ほうとする話」を書いたのは昭和二年であるが、そのころの他の学者の「まつり」の語源についての説を二つだけ紹介してみよう。ひとつはやはり比較言語学的な観点から国語研究を行なっていた安藤正次の説、もうひとつは朝鮮の歴史学者崔南善の説である。

安藤正次は大正一一年に刊行された『日本文化史』の中で、「「マツル」（祭）「マツリ」（祭）は「マツ」（待）「マツル」（献）「マトム」（纏）「マトフ」（纏）「ムタ」（共）「ムダク」（拱）「ムツム」（睦）「モツ」（持）などと語源的に関係のある語であつて、これ等の語は、その語根において二つもしくは二つ以上のものが一つになる、甲が乙に近づき、乙が甲に近づくといふやうに、一に帰するといふやうな共通の意味を有つてゐる」[21]と述べている。一方、崔南善は昭和二年八月発行の『朝鮮及朝鮮民族』第一輯に掲載された「不咸文化論」の中で、「朝鮮の古語にて祭礼をmaziといふは、日本のマツリと同源関係に立つを想はせるものであり」[22]と述べている。ここで崔南善が言っているmaziは、달맞이（talmadʒi）という行事（日本の「月待ち」の行事にあたる）の名前などに現在でも残っていることばで、その語根は「맞」（「madʒ」あるいは「mat」）であり、「맞다」（maʔta—合う・迎える）「맞이하다」（madʒihada—迎える）などと展開する。朝鮮語のこの系統の語と日本語の「まつり」なる語との間に同源の関係を想定することは、それほど無理なことではないであろう。そして、安藤の「まつり」の語源

論も、根底に朝鮮語のこの「맞다」（合う・迎える）の系統の語を想定しているものである。

折口が「まつり」に関する自説を展開するに当たって、三矢重松の説とともに、この安藤の説を参照していることは、「神道に現れた民族論理」において、「まつりの「まつ」といふ事に就ては、安藤正次さんの研究があるが、此にもまだ、其先がある」[23]と述べていることで明らかである。崔南善の説も、「ほうとする話」や「神道に現れた民俗論理」の執筆の時点で、折口が目にしていた可能性は十分にある。（補注7）少なくとも、当時「まつり」の語が朝鮮語との関連の上で説明されるような知的風土が存したことだけは、以上の諸論考の発言から推定できる。たぶん崔南善の説は、そのような知的風土の中の最もポピュラーな説だったのではなかろうか。折口が「まつり」の語を、まずは朝鮮語の「맞다」の系統の語との関連で考えたことは十分に想定される。

しかし、折口が安藤の説の妥当性を十分に認めながらも、「此にもまだ先がある」と述べているように、この語に関する彼の独自性は実はその先の説明にある。

折口の「まつり」の語の解釈の大きな特徴は、それを「みこともち」という語ならびに現象との関連で考えていることである。折口自身次のように述べている。

まつると言ふ語《ことば》が正確に訣らないのは、古代人の考へ癖が呑みこめないからだと思ふ。神の代理者即御言実行者《ミコトモチ》の信仰が、まづ知られねばならぬ（「村々の祭り」[24]）。

折口の「まつり」論と「みこともち」論とは、相互に補い合う形になっている。「みこととは神の発した呪詞又は命令である。」そして、その神の命令である「みことを唱へて、実効を挙げるのがもつである。」（「村々の祭り」）[25]折口は「まつる」を、この意味の「もつ」と同義とするのである。すなわち「まつる」イコール「もつ」とする理解が、折口の「まつり」論ならびに「みこともち」論を支えている。

では、この「まつる」イコール「もつ」とする理解はどのようにして出てきたのであろうか。まず二つの経路が考えられる。一つは記紀等の古典におけるこの語の用法の考察、もう一つは安藤の説に見られる「まつる」と「もつ」とを同源の語とする考え方の参照である。

前者は次のようなものである。記紀に「みこともち」なる語と「まつりびと」なる語とが類似した意味で使われている。漢字も、「みこともち」には「宰」「司」の字が、「まつりびと」には「政官」の字が用いられているが、折口はそれらをともに天皇の命令（本来は神の命令）を施行する役人を指すものと見る。またこの両者は共に古典中で「大夫」の字で表わされてもいる。これに「使いを出す」の意味の「またす」（遣・以の字を用いる）なる語が「まつり」の同根の語として参照される時、「みこと」を「もつ」ことと「まつる」こととが同義であるとする理解が得られる。後者の安藤の説の内容、ならびにその説を折口が見ていることについては前に述べたとおりである。

さてこのようにして、折口の「まつる」ことと、「みこと」を「もつ」こととが同意であるとする「まつり」論（「みこともち」論）は、筋の上では一応の論理性を持つことになる。しかし折口の論が三矢説・安藤説から見て大きな飛躍を伴ったものであることもまた事実である。たとえ安藤説の中に「まつる」と「もつ」とを関連づける部分があったとしてもである。そこで、以下私なりの仮説を提出してこの飛躍の間隙を埋める試みをしてみたい。それは、折口が「まつり」「みこともち」の論を展開するのに、朝鮮語の「받들다」（pat$^{?}$tɯlda）という語を基礎に想定していたのではないかという仮説である。これは折口がそう述べているわけではないから仮説の域を出ないが、たとえ折口がこの語と関係のない所で「まつり」の語を考えていたとしても、この語についての

考察は折口の「まつり」論・「みこともち」論に比較言語学的な根拠を与えてゆく可能性はあろう。

三矢の「まつり」の論は、「たてまつる」(奉る・献る)ことに重点を置いた論であった。また安藤の論は、「맞다」(maʔta)すなわち「あう」(合う・遭う)ことに重点をおいた論であった(彼の論において「もつ」は「あう」ことの一つに過ぎない)。それに対して折口の論は、「もつ」ことに重い意味を置いた論である。ところで、「받들다」(patʔtɯlda)の本来の意味は、物を受けてそれを下から支え持つの意味である。それから派生して「大事に思う」「祭り上げる」「(命を)奉ずる」「従う」などの意味になる。とにかく根本は「持つ」ことである。しかもその「持つ」ことは、単に持つこと(「들다」tɯlda)よりは意味が重い。このことは折口が「みこともち」の「もつ」の意味を、「みことを唱へて、実効を挙げるのがもつである。「伝達する」よりは重い。」(「村々の祭り」[26])と説いていることに対応しよう。また、この語を想定することによって、「もつ」ことと「まつる」こととの距離がより近くなることも確かである。

また、「まつり」の語源に「받들다」(patʔtɯlda)との関係を想定することは、安藤や崔南善などの「まつり」と「맞다」(maʔta)「맞이하다」(madʒihada)系の語との間に関係を認める説をさらに深めることにもなる。なぜなら、「맞다」「맞이하다」と「받들다」とは、現代の韓国の言語学者李男徳の説によれば、「同根語」であると捉えられているからである。[27] p音とm音とが相通ずることを考えれば、「받들다」と「まつり」との音韻的関係は十分に想定し得るところである。(補注8)

以上、折口の「まつり」論が、語の分析の仕方とその内容とにおいて、比較言語学、特に朝鮮語との比較を基礎に据えている可能性について探ってみた。

3、「まれびと」論

次に「まれびと」論について。

折口が「まれびと」という語を意義深く使った最初は、大正一三年に雑誌『日光』に発表した「国文学の発生（第二稿）」（原題「日本文学の発生」）においてであった。その中で折口は、「新築の室《ムロ》ほぎ」に招かれた正客が「異常に尊びかしづかれたものである」ことを古典を根拠として述べ、その理由は、「正客」が「稀に訪ふ神の身替りと考へられて居た」からであると述べた。[28] そして古代において、このような「ひと」として現われ、訪れる神を呼ぶことばが「まれびと」であったとしたのである。

すでにこの論考において、前年に訪れた沖縄八重山諸島における異形神や仮面神の例が紹介されている。折口が大正一〇年と大正一二年とに行なった沖縄旅行における見聞が、彼の「まれびと」論の形成に大きく寄与していることは、疑いのないところであろう。そこには彼のイメージする「まれびと」が、民俗的現象として豊富に存在していたのである。しかし「日本人の神と霊魂の観念そのほか」[29]の中で柳田國男が言っているように、折口は決して沖縄で突然に「まれびと」を発見したわけではあるまい。それらの民俗的現象を「まれびと」と見る古典と古語とに対する知識がそれ以前になければ、それらは「まれびと」として発見されることはなかったはずだからである。古典中の事象と民俗事象とそれに対応する「ことば」と、この三者が相俟って古代が発見されてゆくものとすれば、「まれびと」の発見にしてもその経路は決して単純に想定しうるものではないのである。

ところで、折口が本格的な「まれびと」論を展開したのは、大正一四年から昭和二年にかけて執筆し、昭和四年の『民族』に掲載された「国文学の発生（第三稿）」（原題「常世および「まれびと」」）においてである。この論考の記述を中心に、折口が「まれびと」という語をどのように見出していったのか考えていってみよう。すなわち、本節の考察も「まつり」のそれと同様に、「まれびと」の語そのものの考察である。折口の「まれびと」の発見にとって、その語の発見は、事象の発見とともに重大な意味を持つものであるからである。

客をまれびとと訓ずることは、我国に文献の始まつた最初からの事である。従来の語原説では「稀に来る人」の意義から、珍客の意を含んで、まれびとと言うたものとし、其《その》音韻変化が、まらひと・まらうどとなつたものと考へて来てゐる。形成の上から言へば、確かに正しい。けれども、内容――古代人の持つてゐた用語例――は、此《この》語原の含蓄を拡げて見なくては、釈《と》かれないものがある。(30)

「国文学の発生（第三稿）」の冒頭の文章である。『古代研究』の「まれびと」論は、まず「まれびと」の語の解析から始まっているのである。ここではまず、「まれびと」の語の正しい理解のために、より徹底した語源的追究が必要であることが述べられている。そしてそれに続いて、次のような考察がなされている。

我が国の古代、まれの用語例には「稀」又は「rare」の如く、半否定は含まれては居なかつた。江戸期の戯作類にすら、まれ男など言ふ用法はあるのに、当時の学者既に「珍客」の意と見て、一種の誇張修辞と感じて居た。

うづは尊貴であつて、珍重せられるものゝ義を含む語根であるが、まれは数量・度数に於て、更に少いことを示す同義語である。単に少いばかりでなく、唯一・孤独などの義が第一のものではあるまいか。(31)

上代皇族の名に、まろ・まりなどついたものゝあるのは、まれとおなじく、尊・珍の名義を含んでゐるのかと思ふ。[32]

くすり師は常のもあれど、珍人《マラ》の新《イマ》のくすり師　たふとかりけり。珍《メグ》しかりけり（仏足石の歌）

つねは、普通・通常などを意味するものと見るよりも、此場合は、常住或は、不断の義で、新奇の一時的渡来者の対立として用ゐられてゐるのである。まらは、まれの形容屈折である。尊・珍・新などの聯想を伴ふ語であつたことは、此歌によく現れてゐる。

まれと言ふ語の溯れる限りの古い意義に於て、最小の度数の出現又は訪問を示すものであつた事は言はれる。ひとと言ふ語も、人間の意味に固定する前は、神及び継承者の義があつたらしい。其側から見れば、まれひとは来訪する神と言ふことになる。[33]

ここで折口は、「まれびと」の語を「まれ」と「ひと」とに分けて考察している。まず「まれ」系統の語として、「まろ」「まり」「まら」があることを言うが、ここで想定されている語根は「mar」である。そして、この系統の語は元来、漢語の「稀」や英語の「rare」のような半否定の意味を含むものではなく、「唯一」「尊重」、また「珍」「新」などの積極的意義を担ったものであったことを推定している。

ここでも折口特有の、語根を同じくする語群の用法から帰納して語源を追究してゆく方法が採られている。しかし、ここでの説明はあくまで骨格だけのものである。つまり、帰納法としては材料不足の感があることをまぬがれない。われわれは次に他の材料によってこの折口の論理に肉付けをしていってみよう。それは、折口が書かなかった部分を補う試みでもある。

古代新羅の王号の一つに「麻立干」というのがある。『三国遺事』新羅本紀によれば、第一七代の奈勿麻立干《ナムル》

から第二二代の知訂《チジョン》麻立干までがこの号を称している（『三国史記』では第一九代から第二二代までの四王）。鮎貝房之進は「借字攷（二）」（『朝鮮学報』第八輯、一九五五年）の中で、この「麻立干」の「麻立」の訓みが「말(mar)」であることを考証し、その語義について次のような考察を行なっている。

すなわち、『三国史記』『三国遺事』には、金大問《キムテムン》の説として「麻立」は橛（杙）を意味する方言とあり、しかも王宮内の君位を示す標柱もまた「麻立」と呼ばれたと考えられること。「mar」の語根を持つことばをその他の朝鮮語に求めると、「庁《マル》（마루）」（大庁を言う）「宗《マル》（마루）」（新羅の人名に多し）「媽楼下《マルハ》（마루하）」（庁下の意）「屋脊《マルム》（마룸）」「極《マル》（마루）」「棟《マル》（마루）」などがあること。『日本書紀』中の新羅人の人名にも「mar」系統のものがあること。日本における男子の美称の「まる」「まろ」がこれらと同語源のものであると考えられること等の考察である(34)。

この鮎貝の考証においてすでに、「mar」系統の語が、もと韓半島において尊い場所・尊い人を指すことばであったことは述べられている。ところで、三品彰英は「古代祭政と穀霊信仰(35)」において、この鮎貝の考証をさらに発展させて、「mar」系統の語が、韓半島やツングースでは本来、家屋内の特定の聖所を指すことばであったことを論じている。しかもそれのみならず、三品は同書の中で、この地域においてかつてこの語が、聖所に奉祀されている神霊自体を言うことばでもあったことを民俗調査報告等に基づいて主張している。

さて、これらの後出の説を参照する時、われわれは折口の「まれ」についての説明の間隙を埋めることができるのではないか。すなわち「まれ」が、「尊」や「珍」、さらには「聖」の意味を持つものであることが前以上に納得されてくるのである。そしてさらに言えば、折口が朝鮮語やその他の言語における「mar」系統の語を想定して自説を展開している可能性さえ考えられてくるのである。

次に「ひと」という語についてである。「国文学の発生（第三稿）」ではこの語に関して、「ひとゝ言ふ語も、人間の意味に固定する前は、神及び継承者の義があつたらしい」と述べているが、そう説くことの理由は示されていない。だが折口にはそう記すことの根拠があったはずである。実は、昭和三年に発表の「万葉集研究」に一部その根拠が述べられている。

その論考において折口は「ひ」を「ひと」の語根として考えている。そして「ひ」は、尊い肉体に寄り付く外来魂の最も古い名であったとする。さらに「ひと」という語を、身を意味する「み」という語とともに、「威力を寓した肉体」を指すものとし、次のように述べる。

ひとは確かに、或選民《センミン》である。「と」の原義は、不明だが、記・紀を見ても、神と人との間のものゝ名に、常に使はれてゐる。(36)

すなわち、「ひ」なる外来魂が寄り付いた肉体が「ひと」の原義であるから、「ひと」が選民を意味し、「神と人との間のもの」を意味するのである。

さらに折口は同論において、この日本語の「ひと」は琉球語の「すぢ」「せぢ」ないし「すぢゃあ」に当たるとしている。琉球語の「すぢ」「せぢ」は、霊を意味し、また国君をも意味する語である。「すぢゃあ」は人間を意味する。そして折口は、この「ひと」や「すぢゃあ」が一般の人間を意味するようになるのは、神人の長なる国君・邑君の意味から、「国邑の神事に与る実行的な神人」の義を経て意味が拡大していった結果であると考えている。(37)

このように日本語の「ひと」の語義を解明するのに隣接語の琉球語の語彙を参照してゆくところにも、折口の比較言語学的感覚は現われている。しかし、この語義の解明に関して、彼にはさらに次のような朝鮮語等の知識に基づく解読のヒントがあったというのが私の想定である。

「国文学の発生（第三稿）」の雑誌発表と同年の昭和四年に出版された『日鮮同祖論』（刀江書院）の中で金澤庄三郎は、人名に用いられる「干」なる語の考察に一章をさいている。han・kanと発音され「干」「汗」「罕」などの漢字が当てられる語が、金史・遼史・元史、それに『三国史記』などの朝鮮の史書に君名として見える。「居《こ》西干《せかん》」「奇善汗《きさんはん》」「成吉思合罕《じんぎすかがん》」などのhan・kanである。満州語・蒙古語・朝鮮語において、この語は「君長」を意味するが、本来「人」を意味する語である。また、朝鮮語においてhanまたはkanには「大」の意味と「一」の意味とがある。すなわち「大」「一」「人」「君」はこれらの言語において同根の語と考えられる。そして、日本語の「ひと」なる語も「一」「人」の意味をもち、またもとは「大」の意味をも持っていたことが考えられる。なお、新羅では「干」の語は、始め王号に用いられ、のち官名となり、そののち一般の敬称から賎民の称呼となるに至ったものである。[38]

以上が金澤の「干」に関する考証の概略であるが、金澤から朝鮮語を学び、その刺激から国語研究のために蒙古語にも手を染めた折口が、「まれびと」の「ひと」について考える時、金澤が示した「干」や「ひと」に関する考察と全く離れたところで思考していたと考えることの方がむしろ不自然であろう。折口の「まれびと」の語の解析には、背後にこのような隣接言語に関する知識が隠されていたものと思われるのである。ついでに言えば、上記の知識をもって新羅の王号の「麻立干」という語を日本語に置き換えてみると、「まれびと」の語が得られることに気付く。

4、「たまふり」論

次に折口の鎮魂論を、同様の観点から考察してみたい。まず折口の特異な鎮魂論の概略を見ておこう。鎮魂とは、宮廷の信仰で霊魂に関する呪術を意味する漢字語であるが、この語は古来、「たまふり」「たましづめ」の二訓をもって訓まれてきた。「たましづめ」が魂が肉体から遊離しないように鎮める義であることは明確であろうが、「たまふり」の語はその語義の解釈が従来からまちまちであった。折口はこの「たまふり」を、外来魂を肉体に付着せしめることであると解釈したのである。この解釈は、外来魂（マナ）というヨーロッパ民族学の見出だした霊魂概念を利用した、全く新しい「たまふり」の解釈であった。折口が日本の民俗の中に「外来魂」の存在があることを想定し出したのは、大正一五年頃からであるが、同年の発表の「小栗外伝」において、彼は「たまふり」の義を次のように説いたのである。

> 鎮魂祭の儀を見ると、単に主上の魂の遊離を防ぐ為、とばかり考へられないことがわかる。年に一度、冬季に寄り来る魂があるのである。御巫《ミカムコ》の「宇気《ウケ》」を桙で衝くのは、魂を呼び出す手段である。いづれ平安朝に入つての替へ唱歌であらうが、鎮魂祭の歌の「……みたまかり、たまかりまし〻神は、今ぞ来ませる」と言ふ文句を見ると、外来魂を信じた時代からのなごりを残したのが訣る。而も、主上の形身なる御衣の匣を其間揺り動すのは、此に迎へ移さうとするのである。魂の緒を十度結ぶことは、魂を固着させる為である。魂の来り触れて一つになる時だから、たまふりと言ふので、鎮魂の字面とは、意義は似てゐて、内容が違ふのだ。「ふるへ〱」。ゆら〻にふるへ」と言ふ呪言は「触れよ。不可思議霊妙なる宜しき状態に、相触れよ。寄り来る御魂よ」の意であらう。触るは、ふらふ・ふらはふなど再活用を重ねる。ふるふもふらふと一つ形で

ある。[39]

折口はこの「たまふり」を、霊魂呪術としては「たましずめ」よりも段階的に先のものと見ている。外来魂を寄り付ける段階がまず最初で、その後に肉体に内在した魂を鎮める呪術が行われたものとするのである。だから「たまふり」こそ霊魂呪術の根幹であると彼は考える。

そして彼は、この「たまふり」ということが冬祭りの第一の目的であること、さらに、その冬祭りが結局日本の「まつり」の第一の出発点であることを述べてゆく。だから先に挙げた折口の「まつり」に関する論考は、冬祭り論、すなわち内容的には「たまふり」論がその中心に置かれているのである。なお、折口によれば、冬祭りの「ふゆ」は、「たまふり」の「ふり」(「ふる」)と同根のことばである。次は、「大嘗祭の本義」の中の「ふゆ」と「ふる」との説明である。

> 此処で「冬」といふ言葉を考へて見る。ふゆは、殖ゆで、分裂する事・分れる事・枝が出る事などいふ意味が、古典に用ゐられてゐる。枝の如く分れて出るものを、取扱ふ行事が、冬の祭りである。ふゆは、又古くは、ふると同じであつた。元来、ふるといふ事は、衝突する事であるが、古くは、密着するといふ意味である。此処から「触れる」といふ意味も出て来る。[40]
>
> 古代信仰に於ける冬祭りは、外来魂を身に附けるのだから、ふるまつりである。処が後には、此信仰が少し変化して、外来魂が身に附くと同時に、此魂は、元が減らずに分割する、と考へて来た。此意味が、第二義のふゆまつりである。[41]

すなわち、折口の「たまふり」の解釈とは、整理すると以下のごときものとなろう。

①「たまふり」の第一義は、外来魂を肉体に付着させる（触る）ことである。
②第二義は、その付着した魂を分割・増殖（殖ゆ）させることである。
③前者の「ふる」と後者の「ふゆ」とは同根の語である。
④冬祭りとは、この意味の「ふるまつり」「ふゆまつり」である。（「冬」という季節名は「ふゆまつり」から出たものである。）

ところでここでは、折口がこのような解釈をもって重視した「たまふり」が、かつて朝鮮半島を中心に広く行われていた「プル」の信仰と関係を持つのではないかということを考えてみたい。

「プル」の信仰とは、かつて崔南善が「不咸文化論」をはじめとする多くの文化論の中で、古く東北アジア地域（いわゆる東夷文化圏）に存していたものとして取り上げ考察した、日神崇拝を中核とする一種の信仰コンプレックスである。崔南善はこの信仰を「不咸（プルカン）信仰」と呼び、その文化を「不咸文化」と名付けたのであったが、ここでは簡略化して「プル」の信仰と呼んでおこう。

崔南善によれば、この信仰文化圏の範囲は、中心地域としては朝鮮半島・中国東部・日本・琉球・満州・蒙古などの東北アジア、影響地域としては中央アジアを経てバルカン半島にまで及ぶ極めて広範囲なものであった。この「プル」信仰の名残りは、まず山の名前として残っている。「不咸文化論」において彼は、韓半島に「白」

(paik) の名を持つ多くの山があること、日本の高千穂が「クシフル」岳と呼ばれたことなどを始めとして、これらの地域にいかに「プル」系統の名を持つ山が多いかを考証している。さらに彼は、「解夫婁」(ヘプル)「弗矩内」(プルカン) などの朝鮮半島の王名に見られるように、この地域における神格者が、かつて「プル」系統の語で呼ばれたことをも考証する。そしてこの系統の語の原義を、太陽を意味したものと考えられる「pǎrk」(その活動形が「pǎrkǎr-ai」である) に求めてゆくのである。(補注9)

崔南善の「不咸文化論」は「不咸文化」に関する総合的な論究であるから、その具体的な内容をここで一つずつ紹介することは難しいが、今その中で次の二つの考察だけを取り上げてみよう。

一つは、彼が漢語で国を意味する「邦」が不咸系語の「par」「pur」(韓国では伐・弗の字を宛てる) と同根の語であり、「封」「方」「藩」などの語もそれに準じて解釈しなければならない語であると述べていること。[42] もう一つは、韓半島で「굿」(kuᵗ)・「놀이」(nori) とならんで神事を意味する代表的な語である「풀이」(p^huri) につき、その本意が穢れを捨てて清浄を取り入れること、悪霊を除いて善霊としてゆくことにあり、この語は日本語の「はらひ」という語と関係が深いとしていることである。[43] もちろん後者の議論も、それらの語を不咸系の語と見てのものである。

まず前者の「くに」(「むら」) を意味する「プル」系統の語についてであるが、この語は古代の朝鮮語で「pur」(ないし「por」) と言ったことが明らかである。また日本語で村を意味する「フレ」という語は、その同系のことばである。実はこの村 (あるいは「くに」) を意味する日韓の「フレ」「pur」(「por」) の語については、崔南善以前に白鳥庫吉の研究とそれを受けた金澤庄三郎の研究 (「郡村の語源に就きて」、明治三五年[44]) とがある。特に金澤はこの語の比較に非常に強い関心を示して、『日鮮同祖論』では大量のページ数をその説明のために割いている。その説明によれば、新羅の国号の「徐羅伐」（sora-por）の「por」、天孫降臨の伝えを持つ添（そほり）山の「ほり」やクシフル山の「ふる」、やはり神跡の一つと伝えられる筑前の背振（せふり）山の「ふり」、橿原（かしはら）の「はら」など、これらはすべて村を意味する「フレ」「pur」と同源の語であると言う。またその地名の付けられた場所が神聖な場所である点にも、金澤は注意を喚起している。[45]

このように当時日本人研究者の中にも、村を意味する「プル」系の語については、それを重要な語であるとする認識はあったのである。そしてこれらの議論は、折口の「たまふり」の論と接点を持ち得るものでもあったはずである。だがこの時点（『古代研究』と『日鮮同祖論』とが出た昭和四年の時点）では、金澤・折口の師弟は、それぞれ別の経路から「プル」と「ふる」とを論じている。両者が結び付けられるのは、三品彰英の「フツノミタマ考」（昭和七年稿）ならびに「古代朝鮮における王者出現の神話と儀礼について」（昭和八年稿）においてである。三品はそれらの論考の中で、金澤の「プル」考と折口の「たまふり」論との両者を受けて、「徐羅伐」などの「伐」（プル）は本来、祖霊の降臨などの神霊の活動に関する事象や場所を意味する語であり、その語は「ちょうど我がフリ・フル（魂フリなど）という古語にあたる語である」と論じているのである。[46]

さて、次に折口の「たまふり」論と「プル」の信仰とのもう一つの接点を、崔南善が問題にした「풀이」（$p^{h}uri$）の語の考察に求めてみよう。

崔南善によれば、「풀이」（$p^{h}uri$）は、韓半島において悪霊を除いて善霊としてゆくための祭事を指すことばである。例えば、この世にさまよっている霊魂を慰める儀式を「뜬것풀이」（$^{?}tung\text{ɡ}ɔ^{t}p^{h}uri$）と言い、邪神や悪鬼に供物を与えることを「풀어먹이」（$p^{h}urɔmɔgi$—「プリをしてたべさせる」の意）と言う。[47] またこの語は現代語の「풀다」（$p^{h}ulda$—解くの意）の語に見られるように、融解の意味が濃厚である。崔南善は、これらの用語例や語

感から、この語の日本語の対応語として「はらひ」を考えたのであった。

しかしまた「풀이」($p^{h}uri$)は、音韻的には「はらひ」よりもむしろ「たまふり」の「ふり」に近いことは明白である。この語に関しても、三品彰英は折口の「たまふり」の論を紹介しながら、折口の言う「ふり」と朝鮮語の「풀이」($p^{h}uri$)との関係を次のように説いている。

（折口が論じたような「たまふり」の―引用者）わが古俗から、ただちに連想されるものは、朝鮮における푸리（プリ）という巫儀上の用語である。すなわち巫覡の行なう神事儀礼を푸리《プリ》といっており、たとえば城主푸리、帝釈푸리、七星푸리、살푸리《サルプリ》（殺푸리）などの類で、いずれも諸神を祀って農耕を祝し、神霊を招致して悪鬼を攘うの神事に属している。（「フツノミタマ考」(48)）

この三品の発言を参照すれば、「풀이」($p^{h}uri$)は意義的にも、悪霊を除くことと善霊を招致することとの両義を伴ったものであったらしい。そしてこのことは崔南善の「풀이」($p^{h}uri$)の説明にも一部暗示されていたことでもある。つまり、韓半島における「풀이」($p^{h}uri$)は、日本の「ふり」と「はらひ」との二つの意味を合わせ持った祭儀であったということになるであろう。これを図式化すれば次のようになる。

「풀이」($p^{h}uri$)（融解と付着）
　├「はらひ」（融解）
　└「ふり」（付着）

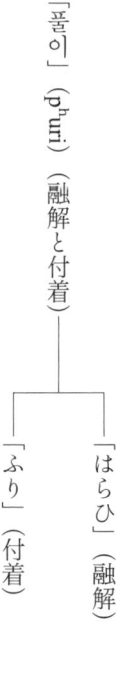

いずれにしても、日本と朝鮮とに、「ふり」「プリ」という祭祀を意味する音韻的にも意義的にも類似した語が存することは、両国の信仰の比較を行う上で見逃すことのできない事柄であると言えよう。

さて以上の考察で、少なくとも折口の「たまふり」論が日本以外の地域の信仰と無関係なものではあり得ないことだけは明らかになったのではあるまいか。もちろん「たまふり」はそれ自体大きな問題であるし、またこの霊魂呪術と関わりを持つと見られる「プリ」の信仰の全体像を論じることもここではできない。以上はこの大きな問題を解明するための一つの手掛かりを提示したにすぎない。

最後に先程から引用している三品彰英の「フツノミタマ考」が、折口の述べる意味の「たまふり」の道具としての「フツノミタマ」なる剣の考察を、ここで述べてきた「プリ」の信仰と関わる視座から行なった論考であることを紹介しておこう。この論考において三品は、折口の「たまふり」論の影響を強く受けているとともに、崔南善の強く説いた不咸文化論的視座を考察の基礎に据えているものと思われるのであるのである（ただし崔南善の名は、この論考の中に一度も出て来ない）。ともあれこの論考が崔南善の「不咸文化論」とともに、今後も「プリ（プル）」信仰の考察のための出発点となるものであることは間違いあるまい。

以上、「まつり」「まれびと」「たまふり」という重要な折口名彙を、朝鮮語との関連で語源的に考察してみた。少なくとも、折口の「古代研究」の深層部に、このような比較言語学の思考が横たわっていることだけは確かなことと言えよう。

注

(1)『古代研究』「追ひ書き」、全集第三巻、四七三～四七四頁。
(2)「穀物の神を殺す行事」、『土俗と伝説』第一巻第一・二号（一九一八年）、全集第一九巻所収。ジェームス・G・フレイザーの『金枝篇』(*The Golden bough*、1890-1915）の抄訳。
(3)「独楽の話」、『土俗と伝説』第一巻三号（一九一八年）、全集第一九巻所収。アルフレッド・C・ハッドン『人間の研究』(*The Study of Man*、1898）の抄訳。
(4)『古代研究』「追ひ書き」、全集第三巻、四七二～四七三頁。
(5)「去七尺状」、全集第二九巻、二八一頁。
(6)池田彌三郎「私製・折口年譜」、『まれびとの座』、中央公論社、一九七七年、一六五頁。
(7)「三矢先生の学風」、全集第二〇巻、四六一頁。
(8)「自撰年譜1」、全集第三六巻、一四頁。
(9)同前、全集第三六巻、一五頁。
(10)「遠野物語」、『ドルメン』五—一、一九三九年、全集第二六巻、四八～五四頁。
(11)寺田太郎構成「面影を偲ぶ——折口信夫」（NHK放送、一九五七年一月一〇日）、『短歌』一九七三年一一月臨時増刊号に掲載。
(12)『古代研究』「追ひ書き」、全集第三巻、四七九頁。
(13)「古代人の思考の基礎」、全集第三巻、三六九頁。
(14)同前、全集第三巻、三六九頁。
(15)「ほうとする話」、全集第二巻、四一〇頁。
(16)「村々の祭り」、全集第二巻、四一六頁。
(17)『国語学』(慶應通信、一九四九年)、全集第一六巻、五五三頁。
(18)高橋直治『折口信夫の学問形成』、有精堂、一九九一年、一一六頁。
(19)同前、九九～一〇〇頁、及び一〇八～一〇九頁。
(20)「言語伝承論」、全集ノート編追補第二巻、二〇九頁参照。

(21)『日本新文化史』(『日本文化史』の改訂版、一九四二年)、『安藤正次著作集』第五巻、雄山閣、一九七四年、一八六頁。
(22)「不咸文化論」、『朝鮮及朝鮮民族』第一集、一九二七年八月、五一頁。
(23)「神道に現れた民族論理」、全集第三巻、一五五頁。
(24)「村々の祭り」、全集第二巻、四一五頁。
(25) 同前、全集第二巻、四一六頁。
(26)「村々の祭り」、全集第三巻、四一六頁。
(27) 李男徳『韓国語 語源 研究 (Ⅳ)』、ソウル：梨花女子大学校出版部、一九八六年、四七〜四八頁参照。
(28)「国文学の発生（第二稿）」、全集第一巻、八一〜八二頁。
(29) 柳田國男・折口信夫・石田英一郎「日本人の神と霊魂の観念そのほか」、『民族学研究』一九四九年一二月、折口信夫全集別巻三所収。
(30)「国文学の発生（第三稿）」、全集第一巻、一一頁。
(31) 同前、全集第一巻、一一〜一二頁。
(32) 同前、全集第一巻、一二頁。
(33) 同前、全集第一巻、一二〜一三頁。
(34) 鮎貝房之進『俗字攷・俗文攷・借字攷』、国書刊行会、一九七二年、八七三〜八七五頁参照。
(35) 三品彰英「古代祭政と穀霊信仰」、遺稿、一九七一年絶筆、『三品彰英論文集』第五巻（平凡社、一九七三年）に収録。
(36)「万葉集研究」、全集第一巻、三九〇頁。
(37) 同前、全集第一巻、三九〇頁。
(38) 金澤庄三郎『日韓古地名の研究』（草風館、一九八五年、『日鮮同祖論』の一部が収録されている)、一五八〜一六四頁参照。
(39)「小栗外伝」、全集第二巻、三四二〜三四三頁。
(40)「大嘗祭の本義」、全集第三巻、一八二頁。

（41）同前、全集第三巻、一八二頁。
（42）崔南善「不咸文化論」、『朝鮮及朝鮮民族』第一集、四六～四七頁。
（43）同前、五三～五四頁。
（44）金澤庄三郎「郡村の語源に就きて」、『史学雑誌』一九〇二年一一月。
（45）金澤庄三郎『日韓古地名の研究』、二四一～二八四頁参照。
（46）『三品彰英論文集』第二巻、三四一～三四六頁、第五巻、五六六～五七一頁参照。
（47）崔南善「不咸文化論」、『朝鮮及朝鮮民族』第一集、五四頁。
（48）『三品彰英論文集』第二巻、二七八頁。

（補注1）外国語学校での蒙古語学習の一例を、折口は「幣束から旗さし物へ」（大正七年八月）の中で次のように記している。「外国語学校の蒙古語科の夜学に通うた頃、満州人羅《ロオ》氏から、蒙古語で幣束をHatakと言ふよしを習うた。」（全集第二巻、二一〇頁）またこの「羅先生」のことを、折口はその後歌に詠んでいる。「〔一つ橋〕この国の語を／口にせずありし／羅《ララ》先生に、／我も似て来つ／　――羅氏、語学校蒙古語科の旧講師」（『日光』「東京詠物集」大正一五年六月、全集二四巻、二一二頁）。安藤礼二は、この「羅先生」について『東京外国語大学史』などによる調査を行い、『折口信夫』（講談社、二〇一四年）の中に詳しく記している。それによれば、「羅先生」とは、明治四二年から東京外国語学校の蒙古語科で教えはじめた外国人教師ロブサンチョイドン（羅卜蔵全丹）のことで、『蒙古風俗鑑』『モンゴル風俗誌』などの著作があるという。モンゴル民俗学の書物を残した人物であることもわかり、折口の「外国語学習」に関する貴重な情報である。同書一一六・一二二頁参照。

（補注2）石川遼子は、『金沢庄三郎』（ミネルヴァ書房、二〇一四年）の中で、金澤が明治四〇年から、新設された國學院大學の本科で「日韓比較文法」の講義を始めたことを記している。折口が金澤から学んだのは、単に語学としての朝鮮語ではなく、最初から日韓比較言語学の方法であったことがわかる。

（補注3）この部分、「私製・折口年譜」の草稿（池田家蔵）は次のようなものであった。「十二日、國學院において、金澤庄三郎博士の特別講義はじまる。先生も聴講なさる。あとで、僕は、文法は、一番金澤先生の影響をうけた、と言はれた。」

（補注４）金澤庄三郎の年譜・著作は、石川遼子の前掲書に詳しい。

（補注５）折口は、この二年後の大正六年二月、東京外国語学校教授・東京帝国大学講師の職を辞して夫人とともに京都に向かう金澤を新橋停車場に見送り、その心情を短歌八首に詠み、翌月の『アララギ』に発表している。その八首目の歌は、「そむき居し三年の心わびせまく来ればすべなし人こぞりけり」というもので、金澤に対する折口の自責の気持ちが表わされている。この連作のうち五首は、「新橋停車場　金沢先生の、東京を去られた時」として、大正一四年刊行の『海やまのあひだ』にとられているが、「そむき居し」の歌は採られていない。金澤が東京を去ることになった経緯については、石川遼子が詳しく調査して前掲『金沢庄三郎』に記している。

（補注６）「わかしとおゆと」とほぼ同時期の執筆と思われる草稿に「用言の発展」がある。折口が金澤庄三郎に提出した科目レポートで、新全集第一二巻（言語論篇、一九九六年）にはじめて収録された。この中には『同窓』に発表した「わかしとおゆと」の切り抜きがそのまま綴じ付けられている。その部分を除いても全集で四〇頁以上に及ぶ長い論考で、「わかしとおゆと」を含み込む形で、語根からの派生を具体的に分析して、用言の発展について私見を述べている。「わかしとおゆと」を含んだこのレポートに、私はあらためて折口国語学の原点を求めたい。「用言の発展」については、新全集第一二巻の「解題」（岡野弘彦・長谷川政春・伊藤好英執筆）が詳細な説明を施している。なお、『折口信夫の生成』（おうふう、二〇一五年）において松本博明も指摘しているように、この草稿は、途中の文章が「千四百字ほどにわたってすべて朱で消されその部分の用紙が紙縒で閉じられ」そこに「わかしとおゆと」が張り付けてある。松本の同書には、ここで抹消された部分（二頁に及ぶ）が翻刻、提示されている。

（補注７）「不咸文化論」の雑誌掲載は昭和二年八月である。「ほうとする話」は、『古代研究（民俗学篇第二）』の「著作年月一覧」には「昭和二年六月頃草稿」とあるが、新全集第二巻「解題」は、自筆草稿にありながら削除された部分に芥川龍之介の自殺に触れた箇所があることから、その執筆時期を「昭和二年七月二四日以後」と推定している。

（補注８）初出の執筆時には見出せなかったが、明治三七年七月の『史学雑誌』掲載の「日本法制史の研究に於ける朝鮮語の価値」（同年三月史学会例会講演）の中で、宮崎道三郎が日本語の「マツル」と朝鮮語の「받들다」との関係について、次のような発言をしている。「日本では、奉の字をマツルと訓まして居りまするがこのマツルとい

ふ言葉は、古事記伝にも「(中略)」とあるが如く、上納の義でありますが、其の本義は未だ詳らかならぬものと見えまして、言海に「待つ意か」と言つてあります、然るに、朝鮮の方を見ますと相似た言葉がありますが即ち朝鮮では、奉の字を以て、받들다(pat teul ta)と訓して居ります、其の받들다(pat teul ta)は、又、略して받드다(pat teu ta)とも言つた例があります、其の他、書物によりましては、貢の字に받치다(pat chí ta)といふ訓を下した例や、又、捧納といふ字に、받아드리다(pat a teu ri ta)などいふ訓を下した例もありますが、此等の訓は、本、皆、同語であらうと思はれます、ところで、パ(p)行の音や、バ(b)行の音は、皆、マ(m)行の音と相転し易い音であります、例せば、馬は韓音말(mal)又は마(ma)でありますが、日本では、バ、マ二音あるではありませぬか、して見ますと、マツルト받들다(pat teul ta)の語根、받들(pat teul)とは、其の発音極めて相似て居ると言はなければならぬと思はれます、故に、この両語も、本は、同語であらうと思はれます(下略)」。折口もこの二語「マツル」と「받들다」、宮崎の文中の「받들다」は昔の綴り)の類似性は意識していたのではないだろうか。

(補注9)三品彰英は『プルカン考――朝鮮における仏教と民族信仰――』(『仏教史学』第四巻第一号、一九五四年)において、新羅の始祖神赫居世の持つ名義「弗矩内」について次のように説明している。「赫居世は別に弗矩内という文字でもって表現され、また光明理(治)世という漢語訳が当てられている。弗矩内は音訓借による万葉仮名式な漢字の使用例で、pur - kan の音をあらわしている。このように古代韓族の祖霊がpurkanと呼ばれていることから、ただちに連想されることは、ウラル・アルタイ系の諸民族の間に広く使用されているpurkhanという語である。すなわち蒙古語では、bur - khan は仏・神・精霊を意味し、ついでそれらの神像・仏像をさしている。」(『三品彰英論文集』第三巻、一八〇頁)。また同論考で、『山海経』大荒北経に「大荒之中ニ有リレ山、名ツケテ曰ニツ不咸一ト、粛慎氏之国ナリ」とある不咸山の「不咸」が、「purkanをあらわした音借であることは明らかで」あると述べている(同書、一八六頁)。一方、崔南善は「不咸文化論」において、「不咸文化」という名辞について次のように述べている。「私は仮りにこの一大文化系統に、不咸文化の名を付けて、種種の考察を試みつゝあるが、この文化の中心たると同時に、その殆んど全部面を為すが、părk(părkăn)であり、不咸はその最も古き字形たるに取ったのである。」(『朝鮮乃朝鮮民族』第一集、三二一~三二二頁)。

Ⅳ、比較民俗学

前節では、「古代研究」を自称する折口の学問の根底部に、言語研究の志向があることを述べた。本節では、折口の学問のもう一つの特質である比較民俗学の志向について考察しておきたい。

1、フォークロアとエスノロジーとの分かれ目

大正三年を境に折口が柳田國男の民俗学に急速に接近していった事情についてはすでに述べたが、折口が比較言語学の方法を基礎に据えた国語研究に強い関心を持っていたことと、民俗学に接近していったこととの間には浅からぬ関係があったことが推測される。これに関し鈴木満男は次のように述べている。

折口が、早くから日本人の「隣人」に関心をいだいていたことは、彼の東アジアの語学に対する興味と熱意からも察せられる。蒙古語や朝鮮語の学習がそれで、とくに後者については、朝鮮語で日記まで書いた時期があったという。だから、エスノロに対しては親近感をもっていたに違いない。柳田に出あう前、折口は『人類学雑誌』も読み、『考古学雑誌』も読んでいた。[1]

考古学会・人類学会には早くから柳田國男も加入している。考古学会には柳田が明治三六年に、折口が明治四一年一〇月に入会し、人類学会には柳田が明治四三年七月、折口が翌年一二月に入会し、それぞれ機関誌の『考古学雑誌』『人類学雑誌』の配布を受けている。しかも、柳田はその両誌に論文を発表しており、折口は柳田に

会う以前にそれを読んでいる。後年、柳田國男・石田英一郎と行なった座談会「民俗学から民族学へ」の中で、折口は初期の柳田の学問に対する自身の関心について、次のように語っている。

柳田先生が『人類学雑誌』『考古学雑誌』にお書きになつてゐる時分に読ませて頂いて、不思議な学問もあるものだと思ひました。とにかく他の学問との違ひを感じてゐましたが、その中に先生のいろ〳〵な書物を拝見することが出来、雑誌も出てきました。その中から自分等の知らない態度も発見さしてもらつて、後からぼつ〳〵ついていくといふ位のことでした。(2)

明治四四年から明治四五年にかけて柳田が『人類学雑誌』に発表した論文「「イタカ」及び「サンカ」」に折口が深い感銘を受けたことはすでに述べた。また上記の発言の中の「先生のいろ〳〵な書物」とは、明治四三年に刊行された『石神問答』『遠野物語』などを指しており、その後に出てきた雑誌とは『郷土研究』を指している。『郷土研究』は日本民俗学成立のための最初の契機となった雑誌で、大正二年三月の創刊である。後年の談話で折口が「永久の価値のあるもの」と呼んで高く評価している柳田の「巫女考」「毛坊主考」は、大正二年から大正四年にかけてこの雑誌に連載されたものである。

実は、柳田のこれらの一連の論考は、折口の学問の形成にとっても、また、日本民俗学の歴史にとっても大事な論考であった。それらは、折口の民俗学・芸能学の形成に大きな刺激を与えた論文群であると同時に、日本民俗学の出発を告げる論文群でもあった。これらの論文群に対する位置づけを、この両方の面から行なっておこう。

日本民俗学のその後の発展経緯から振り返る時、これらの論文群はある特徴を際だたせている。それは、一つには非常民的な主題を扱っていることであり、もう一つは一国民俗学の枠内で処理してゆくことが難しい問題を扱っていることである。

日本民俗学はこの論考が出された時点を始発として、以後、柳田國男の主導のもとに近代的な学問としての進展をみせる。そしてその発展の流れは、大局的に捉える時、常民民俗学へと向かう流れであり、一国民俗学へと向かう流れであった。それは、柳田自身がまずそのように自身の研究主題を転換・集約させていったのであり、次に彼の主導によって進んだ日本民俗学の方向が、そのように規定されていったのである。そして、このような後年の日本民俗学の有り様を基準にすれば、柳田のこれらの論文群に代表される日本民俗学の初期のテーマは、結果的に特異なものであったと見なすことができるのである。

例えば、この論文群の最初の論考「「イタカ」及び「サンカ」」は傀儡子の問題を中心に論じたものである。この論考について折口は次のように語っている。

傀儡子は一つの団体で、日本のジプシーのような種族。そのことを書いたもので、名論でもあり、日本の民俗学を進めたものだ。フォークロアとエスノロジーとの分かれ目もここに出ているようだ。(3)

ここで折口は、傀儡子の問題がフォークロアとエスノロジーとの両領域に関わる問題であることを認識した上で、柳田がこの団体の動向を日本民俗の歴史の上に探ろうとしたことの意味を重視している。この論文の執筆の直後、南方熊楠に宛てた手紙の中で柳田は、「わが邦のクグツは九州より上りたりと覚ゆれば、朝鮮を通過して大陸より入り込みしジプシーの片われではなきかと空想いたし候」と述べている。また、韓国の文献である『高麗史』や『疋言覚非』の楊水尺に関する記述の中に、日本の傀儡子に類似した習俗があることを南方に報告してもいる。(4)「「イタカ」及び「サンカ」」に限らず、「巫女考」や「毛坊主考」の執筆に際しても、柳田が韓国をはじめとする外国の習俗を広く考察の対象としながら論の構想を練っていたことは間違いのないところであろう。しかしこれらの論考では、できるだけ国内の資料に基づいて日本における傀儡子の実態を究明しようとしている。折口は、この柳田の態度とその成果とに、日本民俗学の独自的な成立を認識したのに違いないのである。「フォークロアとエスノロジーとの分かれ目」とは、このような意味であろうと思われる。

すなわち、折口が柳田の論考に認めた初期の民俗学とは、エスノロジー的な感覚を背後に持つ、エスノロジーと分かれたばかりのフォークロアなのであった。しかもこの初期の民俗学が扱っていたテーマは、後の折口の「まれびと」論にも繋がってゆくような、漂泊する団体に関するものであった。ここで一つの仮説として言えば、芸能学を含む折口の民俗学は、この時期の民俗学、特に右の論考を中心とする柳田の始発期の民俗学の特質を強く保持したまま形成されたと言えるのではないだろうか。つまり、後の日本民俗学が取り捨てていった二つの領域、エスノロジー的なものと接触する領域と、非常民的な領域とを排除しないままに成長させていったものが折口の民俗学だったのではないかとする仮説である。

以上述べた二つの特質のうち、非常民的な漂泊民に対する共感といったものは、折口が資質として本来持っていたものとたまたま合致したのであったろう。ところで、もう一つのエスノロジー的な感覚、これはやはり学生時代からの言語学に対する関心が、大きく影響を与えているのではなかろうか。言語の比較に対する関心から文化・民俗の比較に対する関心へ、さらに比較の感覚を背後に持った日本民俗学に対する関心へ、もちろんこのように整理して言うことには無理があるとしても、折口が柳田の民俗学に自分の進むべき道を見出していった経緯の一端は、このようなところにあったものと推測できるのである。

2、「まれびと」論と民族学

初期の柳田の漂泊民に関する論考が、折口の芸能学の形成にどう影響しているかという点に関しては本書でもすでに何度か述べた。以下、初期の日本民俗学が持っていたエスノロジー的、比較民俗学的な感覚が、折口の民俗学・芸能学にどのように保持されているかという点に関して、もう少し具体的な考察を進めておこう。

まず、折口の「まれびと」論自体が、国外の習俗に対する興味をきっかけにして発想されている。柳田國男・石田英一郎と行なった座談会「日本人の神と霊魂の観念そのほか」の中で、柳田に「まれびと」論が出てきた道筋を聞かれて、先に引いたように折口は、「何故日本人は旅をしたか、あんな障碍の多い時代の道を歩いて、旅をどうして続けていつたかといふようなところから、これはどうしても神の教へを伝播するもの、神々になつて歩くものでなければ旅は出来ない、といふやうなところからはじまつてゐるのだと思ひます」と答えているが、彼の発言はさらに次のように続く。

いま急にどれかといふことを思ひ出さうとすると、不自然なことになりさうですが、いくつもさういふ歴史上の類型を考へて、考へあぐねた頃のことだつたと思ひます。台湾の『蕃族調査報告書』あれを見ました。それが散乱してゐた私の考へを綜合させた原因になつたと思ひます。村がだん〳〵移動していく。それを各詳細に言ひ伝へてゐる村々の話。また宗教的な自覚者があちらこちら歩いてゐる。どうしても、我々には、精神異常の甚しいものとしか思はれないのですが、それらが不思議にさうした部落から部落へ渡つて歩くことが認められてゐる。かういふ事実が、日本の国の早期の旅行にある暗示を与へてくれました。[5]

『蕃族調査報告書』は台湾の少数民族の習俗の調査報告である。この報告書に記された村の移動にまつわる言い伝えの中に、他村を渡り歩いてゆく人々がいる。折口は、この事実から「日本の国の早期の旅行にある暗示」を得た。それが「まれびと」論の構想をまとめるのに大いに役立ったと言うのである。（補注1）実は、この『蕃族調査報告書』からは柳田も山人論の構想を得ている。[6] そして、これらのことは初期の日本民俗学が決して内向的な閉じられた雰囲気を持つ学問でなかったことの一つの証拠ともなろう。「まれびと」論が初期の民俗学のそのような雰囲気の中で構想されていることを、われわれはもっと強く意識してよいであろう。ちなみに、柳田が一国民俗学を強く主張するようになるのは昭和四年頃からである。

折口の民俗学・芸能学がエスノロジー的な学問と交渉を保ち続けていたことを示す第二の例として、「まれびと」論が民族学者岡正雄の異人論に与えた影響を取り上げよう。

折口の「まれびと」論は、大正一三年に発表された「国文学の発生（第二稿）」での展開が初出であるが、「まれびと」が最も体系的に論じられている論文は、昭和四年に『民族』に掲載された「国文学の発生（第三稿）」である。実はこの論文はいわく付きの論文で、折口が昭和二年の一〇月に脱稿して『民族』の編集者であった岡正雄に渡したが、柳田國男が掲載を認めず岡正雄が手元に保管し、柳田が『民族』から手を引いた昭和四年一月になってから『民族』に掲載されたものである。[7] ちなみに、折口はこの論文を、昭和四年四月に刊行した『古代研究（国文学編）』の巻頭に据えている。

岡正雄が「異人その他」を『民族』に発表したのは、昭和三年九月であった。[8] その後の民族学に大きな影響を与えたこの論文は、資料を広くメラネシア・ポリネシアなどにまで求め、比較民族学の立場から聖なる来訪者である異人について論じたものである。自撰年譜によれば岡は、はじめて柳田國男に出会った大正一三年頃、すでにリヴァースの『メラネシア社会史』やシュルツの『年令階級と男子結社』などを熟読している[9]。メラネシアの仮面仮装の来訪者を有する男性秘密結社に関しても、彼は多くの知識を得ていたはずである。しかし、そのような知識が集約されて「異人その他」という異人論として形成されて来る過程には、必ずや折口の「まれびと」論の影響があったに違いないのである。

この論文が柳田や折口の諸研究と関係を有していることは、論文の最後に述べられている言葉や注釈などに伺うことができるが、折口の「まれびと」論の影響が特に強かったであろうことは、岡の自撰年譜の昭和二年秋の項に、「この頃折口信夫氏の「まれびと」に関する一連の論文に深い示唆を受ける。」とあることからも窺える。岡と親交があり、後年論文集『異人その他』の編集を担当した田中基は、この年譜の記事の背景を次のように推測している。

この時期は、折口から「常世及び『まれびと』」（「国文学の発生（第三稿）」の原題―引用者注）の原稿をもらった昭和二年一〇月ころにあたっており、おそらくこの原稿の掲載拒否を柳田からいい渡されて、手元に保管しながら何度も読むうちにマレビト論の背後を流れる方法論的な意識に触れて電撃が走った、と想像されます[10]。

田中はさらに、このいまだ未発表の折口のまとまったまれびと論に衝撃を受けた岡が、それ以前に発表された「折口の一連のマレビト表象に関する論考を読みあさる中で柳田の山人論にある沈黙貿易とも連結し、そこを交易論の出発点として、折口のマレビト論を濾過して、一挙にメラネシアの男性秘密結社における仮面仮装の祖霊来迎表象を交通論の根拠に置く、というような論文のパースペクティヴができあがったであろう」と推測する。[11]これは、論文「異人その他」の成立をめぐる極めて妥当性の高い推測だと言えよう。

この論文の執筆の翌年（昭和四年）、岡は渋沢敬三の勧めと援助でヨーロッパに渡り、その年ウィーン大学に創立された民族学研究所の第一期生として、日本民族の起源と日本文化の源流の研究に取り組む。そして昭和八年には卒業兼博士論文『古日本の文化層』全五巻をまとめている。「異人その他」に始まる岡の異人論は、この大部の博士論文の中にも生かされ、その後彼がウィーン大学日本研究所を主宰したこともあって、その論はウィーン大学で民族学を志す後輩たちに少なからぬ影響を与えた。岡のもとで日本研究所の助手をつとめ、やがて「日本とゲルマンの祭祀秘密結社」「「まれびと」考」などを執筆する[12]アレクサンダー・スラヴィクは、岡の影響を最も強く受けた学者の一人である。このようにして、折口のまれびと論は、岡正雄の異人論を介して間接的にではあるが、ヨーロッパの民族学にも影響を与える結果となっているのである。このようなことが起ったのは、折口のまれびと概念が最初から構造的な概念としてあったからであろう。（補注2）岡はまれびと論にそのような概念を見出したからこそ、それを民族学の分野にまで拡大させることができたのであり、それを核として独自の異人論を展開させることもできたのである。折口の民俗学のエスノロジーとの交渉は、以上の岡との関係のみ見ても極めて深いものであったことがわかろう。

3、「古代研究」と比較民俗学

折口の民俗学の比較民俗学的な志向は、先に触れた柳田國男・石田英一郎との二回の座談会にもよく表わされている。これを第三番目の資料として取り上げよう。

この座談会は昭和二四年四月一六日・一八日に石田の企画で柳田邸で行なったもので、これより先に開催された『民族学研究』一三巻三号に掲載された「日本民族＝文化の源流と日本国家の形成」という座談会記録に対する民俗学の側からの批判・所感から話を開始していることもあって、民俗学と民族学との関係ということが多く話題とされている。折口はそこで、自分の学問と民俗学・民族学との関係について次のように述べている。

序でにこれもそつといふ程度なのですが、私のやうに民俗学に古代的の立ち場を置かうとするものは、どうしても、民族学と接近して来ます。事実民族学の畠に這入つてしまつてゐるといふ気のすることもあります。[13]私等のやつてゐることは、日本民族の歴史、さつきお話にありました島嶼日本における日本人ぢやなくて、日本島以前の日本の歴史を調べてゐるのではないかといふやうな気が時々します。さうなると、或る点では、私共のしてゐる仕事は、フォークロアの仕事を行つてゐるのだと自分では思つてゐましたが、どつちかといふと、エスノロジーに現れて来る比較研究における民族古代学とでも言ふべきものに近い部分の仕事をしてゐたのではないかと思ふ。[14]

私等の対象になるものは、時代が遡つていくことが多いので、エスノロジーと協力しなければならぬ。一国文化の中にも、エスノロジカル・フォークロアとでも言ふべき形がある。つまり、フォークロアの対象とエスノロジーの対象とが、一つになるのです。[15]

折口がここで述べていることは、自分の学問は古いところに遡る学問であるだけに、民俗学と民族学との両方の領域に踏み込んで行かざるを得ないもので、この立場からは民俗学と民族学との境界線をはっきりさせることは困難であるということである。

古いところに遡る学問とは何か。折口の場合、それは必ずしも年代的な古代に対象を限定する学問ではない。日本の文学や芸能や習俗を前代へと遡る形で発生論的に考察してゆこうとする学問である。彼はそのような自分の学問を古代研究と呼んだ。すでに見たように、その場合、「古代」とは古代的要素・前代的要素を指すものであった。つまり、折口の古代研究とは日本ないし日本の文化を発生論的に考察しようとする学問なのである。

折口にとって民俗学とは、自脈をとるような観念的な思惟から抜け出し、発生論的に物事を考察するための新しい武器であることは、本書の最初ですでに述べたところである。ところで、そのようにして過去を遡ってゆくと、われわれは必ずやわれわれ以外の存在と出会うことになろう。なぜなら、われわれが近代国家の国民という均質的な存在になったのは、日本列島の長い歴史から見ればごく最近のことであり、その歴史を遡れば遡るほど、日本ならびに日本文化の均質性は失われてゆかざるを得ないからである。ましてや、例えば霊魂信仰のようなある現象を発生論的にラディカルに追い求めてゆけば、「日本島以前の日本の歴史」にまで遡源せざるを得なくなるであろう。そうなれば、もはやフォークロアとエスノロジーとの境界ははっきりしなくなってくるのである。柳田がある時期、民族学と袂を分かち、一国民俗学を強く主張した時にも、折口が民族学の問題から目を離すことがなかったのは、彼自身、自分の民俗学が民族学に接続する性格を持っているものであることをよく知っていたからであった。

以上述べてきた、折口の学問の比較民俗学の志向についての考察を整理すれば、次のようになる。

① 折口は、最初言語学に対する関心から、日本の周辺の民族の文化に興味を持ち、やがて初期の柳田の民俗

学に自身の進むべき道を見出した。初期の柳田の民俗学のテーマは、エスノロジーの扱うテーマと無関係なものではなかった。

② 折口の学説の最も中心に位置する「まれびと」論は、初期の日本民俗学の外部に向かって開かれた学問的雰囲気の中で生まれてきたものである。

③ そのようにして生まれた「まれびと」論は構造論的な性格を持っており、そのため、後の民族学にも少なからぬ影響を与えた。

④ 発生論的な性格を強く持つ折口の民俗学は、最終的にエスノロジーの領域に踏み込んでゆかざるを得ない。

このようなさまざまな根拠から、芸能学を含む折口の民俗学は、比較民俗学的な志向を強く持っているものと結論することができよう。

【追補】

以下、Ⅳの補足として、折口と南方熊楠との関係、折口とベアリング・グールドの「印欧民譚型表」との関係を考察しておく。これは同時に、本書第三章「霊魂論と「よりしろ」論」の追補でもある。

〔折口と南方熊楠〕

南方熊楠は慶應三年和歌山に生まれ、明治二〇年から二五年まで米国に、二五年から三三年まで英国に滞在して勉学した。帰国後は田辺に住み、主に粘菌類の採集研究、世界の民間習俗の比較研究を行い、早い時期から『人類学雑誌』『考古学雑誌』『郷土研究』などに民俗学関係の論文を執筆して柳田國男らを啓発、日本の民俗学の成立に大きく貢献した。昭和一六年に亡くなっている。

折口信夫が南方の名を知ったのは、『人類学雑誌』か『考古学雑誌』においてであっただろう。折口は座談会「民俗学から民族学へ」（昭和二五年）の中で早く（明治期）からこれらの雑誌を興味深く読んでいたことを語っている。大正に入ってからは特に柳田らの主宰する『郷土研究』誌上で多くの南方論文に触れていっそうの刺激を受けた。また大正二・三年頃には二人の共通の知人である宮武外骨の発行した『不二』『不二新聞』に、折口は小説「口ぶえ」をはじめとする、南方は論考「月下氷人」をはじめとする、それぞれ興味深い記事を掲載している。

大正四年は折口が初めて柳田に会った年であるが、その年の四月から『郷土研究』に連載された「髯籠の話」の冒頭で、折口は南方の書いた目籠についての話が髯籠の考察の一つの暗示になったことを記している。（補注3）目籠の話というのは、「髯籠の話」の第四章で紹介されている、魑魅を威嚇するために目籠を竿の先に高く掲げる習俗が日本にも外国にもあるという話である。この時点で折口が読んだ可能性のある南方の目籠の習俗に触れる論考は、「出口君の「小児と魔除」を読む」（『東京人類学会雑誌』明治四二年五月）「悪眼（イヴィル・アイ）の話」（『紀伊新報』大正元年九月～一〇月）「紙上問答、答（六五）」（『郷土研究』大正二年三月）の三篇である。ちなみに出口米吉の「鬼の来る夜」（『東京人類学会雑誌』明治三八年三月）にも目籠に関する習俗の報告があり、折口がこれをも読んでいることは確実である。（補注4）

大正七年八月に折口が宮武外骨の勧めで創刊した雑誌『土俗と伝説』に、南方は何篇もの論考を寄せて協力している。ところで、その『土俗と伝説』に発表した論文「幣束から旗さし物へ」の中で折口は、西洋では旗幡の柄頭に「異物崇拝の対象なる族霊（とうてむ）の像」を付ける例があり、日本の「まとい」の中にはトーテムから変わった物もあるのではないかと述べている。この記述には南方の「戦争に使われた動物」（『太陽』大正五年一二月、六年五月）の影響が窺えよう。ちなみにトーテムを「族霊」と訳したのは南方である。（補注5）

大正一一年の五月七日に折口は、植物研究所設立の資金募集のために上京していた南方を金田一京助・中山太郎とともに宿に訪ねて初めて対面する。同月折口は、南方の國學院での講演の日の一四日をも含めて四度南方と会っている。(16)

大正一五年の一月と一一月とに『民族』に出した「餓鬼阿弥蘇生譚」「小栗外伝」の中で、折口は「火で焚かぬ限りは、幾度でも原形に復」する「巨樹民譚」を取り上げて考察している。これは南方の「巨樹の翁の話」（『土の鈴』大正一一年六月・一二月、一二年二月）からの知識であろう。この例や先に指摘した例を見ると、折口の民俗学的な発想の暗示を南方が与えているケースは予想以上に多いことが理解されよう。

〔折口とベアリング・グールド「印欧民譚型表」〕

「印欧民譚型表」は、印欧語圏に分布する民譚を七〇のタイプに整理して、それぞれの話型の基本的な構成要素（筋）を二〜五個ずつの個条書きで説明したものである。著者は英国のベアリング・グールド（Baring Gould）、原題はSome types of Indo-European folk talesである。この表は一八九〇（明治二三）年刊行の、ローレンス・ゴンム（Laurence Gomme）著*The Handbook of Folklore*に付せられている。*The Handbook Of Folklore*は、一九一四（大正三）年にチャーロット・ソフィア・バーン（Charlotte Sophia Buane）によって増訂再刊され、その再刊本が昭和二年四月、岡正雄によって『民俗学概論』（岡書院）として邦訳された。

折口信夫とこの「印欧民譚型表」との関わりは、以下のとおりである。

折口は、大正七年八月に雑誌『土俗と伝説』を創刊した。この雑誌の一つの柱が、題名にも窺えるように民譚研究であった。同誌に折口は「日本民譚辞典」を掲載、「愛護若」「鸚鵡小町」の考察を発表している。この時期からの折口の一つの関心が民譚に向かってゆくことは明らかな事実で、『土俗と伝説』の刊行は第四巻までで挫折するが、その後の「信太妻の話」（大正九年講演、一三年『三田評論』）、「餓鬼阿弥蘇生譚」（大正一五年一月）、「小栗外伝」（同年一一月）などの論考も実は「日本民譚辞典」の仕事の延長線上にある。これらの一連の民譚研究の途上で、折口は *The Handbook Of Folklore* の「印欧民譚型表」に遭遇したのである。後年の座談会「民俗学から民族学へ」の中の折口の言によれば、この本（ゴムの本としている）は柳田國男が大正一〇年の訪欧の記念に買ってきたものを読ませてもらったものであったという。

折口はその後このSome types of Indo-European folk talesを積極的に活用して民譚研究を推し進めることになる。というのも、もともと折口の伝説研究が「愛護若」に顕著に見られるように、話型的な認識と各話の構成要素の分析という「印欧民譚型表」の分類と同様の発想で行われていたからである。

『國學院雑誌』の大正一一年一二月号の「彙報」の欄に、同年一一月一〇日に「郷土研究会」で折口が「伝説形式Genovevatype の解説より中将姫伝説につき巨細に考証」したことが報告されている。Genovevatypeは「印欧民譚型表」の第五番目のタイプである。また「蘇生譚愚註」において西角井正慶は、大正一四年頃の郷土研究会で折口が英文の「印欧民譚型表」をプリントして「それに相当する日本の類話をあげて講義」したことを述べている。[17]折口のこの時期の民譚表の活用の様子をわれわれはこれらの資料から知ることができる。

しかし何と言っても「印欧民譚型表」を発想のもととして最も活用して書かれた論考は、「餓鬼阿弥蘇生譚」

「小栗外伝（餓鬼阿弥蘇生譚の二）」であろう。これらの論考では、餓鬼阿弥の蘇生に関する話の底に民譚型表の第六番目の「パンチキン或は生命指標型（Punchikin or Life-Index type）」と第九番目の「蛇子型（Serpent Child type）」との要素が存していることが指摘され、それが霊魂の問題と結び付けられて論じられている。そして折口の霊魂論（外来魂を中心とする）にとっての重要なキーワードの一つである「ライフ＝インデキス」なる語の出所も、ここに見るように「印欧民譚型表」にあるのである。

注

（1）鈴木満男『柳田・折口以後』、世界書院、一九九一年、一八一〜一八二頁。
（2）柳田國男・折口信夫・石田英一郎「民俗学から民族学へ」、『民俗学研究』、一九五〇年二月、折口信夫全集別巻三、六〇八頁。
（3）「初期民俗学研究の回顧」、全集ノート編追補第三巻、二三三頁。
（4）飯倉照平編『柳田國男南方熊楠往復書簡』、平凡社、一九七六年、二九三頁参照。
（5）柳田國男・折口信夫・石田英一郎「日本人の神と霊魂の観念そのほか」、『民族学研究』、一九四九年一二月、折口信夫全集別巻三、五五二頁。
（6）中村哲『新版 柳田國男の思想』、法政大学出版局、一九七四年、二五頁、及び鈴木満男、『柳田・折口以後』、世界書院、一九九一年、一七九頁参照。
（7）岡正雄「柳田国男との出会い」、『季刊 柳田國男研究』1、白鯨社、一九七三年、一三六頁。
（8）岡正雄「異人その他」、『民族』三巻六号、一九二九年九月。『異人その他――日本民族＝文化の源流と日本国家の形成』（言叢社、一九七九年）に収録。
（9）William Halse Rivers, *History of Melanesian society*, vol.2. 1914; Shurz, Heinrich, *Altersklassen und Männerbünde*, 1902. 年譜は、岡正雄『異人その他』（言叢社、一九七九年）に附されたものである。

（10）田中基「異人論のふたり――岡正雄と折口信夫の邂逅――」、『マージナル』一〇、現代書館、一九九四年、三六頁。
（11）同前、三六頁。
（12）Slawik , Alexander; Kultishe Geheimbünder der Japaner und Germanen. Eine vergleichende Studie,in: *Wiener Beiträge zur Kurturgeshichte und Lingustik*, Bd.4, 1936, Wien. Zum Problem des“Sakralen Besuchers” in Japan, in: *Deutshe Akademie der Wissenschaften zu Berlin. Institut für Orientforschung,* 1959, Berlin: Akademie Verlag.（Ostasiatiche Studien Nr.48）スラヴィク（Slawik , Alexander）著、住谷一彦・クライナー＝ヨゼフ訳『日本文化の古層』（未来社、一九八四年）に収録。
（13）「日本人の神と霊魂の観念そのほか」、折口信夫全集別巻三、五六〇頁。
（14）「民俗学から民族学へ」、折口信夫全集別巻三、六〇二頁。
（15）同前、折口信夫全集別巻三、六二五頁。
（16）長谷川政春「評伝」、『折口信夫事典』、大修館、一九八八年、七三四頁参照。
（17）西角井正慶「蘇牛譚愚注」（『國學院雑誌』一九五四年九月）、『古代祭祀と文学』（中央公論社、一九七八年）二四八頁。

（補注1）折口は、「地方に居て試みた民俗研究の方法」（『日本民俗学研究』、岩波書店、一九三七年）でも、この調査報告書についての記憶を次のように語っている。「那覇の図書館の郷土室に於て都合のよかつた事は、台湾の蕃族調査報告書が、揃へられてゐた事である。沖縄台湾の比較が書物の上から、実感となつて、よい刺激を与へてくれた事が忘れられない。」（全集第一九巻、二五三頁）。ただし加藤守雄は、鈴木満男らと行なった「討論 折口信夫の学問と思想」（谷川健一編『人と思想 折口信夫』、三一書房、一九七四年）の中で、「（この報告書を）折口信夫は沖縄旅行の帰りに、台湾政庁に寄って、そこで読んで、…」と述べている。場所に関して発言に食い違いがあるが、両方を参考にすると、蕃族調査報告書に刺激を受けたのが、本島・八重山を採訪し台湾を経由して本土に戻った大正一二年の、折口にとっては第二回目の沖縄旅行の途次であったことはより明確になるだろう。この時期までに刊行されている蕃族調査報告には次の二種類がある。①臨時台湾旧慣調査会・台湾総督府蕃族調査会『蕃族調査報告書』全八冊、佐山融吉編集、一九一三～一九二一年②臨時台湾旧慣調査会・台湾総督府蕃族調査会『番族慣習調査報告書』全八冊、小島由道ほか調査編集、一九一五～一九二二年。関口浩は、この二種類の調査報告書にまとめられた調査の実態、すなわちその由来・目的・調査員・性格などについて、『早稲田大学図書館所蔵・岡松参太郎文書』を参照して詳しい調査を行なっている（「『蕃族調査報告書』の成立――岡松参太郎文書を参照して」、『成蹊大学一般研究報告』第四六巻、二〇一二年一一月）。また、安藤礼二は、『折口信夫』（講談社、二〇一四年）において、書物の内容の検討からこの二種の報告書が折口の学問形成にどのような影響を与えたかを考察している。

（補注2）「日本とゲルマンの祭祀秘密結社（Kultishe Geheimbünder der Japaner und Germanen）」の「序」において、アレクサンダー・スラヴィクは、自分との意見交換で岡正雄が神聖な訪問者に関して「日本とヨーロッパの間に見られる」多くの「親近の現象」を指摘したことを記したあと、次のように述べている。「当時は岡も私もヘフラー氏のゲルマン人の秘密結社についての基礎的な研究（Höfler 1934）を知らなかったので、私たちのそうした比較は、ごく一般的なレヴェルにとどまった。」「オットー・ヘフラー Otto Höfler の著作『ゲルマン人の秘密結社』第一巻（Höfler 1934）をひもとくことができたとき、日本、ゲルマン両民族の祭祀秘密結社における意外に多い、細部にわたる類似というよりはむしろ全く同じといってよい要素の存在に驚かされたのであった。ひきつづき私のおこなった比較研究は、こうした要素は何らかの仕方で親近な、あるいは共通したつながりを有するものであることを確信させた。」（前掲『日本文化の古層』、四三～四四頁）。このような確信が生れるのは、「神聖な訪問者」すなわち「まれびと」が、普遍性を持つ構造的な概念であったからである。ちなみに、『ゲルマン人の秘密結社』第一巻の書誌は以下のとおりである。**Höfler, Otto, *Kultishe Geheimbünde der Germanen*, Bd. I, Frankfurt am Main 1934.**

（補注3）粉河寺の表門で見た髯籠の体験を語った後、「髯籠の話」の冒頭の文章は次のように続く。「最早十余年を過ぎ記憶も漸く薄らがんとしてゐた処へ、いつぞや南方氏が書かれた目籠の話を拝見して、再此が目の前にちらつき出した。」（全集第二巻、一七六頁）

（補注4）「髯籠の話」第四章のはじめの文章は次のようなものである。「髯籠《ヒゲコ》の因《ちなみ》に考ふべき問題は、武蔵野一帯の村々に行はれて居る八日どう又は八日節供と言ふ行事である。二月と十二月の八日の日、前晩からめかい（方形の目笊）を竿の先に高く揚げ、此夜一つ眼と言ふ物の来るのを、かうしておくと眼の夥しいのに怖ぢて近づかぬと伝へてゐる。／南方氏の報告にも、外国で魑魅を威嚇する為に目籠を用ゐると言ふ事が見えてゐたが、其は恐らく兇神の邪視に対する睨み返しとも言ふべきもので、単純なる威嚇とは最初の意味が些し異つて居たのではないか。」（全集第二巻、一八五〜一八六頁）。この文章の前半は、出口の「鬼の来る夜」の以下の記述を受けてのものであろう。「武蔵野南多摩郡境村附近にては、二月十二月の八日には、戸口に笊を被ふらせ、早く寝ぬるを常とす。伝ふる所に依れば、此夜は一ツ目小僧なるものありて里中を横行し、若し外出する人あるときは直に之を襲ふ。故に笊の目の多きを掲けて之を驚かすなりといふ。（本誌一七二号）」（『東京人類学会雑誌』二二八号）。後半の「南方氏の報告」とは、『郷土研究』「紙上問答、答（六五）」で挙げた、アフリカ「コンドファン」で家を留守にする時に目籠を入口に置く例や、カルカッタ等で「家を建る際竿頭に目籠と箒を掲ぐ」例などと思われるが、「答（六五）」はそもそも、熊楠が一九〇九年五月二七日に『ネイチャー』に掲載した「魔よけの籠」（日本の目籠の習俗の報告を含む）と、それに対し同誌に寄せられたカルカッタ印度博物館のアンナンデール博士の報告とを紹介したものである。「出口君の「小児と魔除」を読む」は、「魔よけの籠」とほぼ同時期に「邪視」という同様のテーマをさらに視野を広げて日本の雑誌に発表したものである。ちなみに、折口が「髯籠の話」で用いている「邪視」ということばは、evil eye の訳語として「出口君の「小児と魔除」を読む」で熊楠がはじめて使ったもので、「答（六五）」の中でも使われている。

（補注5）『土俗と伝説』第一巻第一号に載った折口のこの「幣束から旗さし物へ」に対して、南方は同巻第四号で、エントホーフェンの『グジャラット地方民俗記』（一九一四年）に記された「猴神はぬまん」＝「ちはりお（布片着た）はぬまん」の民俗を紹介して、幣束に関する外国の有力な資料を提供している（「南方随筆▼幣束から旗さし物へ（一の一）」）。

第五章　折口学の展開

折口学のアジア的展開――「稲むらの蔭にて」を起点として――

1、アジア的展開の意味

折口信夫が大正五年六月に『郷土研究』に発表した「稲むらの蔭にて」は、その前年の大正四年四月から五年一二月にかけて同誌に掲載中だった「髯籠の話」と並んで彼の初期の重要論文のひとつである。それは次の文章で始まっている。

> 河内瓢箪山へ辻占問ひに往く人は、堤の下や稲むらの蔭に潜んで、道行く人の言ひ棄てる言草に籠る、百千の言霊《コトダマ》を読まうとする。人を待ち構へ、遣り過し、或は立ち聴くに恰好な、木立ちや土手の無い平野に散在する稲むらの蔭は、限り無き歴史の視野を、我等の前に開いてくれる。(1)

この文章を読んだ者は、河内瓢箪山の辻占に稲むらが重要な役割を持たされているものと誤解してしまう。私もそういうイメージでこの文章を捉えていた。しかし、川崎人魚洞の「瓢箪山稲荷の辻占」(2)の報告などを参考にすると、この辻占の占場と稲むらとはなんら直接的な関連は認められないようである。その報告の時点（昭和一三年）では、占場は太閤橋のそばの道路から一段低くなったところに指定されており、時代のずれを考慮しても、稲むらは辻占にどうしても必要な装置ではなかっただろう。

折口は、昭和二四年の慶應義塾大学の研究会で、談話として「稲むらの蔭にて」の執筆について回想しており(3)、稲むらに対する興味は、一つの浮世絵と瓢箪山の辻占の知識から生れたと述べている。浮世絵は自身の家にあったもので、「狐の嫁入りと、にほの蔭に狐の親子が拝んでいる絵」である。「それが瓢箪山の印象と一緒になって、こどもの頃からときほぐさねばならぬものを感じていた」という。つまり、浮世絵の稲むら（にほ）と、瓢箪山の稲荷社の辻占が、狐を媒介に結び付いて、「稲むら」に何か解かなければならない信仰的問題が潜んでいることを感じたというのである。

この種明しのあと冒頭の文章を読み直してみると、確かにそこには、「稲むらの蔭で得た情報で瓢箪山の辻占がなされる」とは書かれていない。また、浮世絵にしても狐の親子が稲むらの蔭で何を拝んでいるかはよくわからない。ただ、両者が折口の頭の中で融合した時に「稲むら」に関するあるイメージがわいてきたことだけははっきりしている。

私は、この執筆動機の種明しには、折口の一つの思考パターンが暗示されているのではないかと思う。二つの事象のそれぞれをいくら掘り下げても歴史の真実に到達できない時、その二つを交差させることで、事象のかなたにある何かを探り当ててそれをイメージ化するというやり方である。

以上の「稲むらの蔭にて」の例は、一つの譬えとして挙げたに過ぎないが、もっと大きな本質的な事柄で言えば、「まれびと」や「ほかひびと」の学説がそのようにして生れている。「まれびと」の学説は、先に論じたように(4)、アカマタ・クロマタやマユンガナシなどの沖縄の祭りに臨む神人と、「節季候（せきぞろ）」や「ものよし」などのいわゆる「ほかひびと」と、古典に記された「室（むろ）ほぎ」などの宴会の正客という三種の事例を交差させてその根柢にある性格を抽出したものであったし、さらにそのうちの「ほかひびと」のイメージ構成には、もちろん柳田國男の「ほいと」「ほぎびと」の研究が基礎にあるが、それだけではなく、折口自身が言及しているように、台湾高山族の村の移動に関する詳細な伝承を記録した『蕃族調査報告書』を読み込んで、それを日本

の移動する団体の歴史と交差させるという操作が大きな影響を与えている。(5)

「稲むらの蔭にて」に話を戻して、この題名の意味を考えてみよう。まず、稲むらの蔭にいるのは誰なのか。先の文章からすれば、それは稲むらの蔭にいて神の意志を問う人、神との接触を試みようとする人に違いない。そして文章の後半は、そのような「稲むら」を介しての神との接触を考察することで、われわれの前には「限り無き歴史の視野」が開けることを比喩的に述べている。この論文がそのような視野の獲得の端緒を開こうとしているものであることだけは、この前置きから理解できるのである。

それではこの論文はどのようにその端緒を開こうとしているのであろうか。基本になっているのは、「稲むら」と呼ばれている田畑の畔などに立つ「積み藁」(慶應での談話で折口はこの語を使っている)の方言の収集とその分析である。そしてその分析から彼が出して来た仮説は、「稲むら」は刈り上げ祭りをするための祭壇だというものであった。この仮説を前提にして、はじめて「稲むらの蔭」における拝みが意味を持ち、この論文の題名が目指すところも理解できるのである。

しかし、この論文発表の段階では、「稲むら」の蔭で具体的に信仰的な行動をとる者は、依然として浮世絵の中の狐と瓢箪山の参拝者だけである。確かな民俗事象の中に「稲むらの蔭」にいるものの存在は確認できていないのである。慶應での談話の中で、折口はこの論文の執筆後、「柳田先生にあったら、あれ(祭壇という考え―引用者)は少し考え直したほうがよいと言われ」「一も二もなく閉口した」と述べている。その閉口の理由は、やはり民俗事象の欠落にあったものと思われる。

だが、柳田國男は大正九年一二月から大正一〇年二月までのいわゆる「海南小記」の旅で沖縄を訪れ、「藁積み」ならぬ「稲積み」の習俗に直接触れ、即座に折口の右の仮説の価値を認めている。そして大正一四年一一月に『民族』に発表した「杖の成長した話」で次のように記している。

二つ（ニフの間違いであろう―引用者）に関する新しい解釈は、折口信夫君が「郷土研究」の中で稲積の問題を説くときに少しく一端を示された。地方によつてはニホとも謂つて居る稲積が、神の祭と深い関係のあつたらしいことは、南方諸島の研究が始まつてから、いよ〳〵深く感ぜられるやうになつた。[6]

ここで柳田が言う「南方諸島の研究」とは、例えば大正一二年暮れから一三年の春にかけて与那国島に渡ってその民俗を調べた本山桂川の研究などを指そう。本山は、柳田の勧めでその調査をまとめ、大正一四年一〇月に『与那国島図誌』を上梓している。その中には、「低い四本の柱を立て、四阿風《あずまや》の藁葺きの笠屋根をもって蔽うてある」「シラと称するもの」の報告と写真があり、その藁葺きの蔽いが「極めて神聖なもの」とされている旨も述べられている。[7]ともあれ、柳田・折口の採訪（折口の沖縄採訪は大正一〇・一二年である）を含めたこのような沖縄研究の活発化によって、折口の「稲むら」の仮説はその蓋然性を徐々に高めてゆくのである。

『古代研究』の「追ひ書き」の中で折口は次のように述べている。「我々の立てる蓋然は、我々の偶感ではない。唯、証明の手段を尽さない発表であるに過ぎない。」「立証すべき信念と、その土台となる知識の準備とを、信頼してよい学者の立てた仮説なら、その解釈や論理に、錯誤のない限りは、民俗学上に、存在の価値を許してよいと思う。これを更に、必然化する事は、論者自身或は、後世学者の手でせられてもよいはずである。[8]」

この「追ひ書き」は、柳田が『民族』への掲載を拒否した「常世及び「まれびと」」（「国文学の発生（第三稿）」）が、まだ岡正雄の手によって同誌に掲載される前に書き始められている。[9]この言葉は、明らかに自身の

「まれびと」論に対する強い自信の上に記されている。そして、自身の学問の方法にこれだけの自信があったからこそ、いまだ仮説の域を出るものでないことを自分でも認めるこの「まれびと」論を、柳田の否定的な見解にもかかわらず、折口は『古代研究（国文学篇）』の冒頭に据えたのである。

折口の「稲むら」に関する仮説は、発表後折口自身によって、また他の学者によって、考察の素材と地域を徐々に拡げていくことによって、想像以上の大きな展開を見せてゆく。それは、「まれびと」の仮説に起こった現象と対比できるものと言ってよい。

本節のタイトルの「折口学のアジア的展開」とは、折口が打ち出した仮説が、内地や日本国内にとどまらないアジア地域の新しい素材によって検証され、さらに新たな視野を開いていくことを意味する。もちろん「稲むら」の仮説にしろ、「まれびと」の理論にしろ、現在ではそれが単にアジア地域に限定的な問題でないことは自明のことになりつつある。本節ではそのうち、アジアに向けての「稲むらの蔭にて」の展開を概観しようと思う。

2、「にひなめ研究会」発足以前の展開

稲むらが稲の祭壇であるとする折口の仮説が、広範囲な民俗資料の集積と多くの学者の考察によって大きな飛躍を遂げるのは、「稲むらの蔭にて」が書かれてから三〇年以上たった昭和二〇年代に入ってからであった。

昭和二二年一〇月の『民間伝承』に、柳田國男は、「大正四五年頃に、稲ニホのことが郷土研究に出た際に、ニホはニフナメのニフだと折口君が断言した。」「私はつい近年に入つて、どうしてもさうで無くてはならぬといふやうな気になつて居る。[10]」と書いて、折口の仮説を全面的に認め、昭和二八年発行の『新嘗の研究（第一輯）[11]』に掲載した「稲の産屋」では、この仮説がどのような問題に繋がるかを具体的な例を挙げて詳しく論説し

た。『新嘗の研究』は、昭和二六年に農耕儀礼の比較研究を目指して発足した「にひなめ研究会」発行の書である。「にひなめ研究会」には、世界の農耕儀礼に関心を持つ多くの学者が参集して、それぞれのフィールドから興味深い研究を発表した。その中で、「稲の産屋」に代表されるように、折口がかつて提示した「稲むら」の問題が大きな関心の的となり、比較民俗学的な視野から多様な議論がなされることとなる。

本節では、次の段でその展開について述べることとしよう。この段では、この研究会の発足以前、昭和一〇年代までに「稲むらの蔭にて」のテーマがどのような展開を見せるかを見てゆこう。

取り上げるこの期間の論考は以下の三つである。

①早川孝太郎「朝鮮の穀神」（『旅と伝説』昭和一六年二月）
②宇野圓空『マライシアに於ける稲米儀礼』（昭和一六年六月）[12]
③秋葉隆「朝鮮の家祭」（昭和一六年九月草稿、訂正を加えて『愛知大学文学論叢』昭和二五年九月に掲載）

三論考ともに、「稲むら」ないし「稲むら」類似の祭祀施設に関する、アジアの日本以外の習俗を報告している点が注目される。

①で、早川は昭和一五年に訪れた朝鮮の咸鏡南道豊山郡豊山邑付近の「にお」（稲むら）の形式を次のように説明している。韓国の「にお」は、韓国語でピョッカリ・ナッカリなどと言う。早川は「ニホ此方でいふナカリ」と記している。

ニホは現今の内地の所謂ニホとは異つて、稈には未だ実の附いた儘で、東北地方の所謂ホンニヨウ、九州地方のイナコヅミと同じである。（中略）／頭部を真白い苧稈で包んだ処が実に美しい。遠くから望んでも見事であるが、注意すると、苧稈で包んだのは全部の物ではない。たとへば家毎に、稗、蕎麦、燕麦などと、各作物に区別して三基乃四基位を持つ中で、苧稈の帽子を被つたのは、一基か二基で、しかもそれ等は殆ど稗ニホで他の蕎麦、大豆等は其儘か、さもなくば笊の類が被せてある。後に判つたのであるが、此の苧稈の帽子を被つたものは、同じニホでも観念が異ふらしい。謂はゞニホの代表とも言ふべきもので、つまり収穫祭に関係があるのである。(13)

この地域は畑作中心なので稲の「にお」は見当たらないようである。だから厳密にはそれは「稲むら」ではない。しかし、内地の一般の「にお」とは違って実をつけたままの作物が「稲むら」状に積まれている状景が描写されている点、またそれが収穫祭に関係があることが記されている点で、この報告は当時としては貴重なものであったと言える。

早川がこの地方の士雅里《シカリ》という邑を訪れたのは、ちょうど家ごとの収穫祭が行われる陰暦一〇月一日であった。彼はその夜、ある一軒の農家で、「ニホ」に供物を供える小さな祭りを目撃する。供物はシルトク（甑餅）で主婦が作り、厨房の隅の梁の下と、厨房から二、三〇メートル離れた屋敷の端にある大小四個の「ニホ」の前に一旦供えてすぐに持ち帰る。この二ケ所にいる神は、「スンジュ（成造）」というらしい。早川はこの光景を目にして、「ニオ」の頭に麻の帽子が被せてあることの意味が理解できたという。この帽子は「ニオ」が作物の祭壇であることの印であろう。早川はこの時、「稲むら」に関する折口の仮説を立証する一つの重要な習俗を、本土から遠く離れた場所に見出だしていたのである。

ところで早川は、この朝鮮の「ニホ」に関連して、沖縄の「稲むら」がやはり信仰の対象であることを示す事例を想起し、文章中で次のように紹介している。

亦沖縄県八重山郡石垣島等では、之をシラと謂ふが、信仰的関聯が一段と具体的であつて、即ち陰暦八月の土地の所謂種取《タネトイ》の夜には、紅白の餅を造り、蒲葵《クバ》の葉を敷いて其上に置く風があつた。可成り夜が更けての行事で、翌朝子供達が探し出して取るのである。之に関する伝説として、其夜ウフダアカ（大鷹）といふ鳥が訪れて、子供達のために其餅をシラ即ちニホの上に落してゆくと謂ふ。実際は親達が置くのであるが決して之を子供達に明さない。鷹が落した徴しとして、羽毛などを添へて置く。それで子供の頃は、その朝が楽しみで眠られぬ程であつたと、同地の喜捨場永詢さんなども述懐して居る。この事は新城《アラグスク》島でも謂ふが、同島では、シラと言はず専らマヅミと呼んで居る。(14)

八重山で「シラ」「マヅミ」などと呼ばれる「稲むら」が、単なる藁積みではなく穂のついたままの稲積みであったことは、柳田が大正年間の旅行ですでに確認していた。柳田がその旅行の後、折口の仮説を認めたのは、その「稲積み」にこのような「紅白の餅」を置くなどする信仰的な習俗があることを知った結果であったろう。しかし柳田はこの問題をすぐに展開させてはいない。沖縄におけるその信仰の具体的な紹介としては、既述の『与那国島図誌』が最も早いが、早川のこの記述も見逃すことはできない。朝鮮の事例に関しても、その報告は「稲むら」が祭壇として観念されていたことを示す初期の大事な資料である。「稲むら」に関する儀礼の研究史において、この論文が持つ意義は決して小さなものではないであろう。

②の宇野圓空の『マライシアに於ける稲米儀礼』は七三〇頁を超える大著で、マレー群島の稲作儀礼の実際を報告したものである。収穫儀礼についても詳密で、稲魂の取り扱いなどが具体的に記されている。その中の「稲山」が出て来る個所を次に引いてみよう。

稲の刈入raniには稲摘刀pengĕtanを使つて一本づゝ穂を摘みとり、それを束に括つて地面にならべ、大略乾いたところでpinoehとかtĕlboehといふ大小の山形に積んだり、tjambangやkarangbijang等の桟懸にする。この稲山pinoehを積むのはよほど慎重にしなければならぬので、その頂上には多くは最初に摘んだ稲束の一つをのせて、これを稲山頭takal pinoehといひ、これに稲魂tĕndi pageが宿つてゐると見なして、その上に小さい家形や四角な日傘をかけて置く。(15)

稲山の頂上の稲山頭に稲魂が宿るというこの報告は、右に見た朝鮮や沖縄の事例に照らしても極めて興味深い内容である。「ニホ」の頭部を「真白い苧稈」で包んだり、「シラ」の上に「紅白の餅」を置いたりすることの意味が、より明確に理解できるからである。

実は、「稲むら」の上の飾り物に関しては、昭和一二年に『旅と伝説』に書いた論考の中で、柳田がすでに注目している。たとえば筑前早良郡姫島では、「稲むら」の上に「笠の様に被せてある藁製の飾り物」があり、それを「トビ」と呼んでいる。しかもこの名は「九州の西側に弘く行はれ、南は鹿児島の端までに及んで居る」という。(16)柳田はこの飾り物に、旅行でも見た南島の習俗を重ねて呪術的な意義を感じ取っている。早川は、この論考をすでに読んでいたからこそ、朝鮮の「ニオ」の上の「苧稈の帽子」に特別な観念を読みとったのに違いない。

③の秋葉隆の「朝鮮の家祭」は、男性中心の儒礼による祖先祭と、それとは異なる主婦や職業的巫覡による家祭をともに扱っている。後者の中で、稲の収穫の始まりの時期に行う祭りの一つの中心となるのが、「基主嘉利（トヂュカリ）」と呼ばれる藁蔽いの施設である。「それは多く後庭の隅、醤甕坮の近くなどに穀物を入れた神壺を置いて、これに藁稾を蔽ふたもので、」「神壺を基主缸、土祀器などといつて居る」と記されている。[17]

基主（トジュ）は、穀霊的な性格を持つ原始的家神の名である。カリは多く嘉利の字を当てるが、「ピョッカリ（稲のカリ）」などのように、「にお」も「カリ」と言うから、この施設はこれまで考察してきた、作物をそのまま積み上げた「にお」ではないが、「にお」の一種であることは間違いないであろう。そして、このような藁蔽いの施設にまで「にお」の範囲を広げると、「稲むら」の考察は、さらに広い展開を見せることが予想される。秋葉の報告は、そのことをわれわれに気付かせてくれるものとしても有意義なものであった。

以上、昭和一〇年代までに、折口の「稲むらの蔭にて」のテーマを他の学者がどう展開させたかを見た。それではこの間、折口自身はこのテーマをどのように展開させたのであろうか。実は「稲むらの蔭にて」は、第二章Ⅲでも述べたように、折口の学問上の大きなテーマの萌芽を多く含んだもので、それらのテーマは有機的に結び付いて一つの体系を構成してゆくから、簡単にはこの論考からの展開を記すことはできない。ここでは簡単に、ただその骨組みだけを追ってみよう。

「稲むらの蔭にて」は、方言の分析を手掛かりに「稲むら」が稲の祭壇であることを述べた前半部分と、その想定を前提として、そこに「請ひ降した神を、家に迎へる物忌みが、即、新嘗祭りの最肝要な部分であった」ことを述べた後半部分との二段階に分けられる。そして、この二つを結ぶ要素が、「にほ」「にへ」「にひ」「にふ」

などの**nih**を語根とすることばである。このことばの古典における用例を根拠にして、後半では、「にへ」を「新嘗の行為全部を包含する動詞」と推定し、「にひなめ（新嘗）」の語源は「にふのいみ（忌）」にあると述べているのである。

折口自身のその後の展開の中心は、この「にへ」「にひ」系統のことばの追究と、それによる新嘗祭ならびに大嘗祭の考察にある。そもそも「稲むらの蔭にて」自体が、前年に『國學院雑誌』に掲載された恩師三矢重松の「民間の新嘗」[18]の影響の下に書かれている。この論文は「遺風の調査を望む」という副題を持っており、民間の農耕儀礼の調査が新嘗祭や大嘗祭などの宮廷の儀礼の解明に必要であることを主張し、自らそれを実践したものである。折口の論文は、まさに師が望む祭祀の「遺風の調査」であり、この論文が大嘗祭の解明に向かう姿勢を示している理由もそのことから理解できる。この問題は折口において、やがて「大嘗祭の本義」（昭和三年講演筆記、『古代研究』所収）などの大嘗祭関連の論文を生んでゆくこととなる。ちなみに、『古代研究』所収の「大嘗祭の本義」の冒頭には、「今までの神道家の考へ方では、大嘗祭はよく訣らぬ。民俗学の立場から、此を明らかにして見たい[19]」という前置きがある。

「にへ」「にひ」系統のことばと新嘗についての折口の考察は、多くの論文の中でさまざまな方向からなされるが、そこでなされた解釈にはさらに奥があることを、彼はその都度述べている。提示された多くの説明の中で、とりあえず私が最も折口の結論に近いと考えるのは、「御即位式と大嘗祭と」（『歴史教育』昭和三年一二月）の中にある次のような解釈である。

にふなみは疑ひもなく「にへの斎《イミ》」である。このにへは、てつとり早く言へば、神或は最高の神主なる至尊の御食物の義なる贄《にへ》、と理解する事が出来る。即、贄を奉る為の物忌みである。この意味に解釈して、秋の祭り即、神に新穀を奉る為の儀式の信仰を伴うては来たけれども、尚古く別の本義があつたに違ひない。それは、にへ、にひは通音で等しく、或る資格を正に獲得しようとする状態にあるものを意味する語であつた。にひ草・にひづま・にひまくらなど、皆第一次の新鮮を意味するものではなかつた。真に未手《いまだ》を触れないものである。謂はゞ、にひ神の出現する準備としての物忌みが、にふなみ或はにひなめであつた。(20)

実は「にひ」と新嘗をこのように捉える折口の思考の背後には、新嘗祭が、天子の復活の儀式である大嘗祭を基本として、それを毎年再現する宮廷儀礼だという認識がある。そして、大嘗祭における王の復活儀礼の根柢には穀霊の復活儀礼が存在するのだという新たなる仮説を、一連の大嘗祭論は提示しようとしていることが考えられるのである。

さらにこの大嘗祭論への展開には、やはり「にふ」の語に関連して、水の信仰が大きなテーマとなってくる。同じ「御即位式と大嘗祭と」の中で、彼は、「稲魂の信仰」が「古代既に数次の変化を経て、米を以て象徴せられてゐる」とした後、「この米に神聖なる水を加へた飯、或は酒をもつて、聖躬に入れるとゝもに、稲魂が附著するものとした」と述べ、だからこそ「大嘗祭に於ける悠紀の国・主基の国には」、稲の精霊を意味する稲実君と並んで、「酒の精霊で同時に巫女を意味する酒造児《サカツコ》が、神人の首席として選定せられたのである」と記している。(21)「水の女」（昭和二年九月・三年一月『民族』）や「貴種誕生と産湯の信仰と」（『國學院雑誌』昭和二年一〇月）は、このテーマをさらに広い視座から論究したものである。

昭和一〇年代の以上の展開を見ると、まず他の学者によるアジアの農耕儀礼の研究が、具体的事例を提供して、折口の「稲むら」祭壇説を検証する結果となっている。一方折口自身は、この仮説がもし成り立つとしたらという前提のもとに、稲の収穫に関わる民間儀礼と宮廷儀礼の関係を、ことばの分析や古典の解釈を駆使して発展的に考察している。

さて、このようにして徐々に地理的、テーマ的に領域を広げてきた「稲むら」の問題が、フィールドを異にする多くの学者の関心を得てさらに大きく発展してゆくのは、先に述べたように昭和二〇年代に入ってからである。以下、その様相を追いかけてゆこう。

3、稲の産屋への展開

われわれは、昭和二八年に刊行された『新嘗の研究（第一輯）』と、昭和三〇年刊行の『新嘗の研究（第二輯）』[22]とによって、昭和二〇年代に展開された「稲むら」の問題を概観することができる。前節でも述べたように、同書は昭和二六年に発足した「にひなめ研究会」が編集したもので、同会における研究発表をもとにまとめたものである。そのうち本稿では、「稲むら」のテーマに直接繋がる以下の論考を取り上げて検討を加えてみる。

④　柳田國男「稲の産屋」
⑤　折口信夫「新嘗と東歌」
⑥　馬渕東一「バダ族の母稲・父稲・子稲」（以上、第一輯より）
⑦　三品彰英「朝鮮の新嘗」（第二輯より）

④の柳田の論考は、題名が示すように、折口が古く問題にした「稲むら」が穀霊誕生の産屋である可能性を追究したものである。柳田のこの発想を強く促した書物は、宇野圓空の『マライシアに於ける稲米儀礼』であった。そこにはマレー群島に行われていた「穀母が穀童を産み育てて行く信仰行事」の数々が詳しく報告されており、これを読んで柳田は、稲魂再生の問題の重要性を強く認識したのである。

柳田の考察も、「稲むら」を指すことばの分析を基礎としている。

まず、「ニホ又はニフ・ニュウ等が、産屋のことであつたとまでは考へて行くことが出来る」として、近畿周辺でお産に関わって「ニブ入り」と言うことばが残っていることや、山陰山陽地方で「牛が仔を産む時期に近づくことを、ニュウに入る、又はニュウに付くといふ」例などを挙げ、さらに、かつて貴人の産屋に奉仕した部曲である「壬生部《みぶべ》」もこの系統のことばであるとする。

続いて、八重山諸島で内地の「ニオ」を「シラ」と呼ぶことに注目して、沖縄全土で今だに人間の産屋を「シラ」、妊婦を「シラピトゥ」、産婦を「ワカジラァ」と呼ぶ例、日本語で産屋の穢れを「シラフジョウ」と言う例、愛知県北設楽の山村でかつて行われていた神楽に「しら山」と呼ばれる「生れ清まはり」の装置があったことなどを例証として、「稲むら」が「稲の産屋」であることを主張してゆく。

実は、以上の柳田の「ニフ」論の骨子は、前節で触れた『民間伝承』連載の「月曜通信」昭和二二年一〇月発表の部分（「折口信夫君とニオのこと」）に、随筆風に記述されている。「稲むら」の考察は、柳田のこれらの論考によって、産屋論という一つの大きな展開を遂げたのである。

⑤は、折口が昭和二六年に「にひなめ研究会」で行なった話である。内容はかなり難しいものであるが、天子や穀霊の死と復活の問題を考えようとしていることは確かである。

⑥は、ヴンスドレヒトの「中央セレベスのバダ族における農耕」からこの書に転載された同族の「稲積み」の写真の、馬渕による解説である。この写真で興味深いのは、母稲・父稲と呼ばれる稲束と子稲と呼ばれる「稲積み」が存在することである。母稲と父稲の稲束は祭棚の上で結び合わされるから、子稲の「稲積み」はその親稲から生まれたものの象徴だということがわかる。いずれにしても、「稲積み」に関わって新しい穀霊が誕生することが、この儀式では具体的に表わされている。

⑦の「朝鮮の新嘗」は、早くから日本・朝鮮の比較神話研究を開始し、「古代朝鮮に於ける王者出現の神話と儀礼に就て――日鮮降臨神話の研究――」（昭和八年一・四・七月『史林』）『日鮮神話伝説の研究』（昭和一八年）などの論考を発表してきた三品が、先行研究と昭和九年・一〇年の現地調査を踏まえて、朝鮮農家の収穫儀礼がどのように行われているかを整理し、その民間の儀礼を参考にして朝鮮の古代王者と穀霊の関係を考察しようとしたものである。やはり「にひなめ研究会」での発表を活字化したもので、穀霊信仰という研究会のいわば中心テーマを朝鮮神話研究に導入して斬新な視角を獲得している。

この論考は、朝鮮における民間の家ごとの収穫儀礼を明解に整理したという意味でも、また王と収穫祭祀との関連を論じているという意味でも、「稲むらの蔭にて」のテーマと朝鮮の民俗との照応を考える上で、われわれにとってたいへん参考になるものである。ここでその内容を少し詳しく見ておこう。

朝鮮の民間の収穫祭は、安宅祭・成主迎（ソンジュバチ）などと呼ばれる。その基本は「新穀を奉祭して農作と一家の守護とをそれに祈ることである。」この新穀は、成造壺・成主盆・馬乙壺・神米缸・神主缸などと呼ばれる容器に入れて屋内や庭に祀られる。すなわちその新穀は、「神への供えものであると云うよりも、寧ろそれ自体が奉祀され祈願をかけられる対象」である。容器の名となっている「馬乙（マウル）」「神主」は祖霊を意味する語でもあり、またこの神の容器を「戸主の代が替わる度毎に必ず新しく取り替え」る地方もあるから、穀霊・祖霊・戸主（ならびに新穀を共食する家族）の生命の間には「神秘的交融」を想定することができる。そして「成造盆・成主盆は通常家屋の守護神として奉安され、一家の安寧、特に農作、出産、無病などが祈られることから、やがてそれが家屋そのものの神として信奉されるのは自然である。[23]」

この三品の整理によっても、成造壺などの容器内に祀られている神が、単に農作の豊饒だけでなく家や家族にとってさまざまな祈願の対象になっていることがわかる。逆に言えば、穀神に対する信仰がさまざまな祈願の中核に存することを、われわれはこの報告から知ることができるとも言える。

ところで、「稲むら」と容器の中の穀神との関係はどうなっているのであろうか。三品の報告のうち、彼自身の採訪になる次の事例（慶尚北道迎日郡延日面）がその接点を示してくれる。「米穀を多く収穫する家では、前庭に、籾を野積（藁で周囲を囲み、その中に籾を貯蔵する）にするが、その最上部には神聖な特別の籾を置き、野積を開く時は、必ずそれは家族で食い、絶対に他へは出さない。（昭和十年採訪[24]）」沖縄のシラなどの「稲むら」は穂がついたまま稲を山形に積み上げたものであるが、この地方では籾を積み上げてそれを藁で覆っている。同じ朝鮮でも、早川が咸鏡南道で見た収穫儀礼の祭壇は屋外の「ニホ」であった。また、秋葉が紹介していた基主（トジュ）もやはり穀神の奉祀場所であるが、これは神壺を裏庭に置いてそれに藁の蔽いを「稲むら」状に被せたものであった。このように並べてみると、これらは、庭や屋敷の隅に祀る穀神の形態のヴァリエーションであることがわかろう。（補注1）

ここで、現在の韓国民俗学の報告を参考にして、穀神であり家神である成造神（さまざまな名前で呼ばれるがこの名が最も一般的である）の形態と奉祀場所を整理しておこう。まず形態は、㋐壺・柳行李などの箱・瓢箪などの容器に穀物を納めるもの　㋑白紙で作った神体　㋒㋐の容器や籾の山に藁を「稲むら」状に被せたものの三種に分けられる。奉祀場所は、ⓐ大庁（テーチョン）またはマルと呼ばれる、母屋の部屋と部屋の間にある広い板の間 ⓑ庫房（コバン、納屋のこと）・倉庫 ⓒ裏庭や屋敷の隅などである。㋑の形態のものは、一般に大庁（マル）の梁と柱の継ぎ目の下に貼られる。もちろんいろいろな変化をこうむるから、これにあてはまらないものも多くあるが、基本はだいたい以上である。[25] 朝鮮における穀霊の奉祀のこのようなヴァリエーションを見ることによって、「稲むら」の性格や形態の変化、また多様な奉祀形態の中での位置がよりはっきりしてくるのではないだろうか。

三品論文の後半は、朝鮮の古代の王と穀霊との関係を論じている。例えば、新羅の始祖赫居世は一名閼智居西干と呼ばれるが、三品によれば、「閼智」の「閼」はarと読むべき語である。そしてarは穀物・種・卵などの語に含まれる語幹で、穀物がarの古義であるという。「閼智」の「智」は、日本語のチ・ツチ・ツツと同系語で、神霊・霊威を意味する。「居西」は「在」の古訓の借音文字で、「干」は王・君を意味する語であるから、「閼智居西干」は、「穀霊にいます君」という意味を持つ名前である。三品は、このような考察を他の王に関しても行い、朝鮮の古代の王と穀霊との緊密な関係を説いてゆくのである。そしてこの後半の議論は、この論文の前半の「朝鮮農家の収穫儀礼」の報告と緊密に繋がっている。論文の最後には次のことばが綴られている。「現行民俗の調査は必ずしも古代信仰の闡明のためにのみ関心を持たるべきものではないが、その源流を原始時代まで追究することによって、民間伝承を一層深く理解することが出来る。」

以上、『新嘗の研究』所収の論文を追いながら、昭和二〇年代のアジアの収穫儀礼の研究を展望した。次にこれらの研究を受けて、昭和三〇年代以降にどのような論が展開したかを見たいが、このテーマに関する後続の研究は極めて数が多い。ここでは、このテーマのアジア的展開を代表する論考として、⑧松本信広の「インドシナの地と人」（『民族学研究』昭和三四年三月）と、⑨三品彰英の「古代祭政と穀霊信仰」（遺稿、昭和四六年八月一六日絶筆）[26]を取り上げよう。

松本信広は「にひなめ研究会」の有力なメンバーで、『新嘗の研究（第一輯）』に「インドネシアの農耕儀礼」をすでに発表している。そこにはインドシナ半島に住むセダン族・チャム族・パラウン族などの収穫儀礼が、簡単にではあるが紹介されており、ここで取り上げる⑧の「インドネシアの地と人」は、その研究の延長線上にあるものである。

この論文の中で興味深いのは、カンボジアの王がかつて行なっていた収穫祭としての「稲山を焼く行事」である。調査者はフランス人のA・ルクレールで、彼が一九一七年に著した『カンボジア、その俗的及び宗教的祭典[27]』の中から、松本がその部分の内容を紹介している。それをさらに要約すると以下のような祭りである。

祭りの名は「メアクの王の祭」と言われ、カンボジアのmākh月の満月を挟んだ三日間行われる。その間、正規の王は仮の王に権力をゆだねる。まず国内の至る所から集められた稲穂で宮中の広場に五つの稲積みを作る。これは「稲山（phnom srou）」と呼ばれる。稲山は、人体をかたどるように意識されて首・頭部・身体の三部に分れる。最初の日、仮王は正殿にのぼり正式の王から叙任を受ける。その後、仮王は象に乗り盛大な行列で稲山の周りを三度回る。三日目、仮王は新たに行列をなして三度「稲山」を回ったあと稲山の近くの地上に降りる。その時、五人の知事が稲積みに火を点じ、鉄の小鉤でかきまわし、火を全体に広げる。全山火炎につつまれると、仕丁が水甕を持って現われ、これを消火する。火が消えると五人のアチャ（知識人）が、焦げて「再び新鮮になった」稲籾を知事に分け、知事は少しずつ農夫に分け与える。焼けた稲の残りは王宮の稲倉に運ぶ。仮王はその倉に入り、稲の山の上に乗って足でこれを踏む。夕方、仮王は宮廷の広場に行き、正式の王に主権を返す。

松本は、この祭りに関し、稲山を人体にかたどるのは稲山自身が稲魂の化身であり、その周囲を回る仮王もま

図10　稲むらのある風景（中国江西省）　撮影：筆者

た稲魂の象徴と見るべきではないかと述べている。そして、稲山の点火は「その年の新穀を調理する一方法であり、この儀式は新穀が一旦「死して」また生れる過程のシンボルとみるべきではなかろうか」とも述べる。火と水による稲魂の再生に、「稲山」の儀式の意義を見出だしているのである。また、ここでは行事の主役は仮王になっているが、かつて「王自身が稲魂の権化とみられた時代があったのではないか」という推定も下している。

昭和三二年八月から約八か月間、日本民族学協会の提唱で結成された「東南アジア稲作民族文化総合調査団」は、インドシナの各地に調査旅行を行なっている。隊員は各専門に分かれて全部で一〇名、松本はその団長として彼等とともに、ジープ、トラックなどでメコン川流域を広い範囲にわたって移動して調査を実施した。この調査団の見聞は、昭和三四年刊行の『メコン紀行』に纏められるが、本論考も、その貴重な体験を踏まえて執筆されている。

松本がこの論考で、ルクレールの「メアクの王の祭」

の調査を詳しく紹介したのは、この地域で目にした「稲積み」の形態とその習俗に強い関心を持ったためであった。例えば農学担当の隊員の長重九は、北ラオスの苗族の「穂積あるいは稲積」について次のように報告している。「刈り取った穂は、農家の近くの田の中の仕事場に積みあげられる。」「そしてこの一番上に、タケで作ったクワンという六角形の風車のような形をした飾りにお初穂をつるす。そして収穫のお祭りをする。」(28)

民間に残るこのような「穂積み」の祭りの痕跡を多く目にして、松本は「メアクの王の祭」の報告を実感的に理解したのである。しかもそれだけでなく、この論考には、カンボジアやラオスにおける民間の「稲山」の祭りの報告（ルクレールの同書によるものと、M・D・フォールによるもの）も詳しく紹介されている。そしてそれを見ると、「王の祭」と「民間の祭」が「火と水による稲魂の聖化」という共通の性格を持っていることがわかる。松本のこの論考は、このようなヨーロッパ人による過去の調査の成果も含めて、「稲むら」のテーマにとってこの地域が極めて豊富な研究フィールドであることをわれわれに示してくれたのである。

さて、折口の「稲むらの蔭にて」が提起した問題が、彼自身あるいは他の学者によってどのように展開していったかを考察した本節の最後になるが、⑨の「古代祭政と穀霊信仰」と題する三品の遺稿が新たにどのような問題を提起しているかを見ておこう。

この論考は四四五頁にも及ぶ長編で、先に見た⑦の「朝鮮の新嘗」のテーマを発展させて、朝鮮の穀霊信仰とその古代祭政との関わりを、多くの民族学資料・文献資料を駆使して詳細に考究したものである。穀霊信仰の基礎研究、朱蒙神話と高句麗の祭政、新羅の始祖神話と祭政の問題を論じ、最後にそのアジア的な領域の穀霊信仰の考察を踏まえて大嘗祭の問題を論じている。これを全般にわたって検討することはできないし、アウトラインだけは「朝鮮の新嘗」で見たので、ここでは一つの問題に絞ってこの論考の一端を覗いておこう。

その問題とは、ほかでもない「まれびと」ということばに関わる問題である。

三品はこの論考の中で、朝鮮の穀霊の問題にからんで、「マル」という朝鮮語の原義を考察している。考察の中心は、「マル」または「マウル」と呼ばれる、朝鮮の伝統家屋の部屋と部屋の間にある広い板敷きの部屋である。大庁（テーチョン）とも呼ばれるこの部屋の用途は、穀倉・神霊の祭場・客間の三点に整理することができる。神霊の祭場というのは、先に見たように、穀神と家神を兼ねた「成造神」の身体の一つである白紙はこの部屋に貼られるし、「成造壺」もここに置かれる場合があり、ここで家祭が執り行われることが多いからである。この新穀を入れた壺を「馬乙（マウル）」と言っている村があることはすでに見た。これらの例も含めて、論考の中で三品は「マル」という語を次のように整理している。㋐「マル」は家屋内の特定の聖所であり、家族の尊崇する神霊の奉安所であった。㋑「マル」は聖所を意味するだけでなく、奉祀されている神霊自体を呼ぶ呼称にもなっている。㋒屋内の聖所である「マル」が来客の座として使用されていることは注意すべき事柄である。㋓家族のうちで長老が「マル」に座を占めるのは、祭儀的に「マル神」と戸主とが不可分な関係にあるからである。

このように三品は、朝鮮において「マル」という語が、迎え入れられる穀霊と深い関係を持つものであることを述べていくが、実はこの推定の裏側には、ツングース系部族の間における「マル」あるいは「マロ」と称せられるテントの内部の座の使用法との比較がある。先人の研究によれば、ツングース系部族において、「マル」は家屋（テント）内の聖所であり、その聖所に奉祀される神を「マル神」あるいは「マル」と称しているのである。ただし、彼等の「マル神」は、穀霊ではなく馬の守護神であるという。(29)

だが、これらの「マル」の考察にもさらに前史がある。早く、H・シュルツは、『年齢階級と男子協同体』(30)において、マライ・ポリネシア地方の男子集会舎とそれに関係のある土着語が b-l(b-r), m-l(m-r) の語根を持っていることを指摘してその原義を考察した。それは、若者集会所・宿舎・秘密結社員選定者（酋長および長老たち）およびタブーに関する意味などを表わしている。三品は「新羅花郎の源流とその発展」[31]の中でこのシュルツの論を紹介し、自分の考えも述べたが、松村武雄は『日本神話研究』の中でこの論に関心を示して、坪井九馬による「チャム語のマル（mar）は、魂魄・精霊の義であり、また「体に入って之を生気づける精霊」を意味する」という記述を引きながらさらにこの語の考察を進めた。[32]

「古代祭政と穀霊信仰」における「マル」という語の考察は、この前史や、右に触れた資料以外にも、新羅の古代王号「麻立干」の古義の解析などを含めて広い視野からなされている。この「マル」の語に関する研究は、今後、さらなる検証を重ねて発展させていくべきテーマであろう。（補注2）当然、日本語の「まろうど」「まれびと」という語も、その考察の対象に入ってくるものである。

折口が用いた「まれびと」の語は、彼が日本語に元からあったことばに彼なりの広い意味を持たせた、いわば学術語であるから、直接アジアの、聖所や穀霊・馬の守護霊などと関連を持つ mar を語根とすることばと結び付けて考えることは、却って折口学の矮小化に繋がる可能性がある。また、多くの言語の比較研究による検証も決して容易な作業ではない。しかし、「まれびと」論が、「まろうど」「まれびと」という古い日本語の分析を根柢に据えて構築されてきたものであることも事実である。その「まれびと」の語と繋がる可能性がある、mar を語根とするアジアの語と、その民俗・信仰との関わりは、「稲むら」のテーマに大きく関与する問題であるとともに、折口の「まれびと」論の今後の検証にとっても決して避けて通ることができない問題であろう。

以上、「稲むらの蔭にて」に始まる問題の展開を追いながら、その地域的、テーマ的な拡がりを確認してきた。そして奇しくも最後に、この問題が「まれびと」の問題と深い関係を持つことが顕在化した形となった。しかし実は、「まれびと」ということばこそ使われていないものの（学的体系を伴うこのことばは、折口が沖縄というヤマトの外の地域の民俗に触れた後から使われ始めたものである）、訪れてきて人の姿をとる神は、最初の論考「稲むらの蔭にて」の時点ですでに想定済みの存在であった。この論考はそもそも、そこに引かれている「誰ぞ。此家の戸押《オソ》ぶる。新嘗《ニフナミ》に我が夫《セ》をやりて、斎ふ此戸を」「鳰鳥《ニホドリ》の葛飾早稲《ワセ》を嘗《ニヘ》すとも、その愛《カナ》しきを、外《ト》に立てめやも」の二首の万葉集の東歌に、折口がそのような神の面影を感じ取ったことを契機として成立したものであった。

遺稿となった「新嘗と東歌」（⑤の論考）の重要テーマもまた「まれびと」である。そこでは神今食の訓みを「かむいますけ」とし、その意味を「新しい飲食によつて復活する儀式」としている。この儀式を受けるものは神であるが、彼はこの神と天子とを重なるものとして考えようとしている。そして「この場合には主人とまれびととが同一体となる」と述べるが、同時に「それは、われ〳〵には永遠に解決できぬ問題である」とも述べている。[33]これは「まれびと」に関する新しい問題提起である。「稲むらの蔭にて」が提起した疑問は、「新嘗と東歌」においても完全な回答を与えられてはいないのである。

注

（1）「稲むらの蔭にて」、全集第三巻、七一頁。
（2）川崎人魚洞「瓢簞山稲荷の辻占」、『上方』一九三八年二月。
（3）「初期民俗学研究の回顧」、全集ノート編追補第三巻、二四八〜二五八頁。
（4）本書第一章「柳田國男・折口信夫の芸能研究」参照。

（5）柳田國男・折口信夫・石田英一郎による座談会「日本人の神と霊魂の観念そのほか」（『民族学研究』一〇四九年一二月、折口信夫全集別巻三に収録）の中の「まれびと」に到達した道筋を振り返っての折口の発言参照。『蛮族調査報告書』の中の「村がだんだん移動していく。それを各詳細に言ひ伝へゐる村々の話」や「宗教的な自覚者があちらこちら歩いてゐる」という事実が、「日本の国の早期の旅行にある暗示を与へて」くれたと述べている（全集別巻三、五五二頁）。

（6）柳田國男『神樹篇』、『柳田國男全集』第一九巻、筑摩書房、一九九九年、五一八～五一九頁。

（7）本山桂川『与那国島図誌』（郷土研究社、一九二三年）、『日本民俗誌大系』第一巻（角川書店、一九七四年）、二〇頁。

（8）『古代研究』「追ひ書き」、全集第三巻、四六八～四六九頁。

（9）「追ひ書き」は、その冒頭の文章から昭和三年一〇月四日に逝去した長兄の通夜の晩に書き始められたことがわかる。昭和二年一〇月脱稿の「常世及び『まれびと』」は、しばらく編集担当の岡正雄のもとに置かれていたが、柳田が『民族』から手を引いた後、昭和四年一月の同誌に掲載された。その間の事情は、岡正雄「柳田国男との出会い」（『季刊 柳田國男研究』1、白鯨社、一九七三年）に述べられている。

（10）柳田國男『月曜通信』、『柳田國男全集』第二〇巻、四〇頁。

（11）にひなめ研究会編『新嘗の研究（第一輯）』、創元社、一九五三年。

（12）宇野圓空『マライシアに於ける稲米儀礼』、東洋文庫、一九四一年。

（13）早川孝太郎「朝鮮の穀神――収穫祭に関聯して――」、『旅と伝説』一九四一年二月、六～七頁。

（14）同前、七頁。

（15）宇野圓空『マライシアに於ける稲米儀礼』、三三五頁。

（16）柳田國男「トビの餅・トビの米」、『旅と伝説』、一九三七年四月、『柳田國男全集』第一七巻、四二九～四三〇頁参照。

（17）秋葉隆「朝鮮の家祭」、『愛知大学文学論叢』、一九五〇年一一月、四四～四五頁参照。

（18）三矢重松「民間の新嘗」、『國學院雑誌』、一九一五年六月。

（19）「大嘗祭の本義」、全集第三巻、一六八頁。

（20）「御即位式と大嘗祭と」、全集第一八巻、三三九頁。

(21) 「御即位式と大嘗祭と」、全集第一八巻、三三〇～三三一頁。
(22) にひなめ研究会編『新嘗の研究（第二輯）』、吉川弘文館、一九五五年。
(23) 三品彰英「朝鮮の新嘗」、『新嘗の研究（第二輯）』、二五一～二五九頁。
(24) 同書、一五八頁。
(25) 金宅圭「韓国部落慣習史」（高麗大学校民族文化研究所編『韓国文化史体系Ⅳ』高麗大学民族文化研究所出版部、一九六五年所収）、七三〇～七三六頁参照。
(26) 『三品彰英論文集』（平凡社）第五巻に収録。
(27) A. Leclère: *Cambodje, fêtes civiles et religieuses*, Paris, 1917.
(28) 東南アジア稲作民族文化総合調査団編『メコン紀行』、読売新聞社、一九五九年、一四六～一四七頁。
(29) ツングース系部族のテント内の座の名称malu（malo）に言及している先人の研究で、三品が引いているものを以下に示す。S. M. Shirokogoroff : "*Social Organization of the Northern Tungus*," Shanghai, 1933. "*Psychomental Complex of the Tungus*," Shanghai, 1933. 泉靖一「大興安嶺東南部オロチョン族踏査報告」（『民族学研究』第三巻第一号、一九三七年）。秋葉隆「オロチョン・シャマニズム」（『民族学研究』第二巻第四号、一九三六年）。なおこれ以外に、赤松智城・秋葉隆『満蒙の民族と宗教』（一九四一年）にもmalu（malo）に関する記述がある。
(30) H. Shurtz : *Altersklassen und Männerbünde, Eine Darstellung der Grundformen der Gesellshaft*, Berlin, 1902.
(31) 三品彰英「新羅花郎の源流とその発展（三）」、『史学雑誌』第四五編第一二号、一九三四年。
(32) 松村武雄『日本神話の研究』第三巻（培風館、一九五五年）、三〇五～三一〇頁参照。
(33) 「新嘗と東歌」、全集第一八巻、四七〇頁。

（補注1）口絵図4・5・6の説明をここで纏めてしておこう。口絵図4と口絵図6は、いずれもいわゆる「ニホ」（韓国ではカリ、沖縄ではシラの名で呼ぶ）を積んでいるところを絵に描いている。口絵図4は、ドイツ人ヘルマン・サンダーが明治四〇～四一年の間に朝鮮に旅行した際に朝鮮の風俗を絵師に描かせて編んだ画帖の中の一枚である。韓国語で「麦を刈って積んでいるところ」と書かれている。門の内側の庭に穂がついたままの麦を積む習俗があったことがわかる。口絵図6は、琉球王朝時代から明治三〇年ころまでの八重山島の蔵元政庁の絵師

（宮良安宣ら）が描いた画稿（「八重山蔵元絵師画稿」として沖縄県石垣市立八重山博物館に所蔵されている）の中の一枚で、「稲束の貢納と稲叢作り」の場面である。土の上に石を一〇個ほど据え、その上に丸太を組み、その上に簀の子などの床を置き、その上に穂がついたままの稲を積むというシラの構造がよくわかる。口絵図5は、一九九三年刊行の写真と文による書物『朝鮮땅 마을지킴이（Maul-Jikimi, Village Guardian God of Korea）』に掲載された「トジュカリダン（티주가리堂）」と呼ばれる稲むら形式の神の祠である。一般に「トジュカリ」と呼ばれる稲むら状の穀神の奉祀施設は個々の家の庭に作られるが、京畿道華城地域では、それが村の守護神として作られ、収穫後の一〇月上旬に村の女性や男性の中から選ばれた役の者がこれを祭るところが多い。男性が加わって村の代表として夫婦で祭る場合は、写真のように真夜中に儒教式の祭祀《チェサ》を行う。

（補注2）アレクサンダー・スラヴィク（Alexander Slawik）は、岡正雄の影響を受けて早くに日本語の「まれびと」の語とアジアの各地域に存在する同系統の語との比較研究に着手し、Zur Etymologie des japanischen Terminus marebito "Sakraler Besucher"（日本語のまれびと〈神聖な訪問者〉の語源について）（in: *Wiener Völkerkundliche Mitteilungen*, Bd.2. Nr.1, Wien, 1954）を発表している。その比較は、アイヌ語・韓国語・中国語・南西中国の少数民族の言語とインドシナ半島の言語・インドネシアと太平洋中部南部諸島の言語・台湾の原住民族の言語と広い地域に及ぶ。この論考は、たとえばアイヌの「神聖な訪問者としてもてなされる動物（熊・フクロウその他）を呼ぶ」marapto・marattoという語への着目や、台湾のパイワン族の五年祭を意味する語であるmaləvu・maləvuqの語幹「mal」への注目など、いろいろ興味深い指摘も多く、mar系統の語の比較研究の糸口を提供するものとなっている。

図11　積み藁の陰にて　折口信夫　慶應の学生たちとの旅行で

おわりに

最後に、折口の学問の名称に関する一つの補いと、私自身の折口との関わりの歴史を記しておきたい。

※

本書で考察したように、折口の学問は複数の名で呼ぶことができる。というより、複数の名で呼ぶことを要請されている。このことは彼の学問の深度と言うべきものに関与している。彼の学問が極めてラディカルなものであるだけに、規制の学問の枠組みを否応なしにはみ出してしまうのである。しかしそれはあくまでも一つの学問であるから、それらの複数の名は、結局は一つの場所を指し示しており、そのためそれらの学問の名は、相互に密接な関係を持つということになる。しかしそれらは名称が異なる限り、指し示す内容が全く重なるということではないであろう。以下に、折口の「芸能史講義」の中のことばを引き、それを手掛かりに本書が扱った学の名称の差異（関係）を整理しておこう。

日本の芸能がいつから出発したということは言えぬ。日本の国家の始まるよりもっと古いことだ。そこまでゆくと、日本人という組織の出来ぬ前までいく。が、そんなふうにすると、歴史的考察が形を失ってしまう。日本人離れしたところに突き放して。控えた方がいい。日本人の古い経験も、日本人としての形が出来たという限度のある時代までおろして考えていい。大陸にいた頃へ持ってゆくと、茫然として、中心が発散してしまう。日本のことやらどこのことやらわからぬ。それが、古代の文化史だ。

（中略）国土から自由にして考えるのは、民族学的な方法だ。日本をきちんと示して考えると民俗学的方法だ。この二つに、どっちにするか分かれてくる。われわれは取るべき態度を決めて、民俗学的態度によって古代の文化を研究してゆく。仮に日本民族がまとまった時から始まったもの、始まっていたものと、そういう仮定のもとに進めてゆく。研究の方法は比較研究してゆくと、族の方になるが、われわれの考えを厳正に保つため、俗の方でゆく。こうしてゆきたい。(1)

これは、昭和二三年度の慶應義塾大学の「芸能史」の授業でのことばである。「芸能史」をどのような態度で講じてゆくかを述べているが、ここには彼の「古代研究」「民俗学」「民族学」に対する解釈と立場も同時に表明されている。

まず注目すべきことは、芸能の出発点を日本の国家以前に置いていることである。これは言われてみれば当たり前のことであるが、この認識は彼の「芸能史」を国家以前の「古代」に開くものである。と同時に彼は、自分の「芸能史」があくまで日本の歴史研究の一部「日本芸能史」であることを表明している。このことはどういうことかと言えば、彼が「日本芸能史」を含む日本の歴史を、「日本」以前の「古代」の時間を含み持つものとして捉えているということを意味する。

このように見ると、折口において「国学」がなぜ「古代研究」と同義のものとなるかを理解することができる。「古代研究」がもし「古代的要素の研究」であるとすれば、それは突き詰めると地球上でホモサピエンスが展開してきた人類文化の研究というところまで拡がるであろう。しかし右の発言に見るように、折口の「古代研究」はその「古代的要素」を日本の歴史の中に見ようとするものであり、そのような限定によって「古代研究」

を「国学」と呼ぶことが可能となっているのである。

同様のことは「民俗学」と「民族学（比較民俗学）」との間でも言えるであろう。右の発言によって、折口が自身の立場を「国土から自由にして考え」ない「民俗学」においていたことは明らかであるが、その「民俗学」は、本書が考察した「比較民俗学（民族学）」の世界に常に開かれているものであった。当然、「国語学」と「比較言語学」との間にも同様のことが言え、彼の「国語学」の特異性は、比較言語学的な発想を内に抱え持っている点にあるのである。しかし彼は、師の金澤庄三郎のように、比較言語学の道を歩くことはなく、あくまで「国語学」の範疇にとどまり、その特異な「国語学」を駆使して、特異な民俗学、芸能史、文学史を打ち立てていったのである。

※

次に、私と折口信夫との関わりであるが、関わりといっても私は折口に会ったわけではないから、ここでの折口信夫とは、彼の著作のことであり、それを通して私が個人的に作り上げた彼のイメージのことである。私のこれまでの学究生活は、ほとんどこの意味の折口信夫との関わりを中心に据えてなされてきたと言っても過言ではない。

そもそも私が国文科に進んだのも、慶應義塾大学一年の時、池田彌三郎教授が日吉キャンパスで行なった「源氏物語若菜巻」をテーマとした特別講義がきっかけになっている。折口の若菜論を池田流に自家薬籠中のものとした講義であった。「折口信夫の国語学」と「折口信夫の源氏物語論」に引かれつつ学生生活を送ったが、修士論文は結局、「源氏物語主題論——若菜から幻まで——」の題で執筆した。

その後、慶應義塾高校で教鞭をとりながら、池田教授の「芸能史」の講義を、先生が慶應を退職して魚津に赴任されるまで一〇年間聴講し続けた。私の折口理解はこの時のものが基となっている。

その後、一九八〇年代に行なった奄美諸島・沖縄諸島のノロ信仰の実地調査（西村亨先生を団長とする「水の会」のメンバーとともに行なった）も、九〇年代以降に開始した韓国の民俗調査も、そのきっかけは折口信夫であった。折口が見たものを自分も体験し、彼が見ようとして見ることができなかったものを自分の目で見て、彼の学問とその方向性を少しでも理解したいと思ったのである。

特に、折口は朝鮮半島には一歩も足を踏み入れていない。金澤庄三郎に師事して言語学を学び、朝鮮語をあれほど熱心に学習しながら、柳田國男と出会ってからの彼は自制したように朝鮮半島を自身の学の枠の外に置いたかのように見える。しかし私には池田先生が『私説 折口信夫』(2)で紹介した「太初からの反目を／だれが批判するのか。／代々に祟る神。／根づよい　人間の咒咀――」の句を含む、折口の「砂けぶり」の詩がどうしても気になっていた。関東大震災の折、自警団による朝鮮人など外国人の殺害がなされたが、そのさ中にこのように日朝の関係を捉え、「朝鮮人になって了ひたい様な気がします。」と詠んだ折口が、学問の対象として、朝鮮半島を忘却しているとは到底思えなかったのである。

とにかく韓国へ行ってみよう、ちょうどそう思っていた時、日向一雅氏から日韓両国の研究者が共同で行う韓国文化調査に加わらないかという誘いを受けた。初めて訪れる韓国は、日々刺激の連続であった。調査は三年間続いたが、その最初の年の冬、私は一人で慶山北道の河回《ハフェ》村を訪れた。この村の裏山に神霊が天下る城隍堂《ソナンダン》があることを、「ミコトモチとマレビト」(3)という鈴木満男氏の論考で知っていたからである。

まだことばも儘ならなかった私は、村の入り口の売店前でバスを降り裏山とおぼしき方向に歩き出したが、結局山の麓の小さなお寺の中に迷い込んでしまった。寺には若い坊さんとその妹がいたが、私が城隍堂に行きたいことがわかると、若い坊さんは、寺の横手から日が傾きかけた山の道なき道を一直線に登って、その場所まで私を案内してくれた。城隍堂への通常の道ではないから、山の頂上近くまで登って上から城隍堂の祠に下る形となった。神霊のように眼下に河回の村を見下ろしながら下り、山の中腹にある城隍堂の藁葺きの祠が目の前に現れた時の感動は、今でも忘れることができない。この光景が私の韓国民俗研究の心情的な原点となった。鈴木氏を介して、ここにも折口の幻影は纏わりついていた。

その後、私は慶應義塾の留学制度によって、一九九三年度と二〇〇〇～二〇〇一年度の合計三年間、韓国に滞在することとなった。最初は中央大学校日本研究所の研究員として、二回目の二年間は高麗大学校博士課程の学生としてであった。

本書の「比較言語学」の一文は、最初の留学の時に行なった二つの発表をもとにしている。折口の仮説は言語分析と結び付いているが、その分析には飛躍があってどうしても理解できない部分が残る。彼は朝鮮語を熱心に学んだというから、その間隙はもしかしたら朝鮮語を学ぶことによって埋まるのではないか、そんな思いから私の韓国語研究は始まったのである。その間隙はまだ一部しか埋まっていないが、ここでも折口が私の行動を方向付けていた。

二度目の留学では、韓国演劇学専攻の徐淵昊や仮面劇専攻の田耕旭をはじめとする先生方に導かれながら韓国古典芸能の全般を学んだ。高麗大学校に提出した博士論文の題名は「折口信夫の芸能学を通して見た韓国の民俗」であった。そしてこれをもとに『折口学が読み解く韓国芸能(4)――まれびとの往還』を上梓した。折口の「よりしろ」と「まれびと」の概念によって、韓国の民俗に新たな解釈を加えようとした書物である。河回では、かつて祭りが行われることが決まった時、神霊はまず城隍堂に天下り、そこから城隍竿《ソナンテ》と仮面戯を演じる広大《クワンデ》たちに乗り移って村に下って行った。明らかに「よりしろ」と「まれびと」の民俗である。あの山の上からの眺望は、私の韓国での研究テーマを早くも暗示するものであった。

二度の韓国留学に挟まれた数年間は、新版の『折口信夫全集』の編纂の仕事に明け暮れた。多くの新資料を目にすることができ、私にとってはたいへん有益な数年間だったが、中でも第一二巻「言語論」の編纂が私にもたらした恩恵は非常に大きなものがあった。この巻には旧全集未収録の草稿を三篇入れることができた。「用言の発展」「日本品詞論」「言語の用語例の推移」の三篇である。草稿であるだけに、これらには折口の言語研究の基本的な方法が生の形で現れている。しかも学生時代に金澤庄三郎に出した科目レポートと思われる「用言の発展」にはハングルの表記もあり、その記述は、私が最初の留学でテーマとした折口の朝鮮語の学習と言語研究との関連性の探求が決して的外れのものではないことを示していた。

『折口学が読み解く韓国芸能』の刊行以後、私の関心は、折口学の可能性にかかわる二つの未開拓の分野に向けられるようになった。一つは、『折口学が読み解く韓国芸能』で取りかかったアジアの民俗の解釈に向かう折口学の可能性という視座であり、もう一つは、折口の講演や講義を、聴講した人々が筆記した講義筆記の沃野に分け入ることである。

アジアの民俗の解釈に対する折口学の視座の有効性は、『折口学が読み解く韓国芸能』においてある程度示すことができたと思う。「まれびと」や「ほかひびと」の視座が、韓国の神遊び（クッ）や漂泊の演戯者たちの歴史を捉えてゆくのにどれほど有効であるかを示すことができたし、韓国の国家祭儀や民間演戯の際に作られる「山台」の解明には「よりしろ」という観念がどうしても必要であることを示すこともでき、これらの見方は韓国の学者たちの賛同を少なからず得ることとなった。

それらの事例は確かに折口学の可能性を示すものであった。しかし、すでに既刊の論考でもあり、折口信夫の学問自体を扱う本書にその具体的事例を示すことはしなかった。ただ、折口の初期の「よりしろ」論である「稲むらの蔭にて」が後の学者に多大な影響を与え、アジアの民俗の解釈に大きく寄与するものであることを論じた「折口学のアジア的展開――「稲むらの蔭にて」を起点として――」だけは、「折口学の展開」として本書第五章に収録した。

折口学の新しい可能性を切り開くためのもう一つの領域と述べた講義記録について言えば、周知のように折口全集には、四〇巻の本編と一九巻のノート編と五巻のノート編追補とが存在している。この全集の中の分量で見ても、ノート編の割合がいかに大きいかが知られる。われわれが驚かされるのは、折口の講義を必死に筆記し、後世に残そうとした講義の聴講者たちの情熱と使命感であるが、それと同時に、聴講者のこれだけの情熱を引き起こす折口の授業や講演の魅力の源泉が何であるかをわれわれは考えなければならないだろう。もちろん、折口の生前に活字化されたものと草稿を収めた全集本編と、他者の手と理解を介したノート編との間に、学的資料としての差が厳然と存在することは忘れてはならないことである。しかし、授業などの、他者を目の前にしての口述の中で思考を醸成してゆく傾向が強かった折口の特異性を考慮するとき、われわれは残された筆記ノートを決してないがしろにはできないという思いを強くするのである。

だが、すぐれた筆記ノートが残されていながら、全集ノート編にもその追補にも入っていないものが数多く存在していた。第一章「芸能史の思想」の「追補」の中で紹介した『折口信夫芸能史講義 戦後篇』上・下巻は、そのような筆記ノートのうちから、慶應義塾大学における芸能史の戦後の授業を中心に書籍化を試みたものである。池田彌三郎・西村亨両教授のノートを判読して校合したもので、編者は私と藤原茂樹氏と池田光氏の三人である。この書の刊行によって、『古代研究』以後の折口芸能史の空白だった部分の一部は確実に埋めることができたものと自負している。しかし、同書の「解説」に記したように、芸能史の講義に限定しても活字化されていない筆記ノートの量は多く、他の分野のノートも含めれば未だ眠ったままになっているノートは数多く存在する。それらは未だ、折口の学問を研究するための一つの沃野なのである。

折口学の可能性を探る試みには、まださまざまな領域が残されていることは、近刊の、安藤礼二氏の『折口信夫』、松本博明氏の『折口信夫の生成』、石川遼子氏の『金沢庄三郎』などの新研究が魅力的にこれを示唆するところである。それらの書物からの刺激もあり、今後の私の関心がどの方向に向かうかは未知数の部分があると言わざるを得ない。しかし、以上述べた二つの領域、すなわち折口の学をアジアの民俗と接触させてみることと、講義（口述）を通して折口の学の細部に入ろうとすることとが、私にとって今後も課題であり続けることは間違いのないところである。

※

【初出一覧】に示したように、本書には一九八八年から二〇一六年の間に執筆して雑誌・書籍に発表した折口信夫研究の論考と鼎談が収録されている。そのつど個別に書かれたものであるが、このように集めてテーマ別に並べ替えてみると、そこに私なりの折口研究の方向性が見えてくる。と同時にそれぞれの論考の間に存在する微妙なズレといったものも意識せざるを得ない。だが本書においては、表記の統一と多少の照応関係の調整ははかったものの、基本的に原文の文章を書き換えることはしなかった。C・ギアーツが『文化の解釈学』の「序」

で、「出版した論文」については「先例拘束性の原則（*stare desisis*）」という見方をとると述べていることに従ったためである。ただ、「芸能史の思想〔追補〕」のみは、文章の趣旨そのものを変えたことから、大幅な改変を施してある。また、初出の発表以後の諸氏の折口研究の成果や私自身の気付きは、論文ごとに補注の形で示すこととした。現在の時間は、そこに埋め込まれる形となる。

本書に収めた論考の成稿にあたっては、学内外、国内外の多くの方々のお陰を被っている。その方々に心からお礼を申し上げたい。また、本書の刊行をお引き受けくださり意図に適う本にしてくださった勉誠出版にも深くお礼申し上げる。

注

（1）伊藤好英・藤原茂樹・池田光編『折口信夫芸能史講義 戦後篇 上――池田彌三郎ノート』、慶應義塾大学出版会、二〇一五年、一五三頁。

（2）池田彌三郎『私説 折口信夫』、中央公論社、一九七二年。

（3）鈴木満男「ミコトモチとマレビト――朝鮮民俗による折口学再検討の試み――」、谷川健一編『人と思想 折口信夫』、三一書房、一九七四年。

（4）伊藤好英『折口学が読み解く韓国芸能――まれびとの往還』、慶應義塾大学出版会、二〇〇六年。

（5）C・ギアーツ著、吉田禎吾・柳川啓一・中牧弘允・板橋作美訳『文化の解釈学 I』、岩波書店、一九八七年、viii頁。訳注は、「先例拘束性の原則（stare desisis）」を「一度判決された事件は拘束力をもち同種の事件を判決する時の判断を法的に拘束する原則」と説明している。

【参考資料】

赤松智城・秋葉隆『満蒙の民族と宗教』、一九四一年

秋葉隆「オロチョン・シャマニズム」、『民族学研究』第二巻第四号、一九三六年

秋葉隆「朝鮮の家祭」、『愛知大学文学論叢』、一九五〇年一一月

鮎貝房之進『俗字攷・俗文攷・借字攷』、国書刊行会、一九七二年

安藤正次『日本新文化史』、『安藤正次著作集』第五巻、雄山閣、一九七四年

安藤礼二『折口信夫』、講談社、二〇一四年

飯倉照平編『柳田國男南方熊楠往復書簡』、平凡社、一九七六年

飯塚友一『芸能文化論』、鶴書房、一九四三年

井口樹生「国文学の発生――『まれびと』の発見」、井口樹生・東郷克美・長谷川政春・藤井貞和『折口信夫 孤高の詩人学者』、有斐閣、一九七九年

池田彌三郎「折口先生の学問」、『文学』、一九五五年一一月

池田彌三郎『日本芸能伝承論』、中央公論社、一九六二年

池田彌三郎『わが師・わが学』、桜楓社、一九六七年

池田彌三郎『私説 折口信夫』、中央公論社、一九七二年

池田彌三郎「幻影の古代」、『国文学』、一九七三年一月

池田彌三郎「解説・折口信夫研究」、『古代研究Ⅰ』、角川書店、一九七四年

池田彌三郎『まれびとの座』、中央公論社、一九七七年

池田彌三郎『折口信夫――まれびと論』、講談社、一九七八年

池田彌三郎『わが幻の歌びとたち――折口信夫とその周辺』、角川書店、一九七八年

石川遼子『金沢庄三郎』、ミネルヴァ書房、二〇一四年

泉靖一「大興安嶺東南部オロチョン族踏査報告」、『民族学研究』三―一、一九三七年

伊藤好英『折口学が読み解く韓国芸能――まれびとの往還』、慶應義塾大学出版会、二〇〇六年

内野吾郎「新国学への視線――戦後折口学の原点」、『国文学』一九八五年一月
宇野圓空『マライシアに於ける稲米儀礼』、東洋文庫、一九四一年
大澤真幸「〈山人〉と〈客人〉」、『国文学 解釈と鑑賞』二〇〇七年一二月
岡正雄「柳田国男との出会い」、『季刊 柳田國男研究』一、白鯨社、一九七三年
岡正雄『異人その他――日本民族＝文化の源流と日本国家の形成』、言叢社、一九七九年
折口信夫自筆原稿「日本文学の発生」（一九四二年稿）、自筆原稿装幀本『日本文学の発生 序説』、慶應義塾大学図書館蔵
『折口信夫 国文学概論ノート』（折口博士記念会編）、中央公論社、一九五六年
『折口信夫 日本芸能史ノート』（折口博士記念会編）、中央公論社、一九五七年
『折口信夫全集ノート編』（折口博士記念古代研究所編）、中央公論社、一九七〇～一九七二年
『折口信夫全集ノート編追補』（折口博士記念古代研究所編）、中央公論社、一九八七～一九八八年
『折口信夫全集』（折口信夫全集刊行会編）、中央公論社、同新社、一九九五～二〇〇二年
『折口信夫芸能史講義 戦後篇――池田彌三郎ノート』上・下巻（伊藤好英・藤原茂樹・池田光編）、慶應義塾大学出版会、二〇一五～二〇一六年
加藤守雄『折口信夫伝』、角川書店、一九七九年
金澤庄三郎『日韓古地名の研究』、草風館、一九八五年
川崎人魚洞「瓢箪山稲荷の辻占」、『上方』、一九三八年二月
ギアーツ（Geertz, Clifford）著、吉田禎吾・柳川啓一・中牧弘充・板橋作美訳『文化の解釈学』、岩波書店、一九八七年
北川天『天竜川の神人――生と死の祭り』、野草社、一九九九年
金宅圭「韓国部落慣習史」、『韓国文化史体系Ⅳ』（高麗大学校民族文化研究所編）、ソウル：高麗大学校民族文化研究所出版部、一九六五年
黄憲萬・朱剛玄・張正龍『朝鮮땅 마을지킴이（Maul-Jikimi, Village Guardian God of Korea）』、ソウル：悦話堂、一九九三年
小林秀雄『本居宣長』、新潮社、一九七七年

崔南善「不咸文化論」、『朝鮮及朝鮮民族』第一集、朝鮮思想通信社、一九二七年
Sander, Herman, ed., *Neues koreanishes Bilderbuch*, Bd.2（現代韓国画帖 巻二）、『1906～1907 한국・만주・사할린 독일인 헬만 산더의 여행（1906～1907 韓国・満州・サハリン ドイツ人ヘルマン・サンダーの旅行）』、ソウル：国立民俗博物館、二〇〇六年
鈴木満男「ミコトモチとマレビト――朝鮮民俗による折口学再検討の試み――」、谷川健一編『人と思想 折口信夫』、三一書房、一九七四年
鈴木満男『柳田・折口以後』、世界書院、一九九一年
鈴木満男「海部伝承の民族＝民俗モメント」、『折口博士記念古代研究所紀要』第六輯、一九九二年
Slawik, Alexander, *Zur Etymologie des japanischen Terminus marebito "Sakraler Besucher"*, *Wiener Völkerkundliche Mitteilungen*, Bd.2, Nr.1, Wien: Anthropologische Gesellschaft, 1954（in: *Beiträge zur Japanologie*, Bd.3. Nr.2. Wien: Institut für Japanologie an der Universität Wien, 1966）
スラヴィク（Slawik, Alexander）著、住谷一彦・クライナー＝ヨーゼフ訳『日本文化の古層』、未来社、一九八四年
関口浩「『蕃族調査報告書』の成立――岡松参太郎文書を参照して」、『成蹊大学一般研究報告』第四六巻、二〇一二年一一月
高梨光司『敷田年治翁伝』、播仁文庫、一九二六年
高橋直治「折口信夫『身毒丸』の成立時期」、『滴』第七号、一九八九年七月
高橋直治『折口信夫の学問形成』、有精堂、一九九一年
高橋直治「『身毒丸』の出自」、『國學院雜誌』一九九三年一一月
高橋直治「三矢重松が折口信夫の創作を褒めた意味――あるいは大正期の折口信夫」、『折口信夫全集』「月報」一二～一四、一九九六年
高橋英夫『神話の森の中で』、河出書房新社、一九七八年
田中基「異人論のふたり――岡正雄と折口信夫の邂逅――」、『マージナル』一〇、現代書館、一九九四年
出口米吉「鬼の来る夜」、『東京人類学雑誌』一九〇五年三月
デュルケム（Durkheim, Émile）著、古野清人訳『宗教生活の原初形態』上、岩波書店、一九四一年

寺田太郎構成「面影を偲ぶ――折口信夫」、『短歌』一九七三年一一月臨時増刊
東南アジア稲作民族文化総合調査団編『メコン紀行』、読売新聞社、一九五九年
中村哲『新版 柳田国男の思想』、法政大学出版局、一九七四年
西角井正慶『古代祭祀と文学』、中央公論社、一九七八年
西村亨「折口名彙と言うべきもの」、『現代詩手帖』一九七三年六月臨時増刊
西村亨『折口名彙と折口学』、桜楓社、一九八五年
西村亨編『折口信夫事典』、大修館、一九八八年、同増補版、一九九八年
西村亨『折口信夫とその古代学』、中央公論新社、一九九九年
にひなめ研究会編『新嘗の研究（第一輯）』、創元社、一九五三年
にひなめ研究会編『新嘗の研究（第二輯）』、吉川弘文館、一九五五年
バーン（Burne, Charlotte Sophia）編著、岡正雄訳『民俗学概論』、岡書院、一九二七年
長谷川政春「解説・折口信夫研究」、折口信夫『古代研究V』、角川書店、一九七七年
長谷川政春「折口信夫の〝神〟――その身体性の意味」、『東横国文学』一五、一九八三年
早川孝太郎『花祭』前篇・後篇、岡書院、一九三〇年
早川孝太郎「朝鮮の穀神」、『旅と伝説』一九四一年二月
林屋辰三郎『中世芸能史の研究』、岩波書店、一九六〇年
兵藤裕己『琵琶法師――〈異界〉を語る人々』、岩波書店、二〇〇九年
兵藤裕己「琵琶法師のものがたりと儀礼」、『古代文学』五〇、二〇一一年
『新修 平田篤胤全集』（平田篤胤全集刊行会編）第四巻、名著出版、一九七七年
藤井貞和『古日本文学発生論』、思潮社、一九七八年
藤井貞和「折口信夫の国文学」、『折口信夫を〈読む〉』、佐々木重治朗ほか、現代企画室、一九八一年
フレイザー（Frazer, James George）著、永橋卓介訳『金枝篇』五、岩波書店、一九五二年
松村武雄『日本神話の研究』第三巻、培風館、一九五五年
松本信広「インドシナの地と人」、『民族学研究』一九五九年三月

松本博明『折口信夫の生成』、おうふう、二〇一五年
三品彰英「新羅花郎の源流とその発展（三）」、『史学雑誌』四五―一二、一九三四年
『三品彰英論文集』、平凡社、一九七〇～一九七三年
三隅治雄「追体験折口芸能史――沖縄のまれびと――」、『日本民俗研究大系』第六巻、國學院大學、一九八六年
三矢重松「民間の新嘗」、『國學院雑誌』一九一五年六月
三矢重松『国文学の新研究』、中文館書店、一九三二年
『南方熊楠全集』、平凡社、一九七一～一九七五年
宮崎道三郎「日本法制史の研究上に於ける朝鮮語の価値」、『史学雑誌』、一九〇四年七月
宮良賢貞『八重山芸能と民俗』、根元書房、一九七九年
八木康幸「なもみはげたか――折口信夫、柳田国男とナマハゲに関するノート――」、関西学院大学人文学会編『人文論究』、二〇一〇年五月
『柳田國男全集』、筑摩書房、一九九七年～刊行中
山本健吉「折口先生のこと」、『三田文学』一九五三年一一月
李男徳『韓国語 語源 研究（Ⅳ）』、ソウル：梨花女子大学校出版部、一九八六年
『日本地理風俗大系』第四巻（関東北部及奥羽篇）、新光社、一九二九年
『八重山蔵元絵師画稿集』石垣市立八重山博物館、一九八五年

【初出一覧】

序章

折口信夫　民俗学の場所　『国文学 解釈と鑑賞』一九九二年八月、原題「折口信夫――民俗学の場所」

第一章

芸能史の思想　『芸能』一九八九年四月、『折口学が読み解く韓国芸能』（二〇〇六年）に再録

〔追補〕　『折口信夫芸能史講義 戦後篇 下』（二〇一六年五月）に附した「解説――本書刊行の意義」の一部を書き換えたもの

「演ずる身体」の学　『古代文学』二〇一二年三月、原題「折口信夫の芸能史思想と身体」

大いなる共振　『文学・語学』二〇一三年一一月、原題「柳田國男・折口信夫の芸能研究――大いなる共振――」

『日本文学の発生 序説』　『国文学 解釈と鑑賞』二〇一一年八月、原題「折口信夫『日本文学の発生 序説』」

第二章

「まれびと」の基本的性格　慶應義塾大学国文学研究会編『折口信夫 まれびと論研究』、桜楓社、一九八三年九月、原題「まれびとの基本的性格について」

「まれびと」としての翁　西村亨編『折口信夫事典』、大修館、一九八八年七月、原題「翁」。『折口信夫事典 増補版』（一九九八年）に再録

「まれびと」と天皇　『国文学 解釈と鑑賞』二〇〇七年一二月

源氏物語論　『国文学 解釈と鑑賞』二〇〇八年五月、原題「折口信夫と源氏物語」

〔座談〕折口信夫を読む　『物語』第二号、砂子屋書房、一九九二年七月、原題「折口信夫を読む（2）――「国文学の発生」をめぐって」（吉田文憲・兵藤裕己・伊藤好英）

第三章

「ライフ＝インデキス」論　『折口信夫事典』『折口信夫事典 増補版』、原題「ライフ＝インデキス」

「よりしろ」論　同前、原題「依代・招代」

第四章

古代研究　同前、原題「古代・古代研究」

国学　同前

比較言語学　『日本研究』（ソウル：中央大学校日本研究所発行）一九九四年二月、原題「折口信夫の言語研究と朝鮮」、『日本学報』（ソウル：韓国日本学会発行）一九九四年五月、原題「折口信夫の学問と韓半島」、両論の一部を『折口学が読み解く韓国芸能』に再録

比較民俗学　『折口学が読み解く韓国芸能』（二〇〇六年五月）第Ⅱ章第二節

〔追補〕『国文学』一九九七年一月、原題「折口信夫の人物誌・書物誌、南方熊楠」「同、ベアリング・グールド「印欧民譚型表」」

第五章

折口学のアジア的展開　『國學院雜誌』二〇一三年一〇月

【図版一覧】

口絵

図1―自筆原稿「日本文学の発生」、自筆原稿『日本文学の発生 序説』、慶應義塾大学図書館蔵

図2―黒川能　王祇祭／式三番　所仏則の翁（上座）、撮影：芳賀日向

図3―目籠、山梨県忍野、撮影：芳賀日出男

図4―「麦を刈って積み上げる場面」、Sander,Herman,ed.,*Neues koreanishes Bilderbuch*, Bd.2（現代韓国画帖 巻2）、『1906～1907 한국・만주・사할린 독일인 헬만 산더의 여행（1906～1907韓国・満州・サハリン ドイツ人 ヘルマン・サンダーの旅行）』（ソウル：国立民俗博物館、二〇〇六年）所収

図5―韓国京畿道華城郡半月面速達里のトジュカリダン、『朝鮮땅 마을지킴이（Maul-Jikimi, Village Guardian God of Korea）』（写真：黃憲萬、文：朱剛玄・張正龍）

図6―「稲束の貢納と稲叢作り」、『八重山蔵元絵師画稿集』、石垣市立八重山博物館、一九八五年

文中図版

図1―愛知県北設楽郡富山村大谷の御神楽「はなうり」（黒尉）、北川天写真集『天竜川の神人――生と死の祭り』〔本書三六頁〕

図2―男鹿のなまはげ、『日本地理風俗大系』第四巻（関東北部及奥羽篇）の口絵（もとはカラー）〔本書八三頁〕

図3―肥後の琵琶弾き山鹿良之（一九七五年）、撮影：筆者〔本書八六頁〕

図4―久高島の久高ノロ（一九二一年）、撮影：折口信夫、折口博士記念古代研究所蔵〔本書一〇九頁〕

図5―久高島の外間ノロ（一九二一年）、撮影：折口信夫、折口博士記念古代研究所蔵〔本書一〇九頁〕

図6―石垣島川平のマユンガナシ、撮影：芳賀日出男〔本書一一四頁〕

図7―月の花祭の榊鬼、撮影：芳賀日出男〔本書一二一頁〕

図8―石垣島登野城のアンガマー（一九二三年）、撮影：折口信夫、折口博士記念古代研究所蔵〔本書一四二頁〕

図9―粉河祭の髯籠、撮影：芳賀日出男〔本書二三八頁〕

図10―稲むらのある風景（二〇〇二年、中国江西省）、撮影：筆者〔本書三七三頁〕

図11―積み藁の蔭にて　折口信夫、慶應の学生たちとの旅行にて、池田彌三郎が所持していた写真〔本書三八一頁〕

索　引

事項索引

【あ行】

【か行】

【さ行】

【た行】

【な行】

【は行】

【ま行】

【や行】

【ら行】

【わ行】

人名索引

【あ行】

【か行】

【さ行】

【た行】

【な行】

【は行】

【ま行】

【や行】

【ら行】

【著者プロフィール】

伊藤好英（いとう・よしひで）

1948年生まれ。慶應義塾大学大学院修士課程修了。高麗大学校大学院博士課程修了。文学博士。慶應義塾大学講師、國學院大學講師。元慶應義塾高等学校教諭。専攻は、日本芸能史、韓国芸能史。著書に、『折口学が読み解く韓国芸能』（慶應義塾大学出版会、2006年）、『明解 源氏物語五十四帖』（池田彌三郎と共著、淡交社、2008年）、『韓国演劇史』（共訳、徐淵昊著、朝日出版社、2009年）、『折口信夫芸能史講義 戦後編』上・下巻（共編、慶應義塾大学出版会、2015～2016年）、『折口信夫全集』全37巻＋別巻4巻（共編、中央公論社、同新社、1995～2002年）などがある。

折口信夫《おりくちしのぶ》　民俗学《みんぞくがく》の場所《ばしょ》

2016年9月20日　初版発行

著　者　伊藤好英
発行者　池嶋洋次
発行所　勉誠出版株式会社
〒101-0051　東京都千代田区神田神保町3-10-2
TEL：(03)5215-9021(代)　FAX：(03)5215-9025
〈出版詳細情報〉http://bensei.jp/

印刷　太平印刷社
製本　若林製本工場

ISBN978-4-585-23047-2　C3039